# INTELIGÊNCIA ARTIFICIAL APLICADA:
## UMA ABORDAGEM INTRODUTÓRIA

O selo DIALÓGICA da Editora InterSaberes faz referência às publicações que privilegiam uma linguagem na qual o autor dialoga com o leitor por meio de recursos textuais e visuais, o que torna o conteúdo muito mais dinâmico. São livros que criam um ambiente de interação com o leitor – seu universo cultural, social e de elaboração de conhecimentos –, possibilitando um real processo de interlocução para que a comunicação se efetive.

Rua Clara Vendramin, 58 . Mossunguê
CEP 81200-170 . Curitiba . PR . Brasil
Fone: (41) 2106-4170
www.intersaberes.com
editora@editoraintersaberes.com.br

**Conselho editorial**
Dr. Ivo José Both, (presidente)
Drª Elena Godoy
Dr. Nelson Luís Dias
Dr. Neri dos Santos
Dr. Ulf Gregor Baranow

**Editora-chefe**
Lindsay Azambuja

**Supervisora editorial**
Ariadne Nunes Wenger

**Analista editorial**
Ariel Martins

**Preparação de originais**
Sussuarão

**Edição de texto**
Fabia Mariela de Biasi
Camila Rosa

**Capa**
Sílvio Gabriel Spannenberg

**Projeto gráfico**
Bruno Palma e Silva
Sílvio Gabriel Spannenberg

**Diagramação**
Sincronia Design

**Equipe de design**
Sílvio Gabriel Spannenberg
Mayra Yoshizawa
Laís Galvão

**Iconografia**
Regina Claudia Cruz Prestes

---

**Dados Internacionais de Catalogação na Publicação (CIP)**
**(Câmara Brasileira do Livro, SP, Brasil)**

Medeiros, Luciano Frontino de
　　Inteligência artificial aplicada: uma abordagem introdutória/Luciano Frontino de Medeiros. Curitiba: InterSaberes, 2018.

　　Bibliografia.
　　ISBN 978-85-5972-800-2

　　1. Análise de sistemas 2. Desenvolvimento de sistemas 3. Inteligência artificial 4. Inteligência artificial – Inovações tecnológicas 5. Tecnologia I. Título.

18-17896　　　　　　　　　　　　　　　　　　CDD-006.3

**Índices para catálogo sistemático:**

1. Inteligência artificial　006.3

　　Iolanda Rodrigues Biode – Bibliotecária – CRB-8/10014

---

1ª edição, 2018.

Foi feito o depósito legal.

Informamos que é de inteira responsabilidade do autor a emissão de conceitos.

Nenhuma parte desta publicação poderá ser reproduzida por qualquer meio ou forma sem a prévia autorização da Editora InterSaberes.

A violação dos direitos autorais é crime estabelecido na Lei n. 9.610/1998 e punido pelo art. 184 do Código Penal.

# INTELIGÊNCIA ARTIFICIAL APLICADA:
## UMA ABORDAGEM INTRODUTÓRIA

LUCIANO FRONTINO DE MEDEIROS

# SUMÁRIO

apresentação 9
como aproveitar ao máximo este livro 13

capítulo 1
**Introdução à inteligência artificial 17**
    Definições de inteligência 18
    Linhas de pesquisa 22
    Breve histórico 24

capítulo 2
**Agentes inteligentes 35**
    Natureza dos ambientes 40
    Propriedades dos ambientes de tarefas 41
    Estruturas de agentes 43
    Agentes com aprendizagem 48

capítulo 3
**Resolução de problemas por busca 53**
    Tipos de problemas 56
    Busca de soluções 63

Medidas de desempenho 64
Estratégias de busca sem informação 65
Estratégias de buscas com informação 73
Busca local 79

capítulo 4
# Sistemas especialistas e programação em lógica 85
Componentes de um sistema especialista 86
Etapas para construção de um sistema especialista 88
Exemplo de sistema especialista 90
Implementação em linguagem Java 97
Programação lógica com Prolog 99

capítulo 5
# Introdução a redes neurais artificiais 127
Perceptron 131
O problema do XOR 145
Treinamento para mais classes 148
ADAptative LINEar element (Adaline) 149
Perceptron multicamada 150
Normalização 155

capítulo 6
# Introdução a algoritmos genéticos 165
Exemplo de aplicação de AG 169
AG em Java – Parte 1 175
AG em Java – Parte 2 179

capítulo 7
# Introdução às ontologias 199
Conceito de ontologia 202
Principais componentes de uma ontologia 205
Tipos de componentes de uma ontologia 206
Categorização de ontologias 207
Construção de ontologias 209
Usando diferentes representações 210
Linguagens de marcação 212
RDF e RDF-S 213

O vocabulário RDF    216
OWL (*Web Ontology Language*)    218
Exemplos de declarações OWL    220
Reúso de ontologias    224
Validação de ontologias    225
Linguagem SPARQL    227
Implementação em Java    229

para concluir...    237
referências    239
anexos    245
sobre o autor    263

# APRESENTAÇÃO

Este livro foi elaborado a partir das experiências em sala de aula no ensino da disciplina de Inteligência Artificial Aplicada (IAA) em curso superior de Tecnologia em Análise e Desenvolvimento de Sistemas.

No contexto de um curso que objetiva formar estudantes para a prática profissional em um tempo mais curto que um bacharelado, não é possível investigar a inteligência artificial (IA) com todo o rigor matemático e computacional que ela exige. No entanto, as aplicações da IA vêm se estabelecendo de forma significativa na sociedade em que vivemos, sendo necessário analisar seus conceitos e suas práticas nas diversas modalidades de cursos de computação. Assim, a tônica emergente do processo de elaboração desta obra configurou-se em uma relação de compromisso entre a aplicabilidade dos conteúdos na prática e a complexidade inerente ao tema.

Com a finalidade de explorar o máximo de conteúdo possível sob tais restrições, procuramos aqui demonstrar, a partir de uma perspectiva pragmática, algumas das principais técnicas relacionadas à IA, por meio de implementações em linguagens e problemas voltados à prática do cotidiano. Em tópicos que requerem o uso de formalismo matemático, tal como no escopo das redes neurais artificiais, empenhamo-nos em explicitar os conteúdos de forma didática e dialógica. Esta obra intenta desmistificar a complexidade do conteúdo, colocando-o ao alcance de qualquer estudante que deseje iniciar-se na área de sistemas inteligentes ou que pretenda complementar suas competências em desenvolvimento de sistemas com conhecimentos mais elaborados.

Nos dias atuais, a IA, que em outros tempos se configurava como uma área de conhecimentos de alta complexidade e reservada a poucos eleitos, é essencial para o desenvolvimento de novas tecnologias, pois permite a implementação de uma série de mudanças nos sistemas de *hardware* e *software*, tornando-os mais inteligentes. Desse modo, contribui para a melhoria das interfaces entre homem e máquina, uma vez que viabiliza a construção de conhecimento pelo aprendizado de máquina (*machine learning*) e o reconhecimento de padrões. Ao profissional que desenvolve sistemas de informação para o futuro, em particular, tais conhecimentos deixaram há muito de ser supérfluos e converteram-se em imprescindíveis. Vivenciamos uma realidade na qual a internet das coisas (*Internet of Things – IoT*) vem ampliando o leque de oportunidades, assim como a robótica tem revolucionado alguns segmentos de mercado graças ao uso de drones e plataformas de baixo custo e alta diversificação.

O presente livro, estruturado em sete capítulos, destina-se a iniciar você na área de IA por meio de uma abordagem prática, garantindo-lhe uma boa preparação para estudos mais aprofundados.

No Capítulo 1, apresentamos as principais definições de *inteligência* e de *inteligência artificial*, as linhas de pesquisa mais relevantes dessa área do conhecimento, bem como um breve histórico do advento e do desenvolvimento da área.

No Capítulo 2, analisamos os agentes inteligentes e os diferentes tipos e classificações de ambientes nos quais eles podem atuar.

No Capítulo 3, damos continuidade ao exame dos agentes e dos modos de resolução de problemas por busca, travando, assim, um paralelo com algumas abordagens clássicas de busca (sem e com informação).

A partir do Capítulo 4, iniciamos as abordagens mais práticas e orientadas às linhas de pesquisa da IA, investigando os sistemas especialistas e a programação em lógica, notadamente a linguagem Prolog.

Por sua vez, no Capítulo 5, tratamos das redes neurais artificiais, com enfoque no estudo do perceptron simples, do perceptron multicamada, do algoritmo de retropropagação e de alguns aspectos de normalização de camadas.

No Capítulo 6, realizamos uma introdução aos algoritmos genéticos e seus operadores, além de apresentarmos exemplos passo a passo de seu funcionamento.

No Capítulo 7, em uma introdução ao estudo das ontologias, contemplamos conceitos, classificação, construção, linguagens de marcação com foco em RDF e OWL, reúso e validação, abrangendo também a linguagem de consulta SPARQL.

Os capítulos que apresentam algoritmos contam com seções referentes à implementação em Java, de maneira que você poderá verificar na prática os conceitos anteriormente explicados de modo teórico, bem como ensaiar soluções para problemas bem conhecidos. Os anexos, ao final, almejam complementar seu aprendizado com o código de um perceptron multicamada e com um exemplo de uma das ontologias abordadas no Capítulo 7. Ao final de cada capítulo, há as "Questões de revisão", com os objetivos de estimular a fixação dos conteúdos e o desenvolvimento de práticas de laboratório. Para os diversos *links* de textos e informações complementares sugeridos nos capítulos, disponibilizamos também QR Codes a fim de facilitar a busca.

Esperamos que este livro desperte em você o desejo de aprofundar seus conhecimentos nesta área tão fascinante e de tão grandes oportunidades que é a da inteligência artificial.

# COMO APROVEITAR AO MÁXIMO ESTE LIVRO

Este livro traz alguns recursos que visam enriquecer o seu aprendizado, facilitar a compreensão dos conteúdos e tornar a leitura mais dinâmica. São ferramentas projetadas de acordo com a natureza dos temas que examinaremos. Veja a seguir como esses recursos se encontram distribuídos no decorrer desta obra.

### Para saber mais

Você pode consultar os *links* indicados nesta seção para aprofundar sua aprendizagem.

## Síntese

Você dispõe, ao final do capítulo, de uma síntese que traz os principais conceitos nele abordados.

## Questões para revisão

Com estas atividades, você tem a possibilidade de rever os principais conceitos analisados. Ao final do livro, o autor disponibiliza as respostas às questões, a fim de que você possa verificar como está sua aprendizagem.

# INTRODUÇÃO À INTELIGÊNCIA ARTIFICIAL

Entre todas as criações tecnológicas e as incontáveis técnicas e ferramentas desenvolvidas pelo ser humano ao longo da história, a inteligência artificial (IA) é, sem dúvida, uma das conquistas mais emblemáticas já alcançadas pela humanidade. Dirigir um carro, empreender uma busca na internet, acionar um eletrodoméstico, conversar por meio de um celular ou controlar uma fábrica automatizada envolve uma diversidade de algoritmos e dispositivos criados para, em certa medida, simular o pensamento ou a ação humana, com o fito de facilitar operações específicas.

Em meados da década de 1950, quando surgiu a IA, havia uma grande expectativa de que em pouco tempo, com o avanço da tecnologia dos computadores, as máquinas chegariam ao mesmo patamar de inteligência humana. O que de fato aconteceu foram inúmeros fracassos, com muitas decepções em projetos de construção de IA, boa parte em função de subestimarmos os processos inteligentes que acontecem em nosso cérebro. Entretanto, em meio a tantas derrotas, criaram-se muitos produtos que levaram outros campos da ciência da computação a evoluir, propiciando o nascimento de áreas como a engenharia de *software*, os bancos de dados e o processamento compartilhado.

Podemos afirmar que a IA posiciona-se no ápice da história da tecnologia – iniciada com a manipulação das ferramentas em pedra pelos primeiros hominídeos, passando pela Idade dos Metais e, posteriormente, pela criação dos primeiros dispositivos que utilizavam rodas dentadas, percorrendo um longo caminho até chegar ao advento da computação. O homem tem a capacidade de desenvolver ferramentas e realizar tarefas cognitivas a partir de seu intelecto, para, assim, adaptar-se melhor ao ambiente, podendo até mesmo alterá-lo conforme suas necessidades (Dennett, 1997). Com a invenção da IA, a tecnologia passou a contar com a simulação de processos inteligentes que auxiliam no reconhecimento de padrões, na tomada de decisão ou na execução de tarefas repetitivas.

São bastante diversificadas as pesquisas relacionadas à IA, diferenciando-se conforme o modo e a abordagem dos aspectos da inteligência. É possível, por exemplo, considerar a forma como os neurônios se comunicam, própria da fisiologia do cérebro. Mas também há possibilidade de enfocar a maneira como a mente lida com símbolos e abstrações.

Para analisar os diferentes vieses das pesquisas nessa área, precisamos primeiramente conceituar IA. Mas não sem antes conceituar *inteligência*. Como podemos defini-la? Todos os seres vivos que têm cérebro são, de certa forma, inteligentes? Ou seria a inteligência um privilégio do ser humano? Máquinas podem ser inteligentes? A que tipo de inteligência nos referimos?

Como você pode notar, definir inteligência não é tarefa simples nem trivial.

## 1.1
## Definições de inteligência

Não há um consenso na comunidade científica quanto a uma definição de inteligência. Por exemplo, o psicólogo cognitivo Robert J. Sternberg (2010, p. 474, grifo nosso) a explica como "a capacidade que o ser humano tem para aprender com a experiência, usando **processos metacognitivos**[1] para incrementar a aprendizagem e a capacidade de adaptação ao ambiente que nos cerca".

O teórico da aprendizagem Jean Piaget, por sua vez, conceitua *inteligência* com base nas interações do indivíduo com o **ambiente**, envolvendo um equilíbrio entre a assimilação (incorporação dos aspectos do ambiente à aprendizagem prévia) e a acomodação (mudança comportamental diante das demandas do ambiente). O resultado dessa interação, de acordo com Piaget, é o desenvolvimento de *estruturas cognitivas*, esquemas e operações que refletem no comportamento do indivíduo. Para Piaget, a inteligência é, antes de tudo, uma **inteligência em ação** (Lefrançois, 2013).

1 Para o uso dos processos metacognitivos, é preciso estar a par de sua própria capacidade de aprender e saber refletir sobre como se aprende ou como se raciocina. De acordo com Sternberg (2010, p. 474), a inteligência envolve a "compreensão e o controle que as pessoas possuem de seus próprios processos de pensamento".

Já o psicólogo Howard Gardner (1995) entende que a inteligência corresponde à capacidade de **resolver problemas** ou de **elaborar produtos** que sejam importantes em determinado ambiente ou em uma comunidade cultural específica. "A capacidade de resolver problemas permite à pessoa abordar uma situação em que um **objetivo** deve ser atingido e localizar a rota adequada para [alcançar] este objetivo." (Gardner, 1995, p. 21, grifo nosso).

O matemático e cientista da computação Marvin Minsky (1989), um dos fundadores do campo da inteligência artificial, criticava a busca por uma definição de inteligência. Ele propunha que, em vez disso, nos concentrássemos em explicar o modo como usamos a inteligência. De acordo com Minsky (1989, p. 71, grifo nosso), "nossas mentes contêm processos efetuados por meio de agentes que nos capacitam a **resolver problemas** que consideramos difíceis. Inteligência é o nome que damos a qualquer um destes processos que ainda não compreendemos".

Com base no exposto, é possível observar que alguns aspectos que caracterizam a inteligência se repetem:

- capacidade de resolução de problemas;
- aprendizado com o ambiente;
- desenvolvimento de estruturas cognitivas;
- orientação a metas.

Na análise dos conteúdos deste livro, tais itens também estarão presentes. O desenvolvimento das estruturas cognitivas – como as memórias que se formam a partir do aprendizado – são processos internos que acontecem na mente. Entretanto, cabe notar que uma das características mencionadas está relacionada à interação com o ambiente: é necessária a existência do ambiente para o desenvolvimento da própria inteligência. A partir da experiência, aprimoramos a capacidade para resolver problemas. Constatamos, assim, que há elementos internos, relacionados aos processos cognitivos, e externos, relacionados à ação no ambiente.

### 1.1.1 Definições de inteligência artificial

Na esteira da definição de inteligência, não há também uma forma única para conceituar *inteligência artificial* (IA). Existe uma série de elementos que se manifestam de maneiras diferenciadas e também em razão de interpretações distintas sobre como os processos de IA se correlacionam com os mecanismos do cérebro e da mente humana.

Stuart J. Russell e Peter Norvig (2004, p. 5, grifo nosso) compilam diferentes definições de IA a partir da categorização em "processos de **pensamento**, relativos aos mecanismos de raciocínio, e processos de **ação** ou **comportamento**, relativos ao comportamento do artefato". Transversalmente a esses processos, os autores consideram também a similaridade com relação ao ser humano ou a alguma racionalidade envolvida, produzindo um *framework*[2] em categoria, nos quais as definições são classificadas conforme os Quadros 1.1 e 1.2.

[2] A palavra *framework* é usada com frequência na área de engenharia do conhecimento para denotar uma compilação de diferentes conceitos ou conhecimentos.

Quadro 1.1 – *Framework* para definições de IA em categoria

|  | Ser humano | Racionalidade |
|---|---|---|
| Pensar | Sistemas que pensam como seres humanos. | Sistemas que pensam racionalmente. |
| Agir | Sistemas que agem como seres humanos. | Sistemas que agem racionalmente. |

Fonte: Elaborado com base em Russell; Norvig, 2004.

Quadro 1.2 – Definições de IA conforme o *framework* de quatro categorias

| Sistemas que pensam como seres humanos | Sistemas que pensam racionalmente |
|---|---|
| "O novo e interessante esforço para fazer os computadores pensarem ... **máquinas com mentes**, no sentido total e literal." (Haugeland, 1985) | "O estudo das faculdades mentais pelo uso de modelos computacionais." (Charniak; McDermott, 1985) |
| "[Automatização de] atividades que associamos ao pensamento humano, atividades como a tomada de decisões, a resolução de problemas, o aprendizado..." (Bellman, 1978) | "O estudo das computações que tornam possível perceber, raciocinar e agir." (Winston, 1992) |
| **Sistemas que atuam como seres humanos** | **Sistemas que atuam racionalmente** |
| "A arte de criar máquinas que executam funções que exigem inteligência quando executadas por pessoas." (Kurzweil, 1990) | "A Inteligência Computacional é o estudo do projeto de agentes inteligentes." (Poole et al., 1998) |

Fonte: Russell; Norvig, 2004, p. 5, grifo do original.

Ao passo que *pensar* se refere aos mecanismos implícitos existentes no cérebro (na mente), *agir* se refere à manifestação no mundo real de um comportamento inteligente. Podemos enquadrar na categoria *pensar como um ser humano*, por exemplo, um *software* inteligente que envolva tomada de decisões com base em conhecimentos adquiridos de um ser humano especialista. Na categoria *pensar racionalmente*, por sua vez, é possível incluir tanto um sistema inteligente que execute raciocínios de acordo com regras da lógica (como o uso da programação lógica, ou Prolog) quanto um sistema de jogo de xadrez que execute as regras predefinidas.

### Para saber mais

O computador Deep Blue, desenvolvido pela IBM (International Business Machines) na década de 1990, tornou-se famoso por vencer Garry Kasparov, campeão mundial de xadrez. Você pode acessar um texto sobre essa história por meio do *link* referenciado a seguir ou do QR Code disponível ao lado.

ALTMAN, M. Hoje na história: 1996 – Kasparov derrota o computador Deep Blue da IBM. **Opera Mundi**, São Paulo, 17 fev. 2011. Disponível em: <http://operamundi.uol.com.br/conteudo/noticias/9727/hoje+na+historia+1996++kasparov+derrota+o+computador+deep+blue+da+ibm.shtml>. Acesso em: 28 jun. 2018.

Como se pode observar, diferentes conceitos de IA podem ser enquadrados no *framework* de Russell e Norvig (2004). De acordo com Luger (2013, p. 1), a *IA* "pode ser definida como o ramo da ciência da computação que se ocupa da automação do comportamento inteligente". As teorias e técnicas concernentes devem ser fundamentadas em princípios sólidos e aplicadas a partir dos estudos da ciência da computação, abrangendo as estruturas de dados e algoritmos implementados por meio de linguagens e técnicas de programação. Desse modo, a definição de Luger (2013) pode enquadrar-se também na categoria relacionada à ação. Quanto ao comportamento inteligente referido nessa citação, ele requer uma ação sobre o ambiente e é característico da automação e da robótica. É o caso, por exemplo, de um robô antropomórfico que execute movimentos similares aos do ser humano (tal como o robô Asimo, desenvolvido pela Honda, que caminha, corre, empurra carrinho de supermercado e serve cafezinho). Um robô como esse poderia ser classificado na categoria *agir como um ser humano*.

### Para saber mais

Para conhecer o robô Asimo, cujo projeto foi desenvolvido pela empresa japonesa Honda, com a finalidade de executar diversas tarefas cotidianas do ser humano, acesse o *link* referenciado a seguir ou o QR Code disponível ao lado.

ASIMO: o robô humanoide da Honda. Disponível em: <https://www.youtube.com/watch?v=Mp0lJz78zEM>. Acesso em: 28 jun. 2018.

Na categoria *agir racionalmente*, por sua vez, podem ser incluídos robôs que executem alguma atividade no ambiente de maneira diferente da humana. É o caso de um robô aspirador de pó que executa um algoritmo de limpeza desviando-se de obstáculos por meio de seu sensoriamento de proximidade. Um robô de solda que opera em uma fábrica também pode ser assim categorizado.

**Para saber mais**

O termo *robô* provém do inglês *robot*, que, por sua vez, resulta de uma tradução da palavra *robota*, cunhada por Karel Čapek (escritor nascido onde hoje se localiza a República Tcheca). O termo significa "trabalho compulsório ou escravo". Čapek escreveu a peça de teatro *R.U.R.* (iniciais de Rosumovi Univerzální Roboti), que conta a história do cientista Rossum, desenvolvedor de uma substância utilizada para a fabricação de humanoides. Você pode conhecer um pouco mais sobre essa e outras histórias que envolvem robôs acessando o *post* "Robôs do Passado" pelo *link* indicado a seguir ou por meio do QR Code disponível ao lado.

GAZIRE, N. **Robôs do passado**. 19 abr. 2012. Disponível em: <http://www.select.art.br/robos-do-passado/>. Acesso em: 28 jun. 2018.

## 1.2
## Linhas de pesquisa

Os estudos na área de IA resultam da confluência de pesquisadores de diversas áreas do conhecimento: filosofia, matemática, engenharia de computação, ciências cognitivas, psicologia, cibernética e outras. Muitos desses cientistas começaram suas pesquisas em suas áreas de origem e, depois, adotaram objetos de investigação pertinentes à pesquisa de IA.

Uma indagação comum a esses especialistas em áreas tão diversificadas refere-se ao funcionamento do cérebro ou da mente, um campo de investigação que tem ramificações na filosofia e na psicologia cognitiva e exerce influência decisiva na maneira como se constroem dispositivos inteligentes.

A confluência de múltiplas disciplinas com abordagens variadas para o estudo e o desenvolvimento de AI levou à distinção de duas linhas fundamentais de pesquisa. Se assumirmos a perspectiva que prioriza o **cérebro** com seus elementos mais básicos, os neurônios e as sinapses que os conectam, nosso principal desejo é construir cérebros artificiais, com neurônios artificiais que simulem a maneira como os mecanismos eletroquímicos dos cérebros biológicos funcionam. Mas quando adotamos uma perspectiva centrada na **mente**, que atua com base no processamento de símbolos, como um *software* executado sobre um *hardware* (cérebro fisiológico), então, nosso desejo mais decisivo é construir dispositivos que lidem com tais símbolos da mesma forma como a mente humana os processa.

O primeiro caso se enquadra na linha de pesquisa em IA que denominamos *conexionista*, voltada à arquitetura de dispositivos que simulem as células biológicas que interagem para que ocorram os processos responsáveis pela inteligência. Na linha conexionista, podemos exemplificar com as pesquisas que visam ao desenvolvimento de redes neurais artificiais e de sistemas imunológicos artificiais.

As **redes neurais artificiais** (RNA) constituem um campo de pesquisa que tem por preocupação lidar com tarefas como o reconhecimento de padrões, a previsão e a tomada de decisão mediante o uso de redes de unidades conectadas, treinadas por algoritmos que funcionam com base em amostras do mundo real e podem, assim, aprender a classificar padrões (Haykin, 2001). Os **sistemas imunológicos artificiais** tomam por referência o funcionamento do sistema imunológico dos seres vivos, que reconhece de forma muito rápida quaisquer elementos estranhos (antígenos) que entram em um organismo vivo e desencadeiam uma reação defensiva, a qual resulta na produção de anticorpos destinados a eliminar os antígenos invasores (Medeiros et al., 2008).

No segundo caso, há a linha de pesquisa denominada *simbólica*, que busca lidar com processos inteligentes utilizando linguagens baseadas em lógica e na construção de redes semânticas para solucionar problemas e simular conhecimento especialista para contextos de diagnóstico.

Os sistemas derivados dessa linha de pesquisa são os **sistemas baseados em conhecimento**, incluindo as pesquisas sobre a linguagem **Lisp** (Bittencourt, 1998), que trabalha com representação de conhecimento em forma de listas, e a linguagem de programação lógica **Prolog** (Palazzo, 1997, p. 2), que "permite a manipulação de símbolos através de representação de conhecimento na forma de fatos e regras". Os **sistemas especialistas** constituem-se em uma das áreas mais relevantes da linha simbólica. O termo se refere a sistemas em que o conhecimento de um especialista humano em uma área bem-delimitada é representado por uma linguagem, de forma a permitir o diagnóstico de situações e a execução de ações como se um ser humano os fizesse (Russell; Norvig, 2004). Portanto, é importante salientar que, na linha simbólica, a preocupação é dirigida à forma como a mente pensa, e não ao funcionamento do cérebro, com suas partes e divisões.

Também na área simbólica, há pesquisas realizadas na área de **ontologias**, que se referem a representações do conhecimento obtidas por consenso, em áreas de domínio específicas do conhecimento humano, podendo ser manipuladas tanto por pessoas quanto por agentes inteligentes. As ontologias permitem representação e procedimentos para inferência e raciocínio sobre tal representação, possibilitando o desenvolvimento da **web semântica** (Corcho; Fernández-López; Gómez-Pérez, 2008).

Outra linha de pesquisa que se soma à simbólica e à conexionista e que não se limita ao esquema mente-cérebro é a denominada *evolucionária*, na qual se fundamentam as pesquisas de IA relacionadas ao modo como se processa a evolução biológica sobre o planeta, que buscam simular processos evolucionários semelhantes em sistemas de computador com vistas à resolução de problemas.

Nessa linha de pesquisa enquadra-se uma das áreas mais exploradas no campo da IA: a dos **algoritmos genéticos**. Trata-se de uma classe de algoritmos de busca, que implementam conceitualmente uma solução inicial, a qual evolui ao longo da execução do próprio algoritmo. No decorrer dessa execução, aplicam-se operadores que simulam a seleção natural biológica, o cruzamento de cromossomos e a mutação genética, de modo que se produzem soluções melhores ao longo de várias gerações (Linden, 2012). Outra área bastante estudada é a da **programação genética**. Nesse caso, não há a preocupação em elaborar programas, pois o próprio algoritmo cria uma programação inicial, e os blocos de programas vão se combinando e evoluindo de acordo com o objetivo a ser alcançado, até que se obtenham programas capazes de executar a tarefa desejada. Também se aplicam à programação genética processos equivalentes à seleção natural biológica e à mutação genética (Koza, 1992).

Diante desse cenário, portanto, é possível reconhecer uma divisão das linhas de pesquisa em IA em três grandes áreas: 1) simbólica, 2) conexionista e 3) evolucionária.

## 1.3
## Breve histórico

A primeira manifestação oficial como campo de pesquisas científicas em inteligência artificial foi registrada em 1956, por ocasião da Conferência de Darthmouth. Tratava-se de uma conferência de verão, com duração de dois meses, promovida pelo Darthmouth College (Hanover, New Hampshire), sobre temas como computação automática, computação com uso da linguagem natural, redes neurais, aleatoriedade e criatividade e abstrações. Os proponentes do evento foram os pesquisadores John McCarthy (Darthmouth College), Marvin

Minsky (Universidade de Harvard), Nathaniel Rochester (IBM) e Claude Shannon (Bell Laboratories). No Quadro 1.3, a seguir, podemos encontrar breves biografias desses proponentes e de alguns outros pesquisadores que viabilizaram a então nascente área de IA.

Quadro 1.3 – Principais pesquisadores que contribuíram para a criação do campo da IA

| Pesquisador | Contribuição |
|---|---|
| John McCarthy (1927-2011) | Considerado um dos fundadores da disciplina, foi quem cunhou o termo *inteligência artificial*, além de ter sido um dos organizadores da Conferência de Dartmouth. Desenvolveu a família de linguagens de programação Lisp, que trabalha basicamente com listas de dados. Teve influência no desenvolvimento da linguagem Algol e popularizou a ideia de compartilhamento de tempo (*time sharing*). |
| Marvin Minsky (1927-2016) | Cientista cognitivo, é considerado cofundador da área de IA. Foi um dos organizadores da Conferência de Dartmouth e também cofundador do laboratório de IA do Massachusetts Institute of Technology (MIT). Sua principal contribuição foi ter construído o primeiro computador com base em redes neurais. Escreveu com Seymour Papert o livro *Perceptrons*, no qual descreveram a incapacidade do *perceptron* simples para resolver certos problemas, como o problema do XOR*. Desenvolveu uma teoria da mente como uma sociedade de agentes, em que a inteligência resulta da interação de partes não inteligentes. |
| Nathaniel Rochester (1919-2001) | Considerado cofundador da inteligência artificial, foi engenheiro e pesquisador da IBM. Liderou um grupo de estudos que empreendeu vários projetos nas áreas de reconhecimento de padrões e teoria da informação. Entre outros resultados bem-sucedidos, o grupo simulou o comportamento de redes neurais abstratas em um computador IBM 704. |
| Claude Shannon (1916-2001) | Matemático, engenheiro eletrônico e criptógrafo, é considerado o pai da teoria da informação, bem como um dos inventores do circuito digital e do computador digital. Propôs uma medida de incerteza de informação, que constitui o fundamento da teoria matemática da comunicação. Também foi participante e organizador da Conferência de Darthmouth. |
| Norbert Wiener (1894-1964) | Matemático que ficou conhecido como o fundador da cibernética. Foi o primeiro a constatar que a informação estava no mesmo nível de importância da matéria ou da energia. Trabalhou para o governo estadunidense no desenvolvimento de sistemas de mira automática. Desenvolveu o estudo dos sistemas autorregulados e formulou o conceito de *retroalimentação negativa*. Foi integrante das conferências Macy, contribuindo, assim, para a consolidação da teoria cibernética. |
| Frank Rosenblatt (1928-1971) | Psicólogo que foi considerado uma espécie de "homem da Renascença" em virtude de sua excelência em várias áreas, incluindo computação, matemática, neurofisiologia, astronomia e música. Em 1957, inventou o *perceptron*, um dispositivo eletrônico construído de acordo com princípios biológicos e que demonstrava capacidade de aprendizado. Desenvolveu e estendeu a ideia que deu origem ao *perceptron* em diversos artigos e em seu livro *Princípios de neurodinâmica*. |

\* XOR refere-se ao operador *ou-exclusivo* da lógica.
Fonte: Elaborado com base em Russell; Norvig, 2004; Haykin, 2001; Bittencourt, 1998.

Assim como podemos distinguir diferentes linhas de pesquisa em IA, também é possível reconhecer certos eventos que marcaram a história dessa disciplina. De modo geral, nos dias de hoje, as aplicações em mecatrônica e robótica não utilizam apenas elementos derivados de uma teoria ou de outra, mas abordagens híbridas, que buscam explorar o melhor que cada técnica ou algoritmo pode oferecer, de acordo com os problemas em questão.

---

**Para saber mais**

O documento contendo a chamada para o projeto de pesquisa de verão em inteligência artificial no Dartmouth College, de autoria de John McCarthy, Marvin Minsky, Nathaniel Rochester e Claude Shannon, pode ser acessado por meio do *link* indicado a seguir ou do QRCode disponível ao lado.

MCCARTHY, J. et al. **A Proposal for the Dartmouth Summer Research Project on Artificial Intelligence.** 31 Aug. 1955. Disponível em: <http://www-formal.stanford.edu/jmc/history/dartmouth/dartmouth.html>. Acesso em: 28 jun. 2018.

---

Na Figura 1.1, apresentamos uma linha do tempo que registra alguns dos eventos que marcaram o desenvolvimento da linha **conexionista**. Basicamente, os neurônios foram descobertos no início do século XX pelo neurofisiologista espanhol Santiago Ramon y Cajal (1852-1934). Em 1943, nasce a área de estudos de redes neurais com a primeira modelagem, feita por Warren S. McCulloch e Walter Pitts, de um neurônio artificial. As redes neurais se disseminam a partir da pesquisa de Rosenblatt, com a criação de seu *perceptron*, um classificador binário baseado em entradas provenientes de sensores e que conseguia decidir se tais entradas pertenciam a uma classe específica (Haykin, 2001).

Figura 1.1 – Linha do tempo com os principais eventos que marcaram a abordagem conexionista da IA

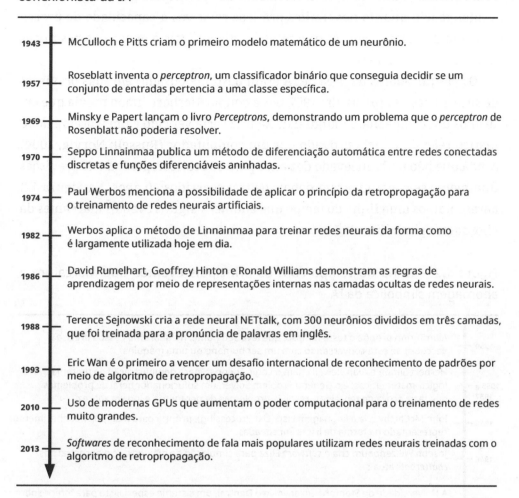

1943 – McCulloch e Pitts criam o primeiro modelo matemático de um neurônio.

1957 – Roseblatt inventa o *perceptron*, um classificador binário que conseguia decidir se um conjunto de entradas pertencia a uma classe específica.

1969 – Minsky e Papert lançam o livro *Perceptrons*, demonstrando um problema que o *perceptron* de Rosenblatt não poderia resolver.

1970 – Seppo Linnainmaa publica um método de diferenciação automática entre redes conectadas discretas e funções diferenciáveis aninhadas.

1974 – Paul Werbos menciona a possibilidade de aplicar o princípio da retropropagação para o treinamento de redes neurais artificiais.

1982 – Werbos aplica o método de Linnainmaa para treinar redes neurais da forma como é largamente utilizada hoje em dia.

1986 – David Rumelhart, Geoffrey Hinton e Ronald Williams demonstram as regras de aprendizagem por meio de representações internas nas camadas ocultas de redes neurais.

1988 – Terence Sejnowski cria a rede neural NETtalk, com 300 neurônios divididos em três camadas, que foi treinada para a pronúncia de palavras em inglês.

1993 – Eric Wan é o primeiro a vencer um desafio internacional de reconhecimento de padrões por meio de algoritmo de retropropagação.

2010 – Uso de modernas GPUs que aumentam o poder computacional para o treinamento de redes muito grandes.

2013 – *Softwares* de reconhecimento de fala mais populares utilizam redes neurais treinadas com o algoritmo de retropropagação.

Fonte: Elaborado com base em Haykin, 2001.

### Para saber mais

Com seus estudos sobre o *perceptron*, Rosenblatt fez uma série de contribuições para o desenvolvimento da IA. Acesse-as por meio do *link* indicado a seguir ou do QRCode disponível ao lado.

ROSENBLATT, F. **Rosenblatt's Contribution**. Disponível em: <http://csis.pace.edu/~ctappert/srd2011/rosenblatt-contributions.htm>. Acesso em: 28 jun. 2018.

De forma geral, no período de desenvolvimento da IA, o otimismo referente à possibilidade de decifrar os mecanismos da inteligência humana deu

vazão a muitas promessas e, posteriormente, a decepções. Isso ocorreu em consequência tanto do desconhecimento dos princípios que fundamentam a inteligência quanto dos limites práticos relativos à capacidade de processamento dos computadores que estavam disponíveis à época das pesquisas (Russell; Norvig, 2004).

Os pesquisadores da área de IA eram bastante ousados em suas previsões de sucesso das pesquisas. Em 1957, por exemplo, Herbert Simon previa que em 10 anos um campeonato mundial de xadrez seria vencido e um teorema matemático relevante seria provado por um computador (Russell; Norvig, 2004). Ainda que não tenham levado dez anos para se realizar, porém, tais previsões finalmente se concretizaram depois de transcorridos 40 anos. Na Figura 1.2, apresentamos uma linha do tempo que enumera alguns eventos marcantes da abordagem **simbólica** da IA.

Figura 1.2 – Linha do tempo com os principais eventos que marcaram a abordagem simbólica da IA

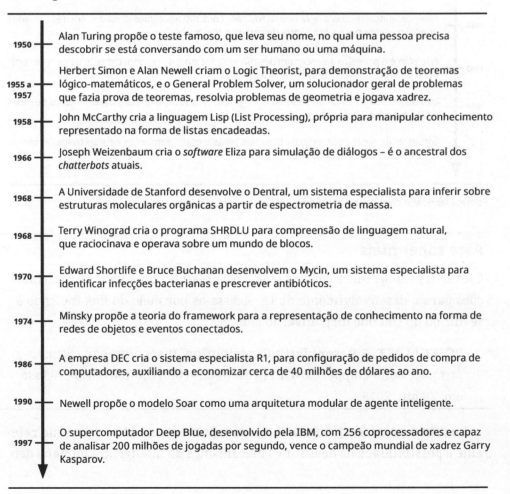

Fonte: Elaborado com base em Russell; Norvig, 2004; Bittencourt, 1998; Weizenbaum, 1976.

Conforme Bittencourt (1998), a história da IA simbólica pode ser dividida em três períodos: clássico, romântico e moderno. No período **clássico** (1956-1970), o objetivo era a simulação da inteligência humana utilizando solucionadores gerais de problemas e sistemas baseados em lógica proposicional e de primeira ordem. O principal motivo do fracasso foi a subestimação da complexidade computacional dos problemas. No período **romântico** (1970-1980), pretendia-se simular a inteligência humana em situações predeterminadas utilizando formalismos de representação do conhecimento adaptados ao problema, e não mais formalismos gerais, como se propunha no período anterior. Mesmo assim, o que se obtêve foi o fracasso motivado pela subestimação da quantidade de conhecimento necessária para resolver mesmo o problema mais banal do cotidiano. Entretanto, houve o desenvolvimento de vários conceitos que impulsionaram algumas áreas da ciência da computação, como o da orientação ao objeto, o dos ambientes de desenvolvimento e de *softwares* e o de processamento de tempo compartilhado. No período **moderno** (1980-), o objetivo tem sido simular o comportamento de um especialista humano ao resolver problemas em domínios bem específicos. Como metodologias, utilizam-se sistemas de regras de produção, modelos de representação de conhecimento com incerteza e também algumas abordagens conexionistas. Ainda assim, um motivo de fracasso continua sendo subestimar o problema da aquisição de conhecimento. Porém, outras áreas da computação foram beneficiadas com as pesquisas resultantes, tais como a engenharia de *softwares* e os bancos de dados.

A linha **evolucionária** caracteriza-se pela aplicação da teoria da evolução natural (Darwin, 2010) e seus conceitos a simulações de computador e algoritmos para resolução de problemas. Os modelos mais conhecidos são relativos à área de algoritmos genéticos, programação genética, autômatos celulares e vida artificial. Algoritmos genéticos são aplicados em problemas de otimização, na busca de soluções ótimas em problemas intratáveis[3]. Hoje, utilizamos os conceitos de algoritmos genéticos e programação evolucionária em arquitetura de circuitos eletrônicos, programação de jogos, previsão do tempo, descoberta de identidades matemáticas e modelagem de sistemas planetários extrassolares. Na Figura 1.3, apresentamos uma linha do tempo com alguns eventos que marcaram o desenvolvimento da linha evolucionária da IA.

[3] Um problema é considerado *tratável* quando seu limite superior de complexidade é polinomial e *intratável* quando o limite superior é exponencial (Toscani; Veloso, 2009).

Figura 1.3 – Eventos que marcaram a linha evolucionária da IA

Fonte: Elaborado com base em Bittencourt, 1998; Linden, 2012; Koza, 1992.

## – Síntese

Neste capítulo, ao introduzir o estudo da IA, discutimos sua importância como área de pesquisa em franca expansão, a qual reúne conhecimentos de diversas áreas e soma contribuições de vários pesquisadores. Apresentamos diferentes definições de IA, conforme os quadrantes originados dos critérios adotados pelos processos de raciocínio e de comportamento.

Retratamos também as três linhas de pesquisa em IA: simbólica, conexionista e evolucionária, as quais demonstram diferentes perspectivas na construção de sistemas inteligentes, de acordo, respectivamente, com a mente, o cérebro e a teoria da evolução proposta por Darwin.

Em um breve histórico da IA, destacamos os principais pesquisadores dessa disciplina: Minsky, McCarthy, Rochester, Shannon e Rosenblatt. Evidenciamos os eventos mais marcantes e os pesquisadores de maior relevo envolvidos em cada linha de pesquisa. Após esta abordagem inicial, seguiremos com o estudo dos diferentes conteúdos e técnicas de IA, a começar pelo tema do nosso próximo capítulo, que contemplará os agentes inteligentes.

## – Questões para revisão

1. Conceitue *inteligência artificial*, considerando os quatro quadrantes referentes a processos de pensamento e de comportamento.

2. Quais são as principais linhas de pesquisa da IA?

3. Qual é o evento-chave para o surgimento da IA como um campo fértil de pesquisas?

4. Cite três personalidades históricas para a IA e mencione seus principais feitos nesse campo.

5. Cite três eventos de cada linha de pesquisa e o respectivo período (ano).

6. Opine sobre a importância da IA para o mundo atualmente.

# AGENTES INTELIGENTES

Com base na perspectiva assumida pela definição de inteligência artificial (IA) da categoria *agir racionalmente* (abordada no Capítulo 1), é possível definir *agente* como um artefato equipado de sensores com capacidade para perceber o ambiente e agir sobre ele por meio de atuadores (Russell; Norvig, 2004). Se compararmos a estrutura descrita com o corpo humano, os **sensores** equivalem aos olhos, aos ouvidos, ao nariz e aos órgãos do tato. Quanto aos **atuadores**, podemos equipará-los às mãos, às pernas e à boca, bem como a outras partes de nossa anatomia (Russell; Norvig, 2004).

Nos dias atuais, os robôs são construídos dotados de sensores, tais como câmeras, dispositivos de infravermelho e sensores de som e ultrassom, de gás, de temperatura e de umidade. Quanto aos atuadores, podemos mencionar os servomotores, os motores de passo, os pistões hidráulicos e os relês. No entanto, ressaltamos que um agente precisa também processar os sinais provenientes dos sensores para efetuar sobre o ambiente alguma ação que possa ser caracterizada como inteligente.

A interação do agente inteligente com o meio pode ser visualizada na Figura 2.1, a seguir.

Figura 2.1 – Interação do agente inteligente com o ambiente

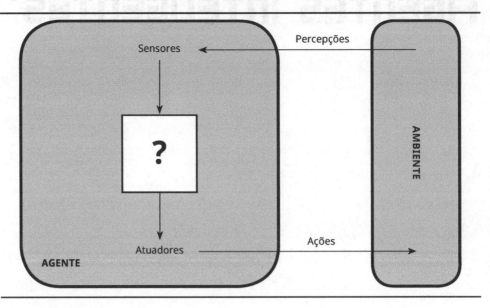

Fonte: Russell; Norvig, 2004, p. 34.

É possível definir *percepções* como os sinais que são captados do ambiente pelos sensores do agente e que são, então, processados em algum mecanismo de raciocínio para, depois, resultar em ações sobre o ambiente por meio dos atuadores. Porém, um agente não deve considerar apenas o que está sendo percebido no momento, mas também considerar a memória do que já foi percebido por ele, o que se perfaz em uma **sequência de percepções**. Dessa forma, "a escolha de ação de um agente em qualquer instante dado pode depender da sequência inteira de percepções observadas até o momento" (Russell; Norvig, 2004, p. 34).

Em matemática, diz-se que o comportamento de um agente é definido pela sua função. A **função do agente** tem o objetivo de mapear as possíveis ações por meio das sequências de percepções disponíveis no armazenamento desse agente (Russell; Norvig, 2004).

Uma das dificuldades para a construção de agentes inteligentes está em quão completa pode ser a descrição de seu comportamento. Agentes que desenvolvam tarefas simples, como um robô aspirador, têm uma função de agente bem delimitada, de forma a produzir um comportamento a ser aplicado a uma gama bem definida de ambientes nos quais ele pode fazer a limpeza. Por outro lado, um robô destinado a jogar xadrez apresenta um desafio, pois a quantidade de jogadas possíveis chega a valores astronômicos (aproximadamente $10^{120}$ possibilidades – o número estimado de átomos no Universo chega a $10^{80}$).

Consequentemente, um agente inteligente dedicado ao jogo de xadrez deve ter sua função de agente limitada, de modo que não leve milhões de anos para fazer uma jogada e que tenha memória suficiente para armazenar jogadas possíveis, considerando um horizonte de poucas jogadas à frente.

Uma função de agente pode ser implementada por meio de uma tabela de possíveis ações relacionadas a uma sequência de percepções. Essa tabela é pensada como uma caracterização externa do agente. Por outro lado, considerando os limites do agente, a função deste é implementada por meio de um programa de agente. Nesse sentido, a função do agente é uma descrição matemática **abstrata**, e um programa de agente é uma implementação **concreta**, ligada à forma com que o agente é construído, ou seja, à sua arquitetura (Russell; Norvig, 2004).

A Figura 2.2 apresenta um exemplo bastante simples: um robô aspirador e a representação de seu mundo. A abstração considera que o robô está localizado em um quadrado central, que se refere ao estado inicial. Nos quadrados restantes, pode haver sujeira ou não. A partir de tal premissa, uma sequência de ações deve ser pensada de forma que o robô cumpra o objetivo de limpar o ambiente. Note a identificação de cada quadrado como elemento de uma matriz.

Figura 2.2 – Representação do ambiente de um robô aspirador

Agentes inteligentes 37

Quadro 2.1 – Mapeamento de comandos para as sequências de percepções do robô aspirador

| Sequência | Percepção | Ação |
|---|---|---|
| 1 | [(2,2),Limpo] | Mova-se em frente |
| 2 | [(3,2),Limpo] | Mova-se à direita |
| 3 | [(3,1),Sujo] | Aspire a sujeira |
| 4 | [(3,1),Limpo] | Mova-se à direita |
| 5 | [(2,1),Limpo] | Mova-se em frente |
| 6 | [(1,1),Sujo] | Aspire a sujeira |
| 7 | [(1,1),Limpo] | Mova-se à direita |
| 8 | [(1,2),Sujo] | Aspire a sujeira |
| 9 | [(1,2),Limpo] | Mova-se em frente |
| 10 | [(1,3),Limpo] | Mova-se à direita |
| 11 | [(2,3),Sujo] | Aspire a sujeira |
| 12 | [(2,3),Limpo] | Mova-se em frente |
| 13 | [(3,3),Sujo] | Aspire a sujeira |
| 14 | [(3,3),Limpo] | Mova-se à direita |
| 15 | [(3,2),Limpo] | Mova-se à direita |
| 16 | [(2,2),Limpo] | Pare |

Figura 2.3 – Representação do ambiente de um robô aspirador com as ações mapeadas de acordo com as sequências de percepções

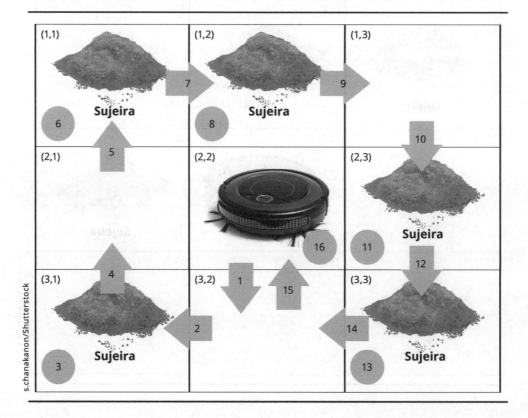

Com base nesse exemplo de mundo do robô aspirador de pó, podemos imaginar uma série de variações. Para a construção do Quadro 2.1 (com a função do agente), foram escolhidas apenas quatro ações possíveis: 1) mover-se para frente, 2) mover-se à direita, 3) aspirar o pó e 4) parar. Pode-se conceber outras sequências que contemplem mover-se à esquerda, mover-se aleatoriamente etc.

Há um modo correto de se executar a tarefa? O que faz um agente ser bom a ponto de poder ser considerado *inteligente*? Para responder a essas perguntas, precisamos conceituar *agente racional*: aquele que, como resultado de suas ações, obterá o maior sucesso. Assim, é necessário algum método para quantificar o sucesso de um agente (Russell; Norvig, 2004).

Por meio de **medidas de desempenho**, é possível verificar se um agente teve sucesso na execução de sua tarefa. Como explicitado na Figura 2.3 e no Quadro 2.1, a sequência de ações fez com que o robô aspirador passasse por uma sequência de estados. Se essa sequência é a desejável, então, é viável afirmar que o robô funcionou bem. A medida de desempenho precisa ser uma medida objetiva, que tenha sido planejada na construção do robô (Russell; Norvig, 2004). Nem sempre a definição de uma medida de desempenho é tarefa fácil, contudo. Por exemplo, outras medidas para avaliar o desempenho do robô aspirador poderiam ser o número de ações ou o tempo consumido para executar a tarefa, ou, ainda, a qualidade de limpeza em relação ao tempo consumido.

Com base nas informações que apresentamos até aqui, pode-se, agora, definir um ***agente racional*** da seguinte forma: "Para cada sequência de percepções possível, um agente racional deve selecionar uma ação que se espera venha a maximizar sua medida de desempenho, dada a evidência fornecida pela sequência de percepções e por qualquer conhecimento interno do agente" (Russell; Norvig, 2004, p. 36).

Assim, a racionalidade em qualquer instante depende de quatro fatores:

1. A **medida de desempenho** como critério para obtenção do sucesso da tarefa.
2. O **conhecimento prévio** do agente com relação ao ambiente.
3. As **ações** que o agente pode executar.
4. A **sequência de percepções** que o agente tem até o momento. (Russell; Norvig, 2004, p. 36, grifo nosso)

Analisando-se o exemplo do robô aspirador, uma medida de desempenho pode ser tomada a partir de uma pontuação para cada quadrado limpo em um período definido de tempo (por exemplo, 9 quadrados limpos a cada minuto). O ambiente do robô é previamente conhecido, ainda que a sujeira possa variar de quadro a quadro. As ações que o robô pode executar são: mover-se à frente, mover-se à direita, aspirar e parar. De acordo com a sequência de percepções, o robô identifica o quadrado onde se encontra (via leitor de posição ou acelerômetro, por exemplo) e verifica se ele tem sujeira ou não (utilizando câmera). Assim, podemos classificar o robô aspirador como um agente racional.

A racionalidade em um agente significa que ele buscará maximizar o **desempenho esperado**, não o desempenho real. Mas isso não quer dizer que ele realizará de fato a melhor ação quando esperado. As situações no ambiente podem mudar e outras variáveis que não tenham sido consideradas poderão interferir, modificando seu comportamento. A racionalidade é uma medida de quão inteligente o agente poderá ser, mas não significa que seu comportamento será robusto o bastante para abarcar todas as possibilidades, quando exigido seu desempenho real.

Em outras situações, é necessário que o agente não só reaja às informações coletadas, mas também obtenha um **aprendizado** com base em suas percepções. Assim, ele pode iniciar sua tarefa com algum conhecimento prévio e, à medida que interage com o ambiente, vai adquirindo mais experiência. Nas situações em que o ambiente é completamente conhecido, ele pode apenas agir de acordo com sua função de agente. Em ambientes que mudam com o passar do tempo, é preciso projetar o agente de forma que ele possa gravar novas regras que venham a surgir.

Aliado a isso, temos o conceito de **autonomia**, que determina até que ponto o agente depende de um conhecimento prévio ou se ele deve aprender durante a execução de sua tarefa para compensar premissas incorretas. Um agente que aprende novas regras impostas pelo ambiente demonstra sua autonomia. Por exemplo, um robô aspirador que preveja a probabilidade de aparecer mais sujeira trabalhará melhor do que aquele que siga unicamente as regras de atuação predefinidas (Russell; Norvig, 2004).

## 2.1
## Natureza dos ambientes

A caracterização do ambiente onde o agente atuará vai determinar o sucesso de sua execução. Quando o robô aspirador foi caracterizado como um agente racional, tiveram de ser especificados: o ambiente onde seria feita a limpeza, a medida de desempenho e os sensores e atuadores do robô. Na modelagem de um agente racional, é necessário definir de maneira tão completa e precisa quanto possível o **ambiente de tarefa** (Russell; Norvig, 2004). Esse ambiente pode ser delimitado por meio de Performance, Environment, Actuators and Sensors (Peas – Desempenho, Ambiente, Atuadores e Sensores). No Quadro 2.2, apresentamos alguns exemplos de tipos de agentes e respectivos Peas.

Quadro 2.2 – Exemplos de agentes racionais e as descrições do Peas

| Tipo de agente | Medida de desempenho | Ambiente | Atuadores | Sensores |
|---|---|---|---|---|
| Sistema de xadrez | Calcular a jogada ótima; ganhar a partida. | Tabuleiro 8 × 8, peças de xadrez, posições iniciais, jogadas possíveis. | Braço articulado para mover as peças. | Câmera para ver as posições das peças. |
| Tutor inteligente | Maximizar as notas dos alunos nos testes. | Área de interação do *software*, *chat* de mensagens. | Mostrar conteúdos; exibir exercícios. | Entrada pelo teclado. |
| Robô de solda | Efetuar os pontos de solda no tempo previsto; garantir qualidade da solda. | Linha de montagem. | Braço articulado para movimentos no espaço, ponteira de solda. | Identificação de novo objeto a ser soldado; determinação da quantidade e da temperatura de solda. |

Fonte: Elaborado com base em Russell; Norvig, 2004.

## 2.2 Propriedades dos ambientes de tarefas

Em IA, a variedade de ambientes para atender a diferentes tipos de problemas é muito grande. Por isso, é interessante classificar os ambientes de tarefas conforme categorias, que influenciam na definição dos parâmetros dos projetos. O Quadro 2.3 descreve essas possibilidades de classificação de acordo com diversos critérios, apresentando alguns exemplos correlatos.

Quadro 2.3 – Classificação dos ambientes de tarefa

| Critério | Descrição | Exemplos |
|---|---|---|
| **Completamente observável × parcialmente observável** | • Sensores do agente acessam de forma completa os estados do ambiente em cada instante: ambiente completamente observável.<br>• Constado ruído, sensoriamento impreciso ou lacuna nos estados: parcialmente observável. | • Jogo de xadrez: completamente observável.<br>• Sistema de busca na internet: parcialmente observável. |
| **Determinístico × estocástico** | • Próximo estado completamente determinado pelo estado atual e pela ação executada pelo agente: ambiente determinístico; caso contrário: ambiente estocástico.<br>• Sistema determinístico, mas com elementos estocásticos: ambiente estratégico. | • Robô aspirador de pó: determinístico.<br>• Carro com direção autônoma: estocástico. |
| **Episódico × sequencial** | • Agente experimenta os eventos de maneira atômica: ambiente episódico – os episódios começam pela percepção do agente e pela execução de uma única ação.<br>• Estados atuais dependem dos estados anteriores: ambiente sequencial. | • Robô aspirador de movimento aleatório: episódico.<br>• Jogo de xadrez: sequencial. |

*(continua)*

*(Quadro 2.3 – conclusão)*

| Critério | Descrição | Exemplos |
|---|---|---|
| Estático × dinâmico | - Ambiente se altera enquanto o agente está executando a tarefa: ambiente dinâmico.<br>- Ambiente não se modifica durante a execução: ambinete estático.<br>- Há situações em que os ambientes podem ser caracterizados como semidinâmicos. | - Jogo de xadrez: estático.<br>- Carro com direção autônoma: dinâmico ou semidinâmico, considerando as rotas predefinidas. |
| Discreto × contínuo | - Considera tanto o tempo quanto o estado do ambiente e das percepções e ações.<br>- Sequência de estados discretos: muda de forma brusca de um estado para outro.<br>- Sequência de estados contínua: muda de forma suave. | - Jogo de xadrez: discreto.<br>- Sistema de refrigeração de temperatura: contínuo. |
| Individual × multiagente | - Quando há apenas um agente atuando para resolver o problema: ambiente de agente individual.<br>- Quando há atuação de mais de um agente: ambiente multiagente. | - Jogo de xadrez: agente individual ou multiagente (quando um agente joga contra outro).<br>- Sistema de busca na internet: multiagente (utiliza vários *bots* que encontram e organizam a informação). |

Fonte: Elaborado com base em Russell; Norvig, 2004.

A seguir, o Quadro 2.4 traz alguns exemplos de ambientes de tarefa e suas propriedades, conforme apresentadas no quadro anterior, para que seja possível compreender como diferentes agentes inteligentes podem ser caracterizados.

Quadro 2.4 – Exemplos de ambientes de tarefa e as respectivas propriedades

| Ambiente de tarefa | Observável | Determinístico | Episódico | Estático | Discreto | Agente |
|---|---|---|---|---|---|---|
| Jogo de palavras cruzadas | Completamente | Determinístico | Sequencial | Estático | Discreto | Único |
| Xadrez com um relógio | Completamente | Estratégico | Sequencial | Semi | Discreto | Multi |
| Pôquer | Parcialmente | Estratégico | Sequencial | Estático | Discreto | Multi |
| Gamão | Completamente | Estocástico | Sequencial | Estático | Discreto | Multi |
| Direção de táxi | Parcialmente | Estocástico | Sequencial | Dinâmico | Contínuo | Multi |
| Diagnóstico médico | Parcialmente | Estocástico | Sequencial | Dinâmico | Contínuo | Único |
| Analista de imagens | Completamente | Determinístico | Episódico | Semi | Contínuo | Único |
| Robô de seleção de peças | Parcialmente | Estocástico | Episódico | Dinâmico | Contínuo | Único |
| Controlador de refinaria | Parcialmente | Estocástico | Sequencial | Dinâmico | Contínuo | Único |
| Instrutor interativo de inglês | Parcialmente | Estocástico | Sequencial | Dinâmico | Discreto | Multi |

Fonte: Russell; Norvig, 2004, p. 44.

## 2.3
# Estruturas de agentes

Até aqui, analisamos a natureza do ambiente de tarefa e suas propriedades apenas quanto a questões de comportamento, ou seja, no que se refere às ações executadas para determinada sequência de percepções. A partir deste ponto do livro, investigaremos o funcionamento interno dos agentes.

Iniciemos pelo **programa do agente**, que faz parte do trabalho que envolve IA. Ele implementa a função do agente por meio do mapeamento que associa as percepções às ações. Desse modo, o agente funciona por meio de uma **arquitetura** que implementa os sensores e os atuadores com um processador que executa o programa do agente (Russell; Norvig, 2004).

Segundo Russel e Norvig (2004, p. 46), os agentes podem ser assim classificados:

- Agentes reativos simples.
- Agentes reativos baseados em modelo.
- Agentes baseados em objetivos.
- Agentes baseados na utilidade.

Nas subseções seguintes, examinaremos mais detidamente as descrições de cada um desses tipos.

### 2.3.1 Agentes reativos simples

Os agentes reativos simples selecionam as ações a serem executadas com base na percepção atual, desconsiderando o histórico de percepções (Figura 2.4).

Figura 2.4 – Representação esquemática de um agente reativo simples

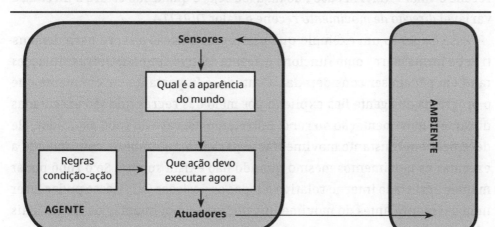

Fonte: Russell; Norvig, 2004, p. 47.

Agentes inteligentes | 43

O robô aspirador de pó, por exemplo, para verificar se existe ou não sujeira, o agente toma por base a sua posição atual após o movimento.

Para implementar agentes reativos, é possível utilizar regras de produção – propostas genericamente, de acordo com o tipo de problema a ser resolvido – ou "**regras se-então** [condição-ação]" (Bittencourt, 1998, p. 252, grifo nosso). Uma dessas regras faz o teste de uma condição que envolve as variáveis alimentadas pelos sensores e executa uma ação específica quando essa condição é verdadeira.

SE <condição>, ENTÃO <ação>

Por exemplo, o robô aspirador mencionado anteriormente pode seguir quatro regras quanto à execução da limpeza e da movimentação:

1. **SE** estado = sujo, **ENTÃO** aspirar.
2. **SE** estado = limpo, **ENTÃO** faça movimento = SIM; **SENÃO** faça movimento = NÃO.
3. **SE** faça movimento = SIM **E** quadrado na frente = SIM; **ENTÃO** direção do movimento = FRENTE.
4. **SE** faça movimento = SIM **E** quadrado na frente = NÃO; **ENTÃO** direção do movimento = DIREITA.

Nesse sistema de quatro regras, a regra 1 se refere à limpeza do quadrado por meio da variável *estado*. No caso de o quadrado estar limpo, a variável *faça movimento* recebe o valor *SIM*, o que é feito pela regra 2. Com isso, as regras 3 e 4 ficam habilitadas para operar. É testada, então, a variável *quadrado na frente* (ou seja, é armazenado o valor do sensor que identifica o quadrado). Se houver um quadrado à frente, a variável de ação *direção do movimento* recebe o valor *FRENTE*. Caso não haja (ou seja, o quadrado estará à direita), a variável *direção de movimento* recebe o valor *DIREITA*.

Esse é apenas um exemplo que usa regras básicas e serve para demonstrar de forma clara como funciona o agente reativo simples. Outras situações também podem ser consideradas. Contudo, é importante ter em mente que o programa do agente fica explícito por meio das regras que são executadas durante a movimentação do robô. Entretanto, no caso do robô aspirador, ele deve ficar em constante movimentação para fazer a limpeza, continuando a executar os movimentos mesmo quando não exista sujeira. Se o robô puder manter um estado interno relativo a todas as posições (ou seja, se puder fazer uma varredura antes do movimento), poderá se movimentar de forma mais eficiente para executar a tarefa de limpeza.

## 2.3.2 Agente reativo com base em modelos

Em um ambiente caracterizado como parcialmente observável, se o agente puder manter estados internos que sejam dependentes da sequência de percepções, poderá operar de forma mais efetiva na resolução do problema. Nesse caso, o agente trabalha com um estado interno que é dependente das informações sobre como o mundo (ambiente) evolui (Figura 2.5).

Figura 2.5 – Representação esquemática de um agente reativo com base em um modelo

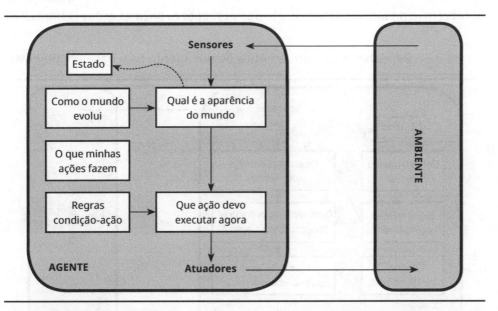

Fonte: Russell; Norvig, 2004, p. 49.

Voltemos ao robô aspirador. Se ele puder armazenar o histórico das percepções dos quadrados que ficam mais sujos que os outros, é possível melhorar o programa, de modo que o robô se movimente mais pelos quadrados em que a probabilidade de aparecer sujeira é maior. Outra possibilidade é fazer com que o robô consiga atualizar em um único momento a informação de todos os quadrados, por meio de sensores capazes de analisar cada um deles.

Um agente que tem o conhecimento de "como o mundo funciona" apresenta o que se denomina **modelo do mundo**. Por isso, tal tipo de agente é chamado de *agente reativo baseado em modelo*. Entretanto, em certos casos, apenas a simples presença de um modelo do mundo não garante comportamento mais efetivo a um agente. Isso se tornará mais evidente na análise dos próximos tipos de agentes.

### 2.3.3 Agentes com base em objetivos

O fato de um agente ter conhecimento do estado atual do ambiente não é condição suficiente para que ele decida o que fazer. Além de o agente "saber" uma descrição do estado atual, é necessário que obtenha alguma informação quanto aos objetivos relacionados a situações ou cenários desejáveis. A tomada de decisão com base em objetivos é diferente da utilização de regras se-então, por envolver uma consideração sobre o futuro. O agente se pergunta: "O que acontecerá se eu fizer esta ou aquela ação?" ou "Isso me fará feliz?". Tais informações nos agentes reativos não são representadas de maneira explícita, em decorrência do mapeamento direto das percepções para as ações (Figura 2.6).

Figura 2.6 – Representação esquemática de um agente com base em objetivo

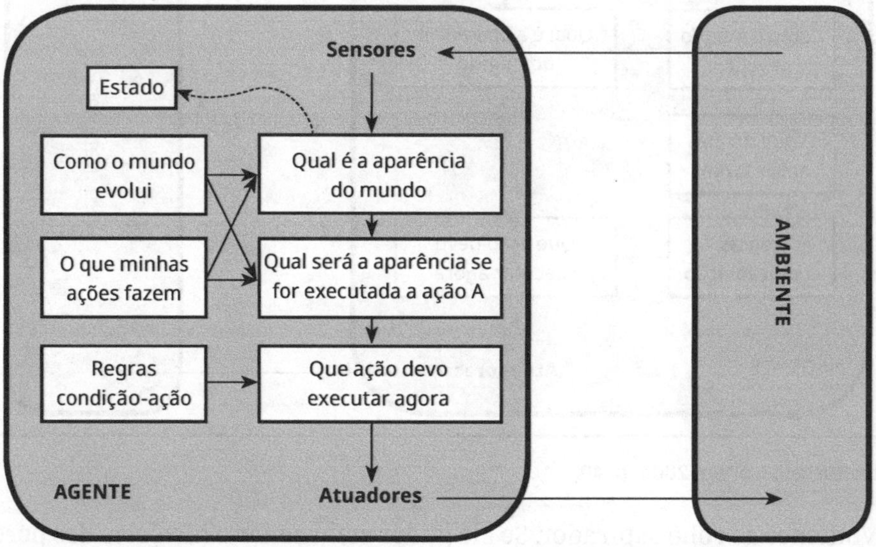

Fonte: Russell; Norvig, 2004, p. 50.

Ainda que o agente com base em objetivos possa parecer menos eficiente, ele tende a ser mais flexível. O conhecimento que dá o suporte às suas decisões é representado explicitamente, podendo ser atualizado ou modificado (Russell; Norvig, 2004).

Para entender como isso funciona na prática, retomemos o exemplo do robô aspirador. O objetivo desse robô é executar sua tarefa considerando o custo de operação e o consumo de energia. No decorrer do tempo, ele pode calcular a frequência com que as limpezas são feitas e entrar em modo de economia de energia durante os intervalos, a fim de alcançar um resultado mais satisfatório.

Os objetivos de um agente permitem que se distingam entre estados *felizes* e *infelizes* de forma binária. Quando um agente precisa lidar com diferentes objetivos, é possível que estes entrem em contradição ou que nenhum deles seja alcançado. Por isso, é necessário que o programa inclua uma função específica para lidar com diversas situações de forma mais adequada ou útil (Russell; Norvig, 2004).

### 2.3.4 Agentes com base em utilidade

A função de utilidade permite quantificar o mapeamento de um estado ou uma sequência de estados em um número que descreve o grau de "felicidade" alcançado (Figura 2.7).

Figura 2.7 – Representação esquemática de um agente com base em utilidade

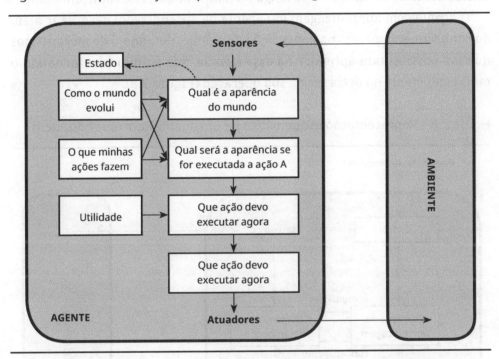

Fonte: Russell; Norvig, 2004, p. 51.

Dessa maneira, a formalização de uma função de utilidade permite as tomadas de decisão racionais em dois casos em que os objetivos não se adéquam à situação (Russell; Norvig, 2004, p. 50):

1. quando são **contraditórios** e apenas alguns deles podem ser alcançados;
2. quando há **vários objetivos** e nenhum deles pode ser alcançado com certeza.

No primeiro caso, a função de utilidade pode especificar o grau de compromisso mais apropriado. No segundo caso, ela fornece um número que expressa um grau de probabilidade de sucesso que pondera a importância dos objetivos.

## 2.4
## Agentes com aprendizagem

Até este ponto do livro, vimos as estruturas de diferentes agentes, alguns cujos programas respondem diretamente às percepções e outros com estados internos que permitem a representação de algum conhecimento da evolução do ambiente, tornando-os assim mais flexíveis às variações externas. Esses agentes são criados com conhecimento previamente definido e fixo. Seria possível imaginar uma situação em que o agente atuasse em um ambiente inicialmente desconhecido e ao longo do tempo adquirisse conhecimento?

O agente com aprendizagem (ou agente de aprendizado) permite ir além do conhecimento prévio na construção do agente, dotando-o de mecanismos que lhe possibilitam aprender na experiência com o ambiente, tornando-o mais competente no decorrer da sua operação (Figura 2.8).

Figura 2.8 – Representação esquemática de um agente com aprendizagem

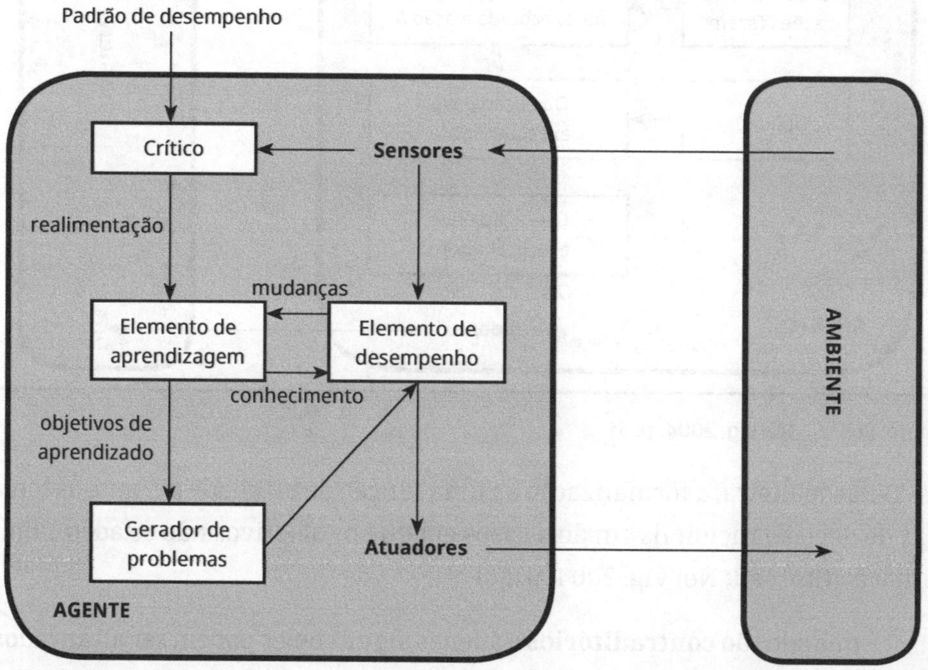

Fonte: Russell; Norvig, 2004, p. 52.

"Um agente de aprendizado pode ser dividido em quatro componentes conceituais" (Russell; Norvig, 2004, p. 51). Em suma, são eles:

1. **elemento de desempenho** – é a parte considerada até agora sobre o estudo dos agentes anteriores, que recebe as percepções e decide qual ação executar;
2. **elemento crítico** – informa ao elemento de aprendizado como o agente está se comportando em relação a um padrão fixo de desempenho;
3. **elemento de aprendizado** – utiliza a informação proveniente do crítico para modificar o elemento de desempenho para obtenção de um melhor funcionamento no futuro;
4. **gerador de problemas** – é o elemento responsável pela sugestão de novas regras e ações que podem levar a novas experiências (Russel; Norvig, 2004).

Tomemos como exemplo um carro autônomo. Ele pode percorrer uma estrada de acordo com o elemento de desempenho embutido em sua programação, a uma velocidade definida e em uma faixa à esquerda. O elemento crítico recebe informações do mundo e as repassa ao elemento de aprendizado. Caso um carro que esteja posicionado logo atrás buzine, o elemento de aprendizado pode formular uma regra e definir que esse cenário de direção em uma faixa central ou à esquerda seja uma situação ruim e, assim, modificar o elemento de desempenho, de modo que o carro autônomo siga na faixa da direita.

## – Síntese

O conceito de agente inteligente é um dos mais importantes para o início do estudo do tema *inteligência artificial*, pois é com base nele que se executam tarefas que necessitam de processos de pensamento ou de ações inteligentes.

Os agentes têm sensores para monitorar os ambientes e atuadores para agir sobre eles. Assim, trabalham com percepções e ações. Seu comportamento é definido pela sua função, que mapeia as possíveis ações com as sequências de percepções disponíveis em seu armazenamento de memória. A função do agente é entendida como um mapeamento abstrato, ao passo que o programa do agente é a implementação concreta desse mapeamento.

Constatamos também que a racionalidade do agente depende da medida de seu desempenho, de seu conhecimento prévio, da sequência de percepções e das ações que está apto a executar.

Quanto aos ambientes, abordamos a natureza e as propriedades que os definem. Ainda, verificamos que, de acordo com a estrutura, os agentes podem ser classificados em: agentes reativos simples; agentes reativos com base em modelo; agentes com base em objetivos; e agentes com base na utilidade. Por fim, concluímos que os agentes com aprendizagem têm a capacidade de ampliar seu conhecimento prévio, aprendendo à medida que executam as operações que vão sendo determinadas.

## –Questões para revisão

1. O que é *agente inteligente*?
2. O que significa *sensor* e *atuador*?
3. O que significa *sequência de percepções*?
4. De acordo com o que você estudou neste capítulo, defina *função do agente*.
5. Dê um exemplo de agente inteligente e caracterize-o de acordo com os elementos que determinam um agente (percepção, ação, etc.).
6. Do que depende a racionalidade do agente inteligente?
7. Defina o ambiente de tarefa de um agente e apresente três exemplos.
8. Dê um exemplo de ambiente de tarefa e caracterize-o de acordo com suas propriedades.
9. O que são *agentes reativos simples*?
10. O que são *agentes reativos com base em modelo*?
11. O que são *agentes com base em objetivos*?
12. O que são *agentes com base na utilidade*?
13. O que é *agente de aprendizagem* e quais são seus elementos conceituais?

# RESOLUÇÃO DE PROBLEMAS POR BUSCA

Os agentes inteligentes mais simples são os reativos, que conferem suas ações ao mapeamento diretamente dos estados (Russell; Norvig, 2004). Entretanto, em ambientes nos quais o mapeamento exige um grande número de elementos, consequentemente requerendo muita memória ou tempo de processamento, os agentes não seriam eficientes. Em tais casos, os que tomam por base os objetivos alcançam melhor *performance*, pois levam em conta os possíveis cenários e avaliam os resultados conforme essas possibilidades.

Entre os agentes baseados em objetivos, destacamos os **agentes de resolução de problemas**, que, segundo Russell e Norvig (2004, p. 62), "decidem o que fazer encontrando sequências de ações que levam a estados desejáveis". Tomemos como exemplo um problema típico da área de logística e turismo, que envolve a roteirização. Quando há um conjunto de locais que precisam ser visitados de acordo com rotas predefinidas, um dos problemas típicos é como percorrer todos os locais considerando um custo mínimo ótimo. Na IA, tal problema foi descrito inicialmente como **problema do viajante**.

Evidenciemos esse exemplo a partir de um mapa rodoviário do Estado do Paraná (Figura 3.1).

Figura 3.1 – Mapa rodoviário simplificado do Estado do Paraná

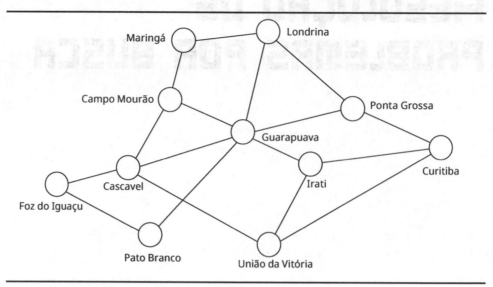

Se o objetivo é ir da cidade de Foz do Iguaçu para a cidade de Curitiba, o agente deve escolher rotas ou cursos de ação que permitam chegar ao destino. As rotas que não possibilitarem concluir o trajeto em um tempo aceitável podem ser rejeitadas, simplificando-se, assim, a tarefa do agente. Desse modo, a **formulação de objetivos** é fundamentada na situação atual do agente e em sua medida de desempenho, configurando o primeiro passo para a resolução do problema.

Alia-se a esse passo a **formulação de problemas**, que consiste no processo de decidir quais estados e ações deverão ser considerados na abordagem do problema, conforme o objetivo (Russell; Norvig, 2004). Suponhamos que, no exemplo anterior, o agente esteja considerando as ações de dirigir de uma cidade até a próxima. Os estados da rota adotada corresponderão a estados do problema. Imaginemos que o agente se encontra em Cascavel, avaliando um caminho para percorrer até Curitiba. Ele pode optar por passar por Campo Mourão, Guarapuava ou União da Vitória. Entretanto, nenhuma dessas cidades é seu objetivo. Mas se ele não tiver familiaridade com o trajeto, não saberá qual dos caminhos seguir. Portanto, para esse agente, a escolha de um curso de ação seria impossível, porque ele não saberia distinguir qual estado resulta na execução de determinada ação. Caso ele não tenha nenhum conhecimento prévio, se não tiver sido programado para escolher aleatoriamente um caminho, ficará paralisado.

Se o agente contar com um mapa, conseguirá obter informações sobre os estados em que pode entrar e identificar que ações pode empreender. Ele considerará, então, as possíveis rotas por entre as cidades elencadas. Dessa forma, um agente que tenha uma série de opções imediatas de valor desconhecido pode decidir o que fazer avaliando primeiro as diferentes sequências de ações possíveis que levarão a estados de valor conhecido, tendo condições de escolher a melhor sequência. O processo de procura dessa sequência é denominado *busca* (Russel; Norvig, 2004).

Um **algoritmo de busca** recebe um problema na entrada e apresenta uma solução na saída, descrita sob a forma de uma sequência de ações definidas. Assim que é dada a solução, as ações recomendadas são colocadas em **execução**. O algoritmo para a resolução de problemas simples segue, então, três passos (Russell; Norvig, 2004):

1. formulação do objetivo e do problema;
2. busca de uma sequência de ações que resolvem o problema;
3. execução das ações uma por uma.

Quando a sequência se completa, o algoritmo formula outro objetivo e, então, recomeça. É importante observar que, na execução da sequência, o agente não leva em conta as percepções, supondo que a solução que encontrou na busca sempre funcionará.

Quanto à formalização do problema, ela pode ser feita a partir de quatro componentes. Conforme Russel e Norvig (2004):

1. **Estado inicial** – Estado no qual o agente faz o primeiro movimento. Por exemplo, se um agente de viagem estiver em Foz do Iguaçu, seu estado inicial pode ser descrito como *Origem(Foz do Iguaçu)*.
2. **Função *sucessor*** – Dado um estado qualquer *x*, o *sucessor(x)* produzirá como saída um conjunto na forma de pares ordenados <a,s>, em que **a** é a ação, e **s**, o estado sucessor. Nesse par ordenado, a ação provém do estado *x*, e cada estado sucessor pode ser alcançado partindo-se de *x*. No caso de o estado inicial ser *Origem(Foz do Iguaçu)*, a função *sucessor(Foz do Iguaçu)* retornaria assim:
   {<Destino(Cascavel), Origem(Foz do Iguaçu)>,
   <Destino(Pato Branco), Origem(Foz do Iguaçu)>}
   Nesse sentido, o estado inicial e a função sucessor determinam o espaço de estados do problema, ou seja, "o conjunto de todos os estados acessíveis a partir do estado inicial. O espaço de estados forma um **grafo** em que os **nós** são os **estados** e os **arcos** entre os nós são as **ações**" (Russel; Norvig, 2004, p. 64, grifo nosso).
3. **Teste de objetivo** – Determina se um estado é um estado objetivo. O objetivo do exemplo é o estado final *Origem(Curitiba)*. Em alguns casos, um objetivo pode ser definido como uma propriedade abstrata, e não por um estado ou conjunto de estados específicos. Por exemplo, em um jogo de xadrez, o xeque-mate é o objetivo.

4. **Função de custo** – Também chamada de *função de custo de caminho*, atribui um custo numérico a cada caminho. O agente escolherá, portanto, uma função de custo que significará a própria medida de desempenho. No caso do agente do exemplo, a função de custo seria a distância em quilômetros (Figura 3.2). Há então um **custo de passo** para ir de um estado a outro.

Definidos os quatro elementos da formulação do problema, "Uma **solução** para um problema é um caminho desde o estado inicial até o estado objetivo" (Russel; Norvig, 2004, p. 64, grifo do original). Considerando a qualidade da solução, medida pela função custo, uma **solução ótima** é aquela que apresenta o menor custo entre todas as soluções possíveis (Russel; Norvig, 2004).

Figura 3.2 – Mapa com as distâncias do Estado do Paraná (em quilômetros)

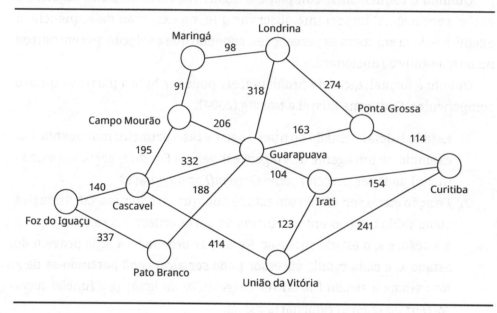

## 3.1
## Tipos de problemas

Para efeitos de estudo, os problemas podem ser classificados em:

- **Miniproblemas** – Exigem a aplicação de métodos de resolução de problemas, apresentando descrições concisas e exatas. Há diversos métodos que podem ser utilizados para comparação de desempenho.
- **Problemas do mundo real** – Não tendem a ter uma descrição concisa e exata, abstraída de situações da realidade. Em geral, são problemas complexos que podem ser divididos em problemas simples, para os quais há um método de solução conhecida. Essa estratégia de divisão dos problemas complexos é denominada *dividir-para-conquistar*.

### 3.1.1 Exemplos de miniproblemas

O primeiro miniproblema já abordado aqui foi o caso do robô aspirador, tratado no Capítulo 2, sobre agentes inteligentes. Esse miniproblema tem posições discretas, sujeira discreta, limpeza confiável e não é desorganizado após o término da tarefa. Vejamos, no Quadro 3.1, como o miniproblema do robô aspirador pode ser formulado:

Quadro 3.1 – Formulação do miniproblema do robô aspirador

| ROBÔ ASPIRADOR | |
|---|---|
| **Formulação** | **Descrição** |
| Estados | O agente se posiciona em uma de nove posições diferentes, as quais podem conter sujeira ou não. A quantidade de espaços possíveis (supondo-se que todos contenham sujeira) é de 9 espaços × 2 estados + 2 do estado inicial = 20 estados. |
| Estado inicial | Robô na posição (2,2). |
| Função *sucessor* | Gera os estados válidos resultantes da tentativa de ação (*para frente, para a direita, aspirar*) (ver Figura 3.3). |
| Teste de objetivo | Verifica se todos os quadrados estão limpos. |
| Custo de caminho | Cada passo custa 1 unidade; o custo do caminho é o número de passos. |

O *puzzle* (quebra-cabeças) de oito peças consiste em um pequeno tabuleiro no tamanho de 3 × 3 casas, com peças numeradas de 1 a 8 e um espaço vazio para permitir o deslocamento de uma peça (Quadro 3.2). O objetivo desse *puzzle* é atingir um estado definido. A Figura 3.3 demonstra, de forma abreviada, a expansão da árvore de estados do miniproblema.

Quadro 3.2 – Formulação do miniproblema do *puzzle* de oito peças

| *Puzzle* de oito peças | | |
|---|---|---|
| **Formulação** | **Descrição** | **Exemplo** |
| Estado | Disposição específica das 8 peças sobre o tabuleiro 3 × 3. | |
| Estado inicial | Qualquer estado pode ser definido como *inicial* (ver Figura 3.3). | 3 6 _ / 4 5 2 / 8 1 7 |
| Função *sucessor* | Gera os estados válidos para execução das quatro ações possíveis: *esquerda, para cima, para baixo, para a direita* (Figura 3.4). | |
| Teste de objetivo | Verifica se o estado alcançado é o mesmo que foi definido como *objetivo*. | 1 2 3 / 8 _ 4 / 7 6 5 |
| Custo de caminho | Cada passo custa 1 unidade; o custo do caminho corresponde ao número de passos. | |

O miniproblema do *puzzle* pode ser estendido para um quebra-cabeças com *n* × *n* casas, com *n* maior do que 3, adotando-se praticamente a mesma formulação.

Figura 3.3 – Expansão da árvore de estados do problema do robô aspirador

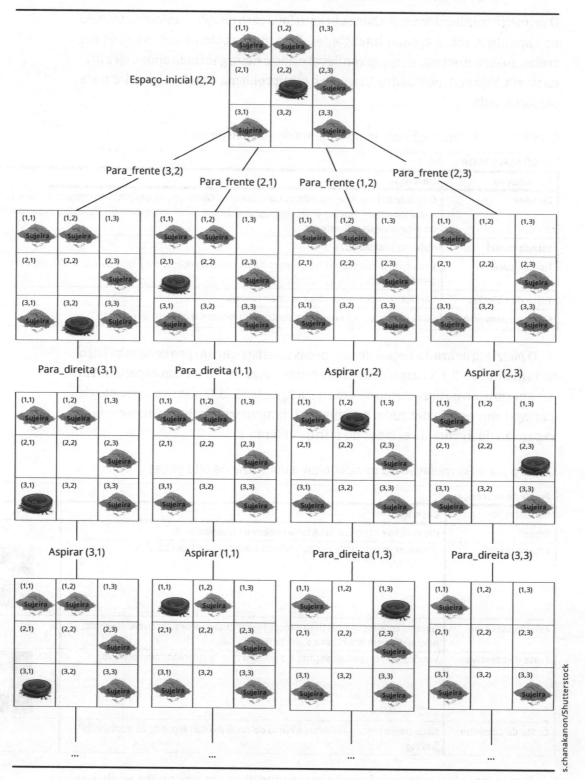

A expansão do problema do *puzzle* de oito peças pode ser visualizada na árvore de estados representada na Figura 3.4, a seguir, na qual cada estado expande-se em dois novos estados, constituindo-se, portanto, uma árvore binária.

Figura 3.4 – Expansão da árvore de estados do problema do *puzzle* de oito peças

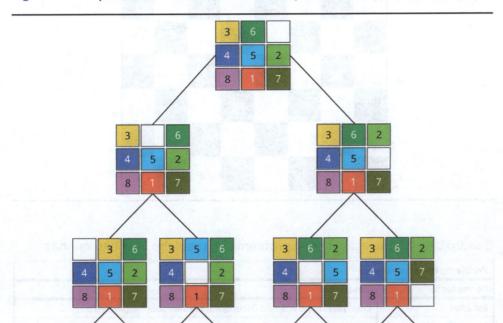

O *puzzle* de oito peças pertence à família de quebra-cabeças deslizantes, utilizados com frequência em testes de algoritmos de inteligência artificial (IA). Oferece 181.440 estados acessíveis e pode ser resolvido com facilidade. O *puzzle* de 15 peças (tabuleiro 4 × 4), por sua vez, apresenta cerca de 1,3 trilhão de estados. Já o *puzzle* de 24 peças (tabuleiro 5 × 5) tem aproximadamente $10^{25}$ estados, sendo ainda bastante difícil resolvê-lo de forma ótima com os computadores e algoritmos atuais (Russell; Norvig, 2004).

O **problema das oito rainhas** (Figura 3.5) refere-se ao uso do tabuleiro 8 × 8 de xadrez para posicionar oito rainhas de forma que uma não ameace outra (Quadros 3.3 e 3.4).

Figura 3.5 – Problema das oito rainhas, com possível solução

Quadro 3.3 – Formulação do miniproblema do tabuleiro com oito rainhas

| Problema das oito rainhas | |
|---|---|
| Formulação | Descrição |
| Estados | Qualquer disposição de 0 (zero) a 8 rainhas sobre o tabuleiro. |
| Estado inicial | Nenhuma rainha no tabuleiro. |
| Função *sucessor* | Colocação de uma rainha em uma casa vazia. |
| Teste de objetivo | Verificação da existência de 8 rainhas no tabuleiro e de qualquer possibilidade de ameaça a alguma delas. |
| Custo de caminho | Colocação de uma rainha no tabuleiro de modo a evitar ameaças às outras rainhas já colocadas. |

Quadro 3.4 – Formulação melhorada do miniproblema do tabuleiro com 8 rainhas

| Problema das oito rainhas – Formulação melhorada | |
|---|---|
| Formulação | Descrição |
| Estados | Dispor *n* rainhas (0 <= n <= 8), de modo que se tenha uma rainha por coluna nas *n* colunas mais à esquerda, evitando a ameaça de outra rainha. |
| Estado inicial | Nenhuma rainha no tabuleiro. |
| Função *sucessor* | Adicionar uma rainha a qualquer casa na coluna vazia mais à esquerda, buscando evitar a ameaça de alguma rainha já colocada. |
| Teste de objetivo | Verificar se existem 8 rainhas no tabuleiro e se nenhuma é ameaçada. |
| Custo de caminho | Colocar uma rainha no tabuleiro de maneira a evitar a ameaça das outras rainhas já colocadas. |

A análise combinatória do problema mostra que existem 4.426.165.368 estados distintos para dispor 8 rainhas em um tabuleiro (combinação de 64 casas para 8 peças). No caso de uma **formulação incremental**, as peças vão sendo colocadas uma a uma, a partir de um estado vazio. Uma **formulação de estados completos** dispõe as 8 rainhas sobre o tabuleiro, modificando as posições logo após (Russell; Norvig, 2004).

A formulação melhorada do problema das 8 rainhas apresentada no Quadro 3.4 reduz o espaço de estados de $3 \times 10^{14}$ para somente 2.057 estados, o que facilita a obtenção de soluções.

### 3.1.2 Exemplos de problemas do mundo real

Descrevamos agora um problema do mundo real: o problema de roteirização ou roteamento. Esse problema toma por base uma série de pontos ou nós e ligações entre estes nós (Quadro 3.5).

Quadro 3.5 – Formulação do problema do roteamento

| Problema de Roteamento | |
|---|---|
| *Formulação* | *Descrição* |
| Estados | Representação de uma posição ou nó. |
| Estado inicial | Especificado de acordo com o problema. |
| Função sucessor | Os nós ou posições que estão adjacentes. |
| Teste de objetivo | Verificar se pela movimentação através dos nós, chega-se ao nó destino. |
| Custo de caminho | Dado pelo somatório do custo de cada ligação entre os pares de nós. |

Esse problema está presente em várias aplicações, tais como roteamento de redes de computadores, planejamento de manufatura, operações militares, sistemas de planejamento de voos e distribuição geográfica de produtos.

A formulação do roteamento pode ser aplicada posteriormente a qualquer caso real que atenda a esses pressupostos. Por exemplo, se o objetivo fosse descobrir qual é a melhor rota aérea entre duas cidades, os estados seriam as cidades pelas quais os voos passam, e o estado inicial seria a cidade de origem. A função *sucessor* forneceria o próximo destino a partir da cidade a ser considerada. O teste de objetivo é saber se o estado atual já se encontra na cidade destino. O custo do caminho, por sua vez, pode corresponder ao tempo de viagem ou ao valor monetário de cada trajeto entre cidades, entre outras possibilidades.

O problema do caixeiro viajante é uma extensão do problema de roteirização, em que todos os pontos de uma rede precisam ser visitados, e não apenas alguns. Esse problema demonstra que pode acontecer uma explosão combinatória mesmo que se tenha poucas instâncias para resolução. A quantidade de possibilidades de rotas por todos os pontos é da ordem de (n – 1)! – fatorial de n – 1. Para um conjunto de rotas com poucos pontos, o problema pode ser resolvido pela "força bruta" (calculando-se todas as rotas). Mas ele cresce exponencialmente com a quantidade de pontos. Retomemos o exemplo do mapa do Paraná (Figura 3.2), no qual temos 11 cidades. A quantidade de rotas possíveis passando por todos os pontos é de aproximadamente 10! (fatorial de 10), ou seja, quase 3,62 milhões de rotas. A Tabela 3.1 exemplifica a complexidade desse problema. Podemos identificar na segunda coluna o total de permutações possíveis de pontos a serem visitados, e na terceira coluna, o tempo de execução, considerando-se que o cálculo de cada possibilidade leve um nanossegundo (um bilionésimo de segundo). Podemos inferir o salto que representa de 20 para 25 pontos em termos de alguns anos para milhões de anos de processamento.

Tabela 3.1 – Demonstração da complexidade exponencial do problema do caixeiro viajante

| Pontos ou nós | (n – 1)! | Tempo |
|---|---|---|
| 5 | 24 | Insignificante |
| 10 | 362.880 | Insignificante |
| 15 | 87,17 bilhões | 9 segundos |
| 20 | $1,2 \times 10^{17}$ | 3,9 anos |
| 25 | $6,2 \times 10^{23}$ | 19,6 milhões de anos |

### Para saber mais

Como visto anteriormente, o problema do caixeiro viajante (chamado também de *PCV*) se apresenta como um dos problemas de maior complexidade de resolução, mesmo para um pequeno número de nós. Assista ao vídeo produzido pela Sociedade Portuguesa de Matemática para aproximar-se um pouco mais desse problema.

ISTO É MATEMÁTICA T07E02: o problema do caixeiro viajante.
Disponível em: <https://www.youtube.com/watch?v=_vKMyRj855A>.
Acesso em: 29 jun. 2018.

Outros exemplos de problemas do mundo real são: leiaute de circuitos integrados e de processadores de computador; navegação de robôs; sequência automática de montagem em fábricas robotizadas; projeto de proteínas; e pesquisa na internet (Russell; Norvig, 2004).

## 3.2
## Busca de soluções

Para a resolução dos problemas expostos na seção anterior, é necessário fazer uma busca no espaço de estados dos problemas. Nos problemas do robô aspirador e do *puzzle* de oito peças que apresentamos, não foi acidental a representação em forma de árvore nas Figuras 3.3 e 3.4. Certas técnicas recorrem a árvores de busca, que são geradas a partir do estado inicial e pela função *sucessor*, configurando-se, assim, o espaço de estados. Um **nó de busca** é a raiz da árvore, relativa ao estado inicial. Para a resolução do problema, acontece então a **expansão** do estado atual nos estados possíveis a partir da função *sucessor*, que gera, por sua vez, um novo ramo ou conjunto de estados. No exemplo do mapa geográfico do Paraná, se estivermos no estado *Origem(Campo Mourão)*, a expansão produziria um ramo com os nós *Destino(Maringá)*, *Destino(Guarapuava)* e *Destino(Cascavel)*.

Desse modo, o propósito da busca é fazer essa expansão de forma contínua, avaliando os nós gerados, escolhendo um especificamente e verificando se o nó é um estado objetivo ou não (Figura 3.6).

Figura 3.6 – Exemplo de expansão de uma árvore de busca para o problema da rota entre cidades

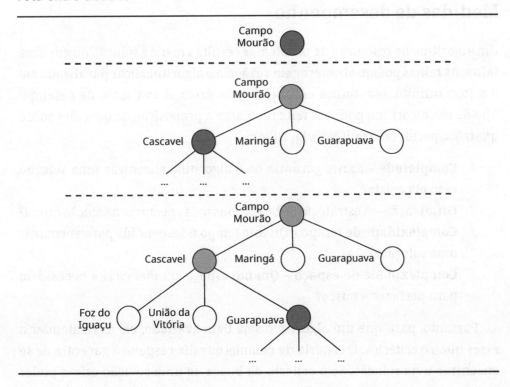

Nesse processo, a escolha do estado a ser expandido é determinada pela **estratégia de busca** (Russell; Norvig, 2004). Vejamos como se compõe um algoritmo genérico de busca.

---

**Descrição informal do algoritmo geral de busca em árvore**

**função** BUSCA-EM-ÁRVORE (*problema, estratégia*) **retorna** uma solução ou falha

   inicializar a árvore de busca usando o estado inicial de *problema*
   **repita**
      **se** não existe nenhum candidato para expansão **então retornar** falha
      escolher um nó folha para expansão de acordo com *estratégia*
      **se** o nó contém um estado objetivo **então retornar** a solução correspondente
      **senão** expandir o nó e adicionar os nós resultantes à árvore de busca

---

Fonte: Russell; Norvig, 2004, p. 71, grifos do original.

É importante notar a diferença entre o espaço de estados e a árvore de busca. Os estados se referem aos nós possíveis do problema, mas podem existir árvores de busca com número infinito de nós.

## 3.3
## Medidas de desempenho

Um algoritmo de resolução de problemas resulta em uma solução ou em uma falha. As falhas podem acontecer em razão de o algoritmo ficar paralisado em um *loop* infinito, sem nunca encontrar uma saída. A avaliação de desempenho de um algoritmo pode ser feita mediante a proposição de questões sobre quatro aspectos (Russell; Norvig, 2004):

1. **Completude** – Existe garantia de o algoritmo encontrar uma solução, caso ela exista?
2. **Otimização** – A estratégia de busca consegue encontrar a solução ótima?
3. **Complexidade de tempo** – Quanto tempo é despendido para encontrar uma solução?
4. **Complexidade de espaço** – Quanto espaço em memória é necessário para perfazer a busca?

Portanto, para que um algoritmo seja bem avaliado, ele deve atender a esses quatro critérios. O critério da completude diz respeito à garantia de se encontrar uma solução. Se o critério de busca de uma solução ótima puder ser relaxado, o algoritmo possibilita a obtenção de mais de uma solução (por exemplo, os algoritmos genéticos). A análise das complexidades de tempo e espaço auxiliará a definição de uma relação de compromisso entre o custo da solução (e, por consequência, a estrutura de *hardware* necessária) e o tempo/espaço de memória para sua execução.

## 3.4 Estratégias de busca sem informação

As estratégias de busca dividem-se em duas classes: 1) sem informação, ou buscas cegas; 2) com informação, ou buscas heurísticas[1]. Elas se diferenciam de acordo com a ordem em que se procede a expansão dos nós da árvore de busca (Russell; Norvig, 2004). Veremos as estratégias de busca com informação mais adiante.

As estratégias sem informação ou **buscas cegas** dividem-se em:

- busca em extensão ou amplitude;
- busca de custo uniforme;
- busca em profundidade;
- busca em profundidade limitada;
- busca de aprofundamento iterativo;
- busca bidirecional.

A noção geral por trás das buscas cegas é fazer a visitação dos estados possíveis de um problema, explorando a arquitetura do espaço de estados, sem qualquer informação adicional. Cada uma das estratégias a seguir apresenta uma maneira peculiar com vistas a alcançar uma solução para um problema de busca específico.

### 3.4.1 Busca em extensão ou amplitude

A busca em extensão ou amplitude (BE) é uma estratégia simples em que, inicialmente, expande-se o nó raiz; depois, expandem-se os sucessores desse nó; logo após, os sucessores de seus sucessores; e assim por diante (Figura 3.7).

[1] A palavra *heurística* vem do termo grego antigo εὑρίσκω (*heurísko*), que significa "eu encontro", "eu invento", "eu descubro". Desse mesmo verbo vem εὕρηκα (*heureka*, ou *eureka*), que Arquimedes (287 a.C.-212 a.C.) exclamou ao descobrir como verificar se a coroa do rei de Siracusa era de ouro puro ou impuro. No contexto de buscas em IA, as *heurísticas* são "regras para escolher aqueles ramos em um espaço de estados que têm maior probabilidade de levar a uma solução aceitável para o problema" (Luger, 2013, p. 102).

Figura 3.7 – Exemplo da busca em extensão de uma árvore binária simples

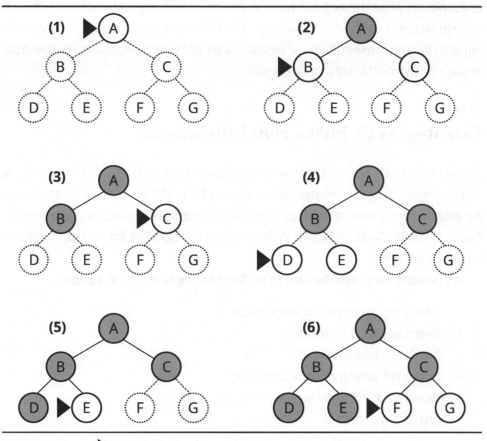

Nota: O marcador "▶" indica o nó que será expandido.
Fonte: Elaborado com base em Russell; Norvig, 2004.

A busca em extensão pode ser implementada utilizando-se uma lista FIFO (*first-in first-out*), a fim de garantir que os nós visitados primeiro sejam expandidos primeiro.

Podemos nos certificar de que uma busca em extensão é **completa** verificando o seguinte:

> se o nó objetivo mais raso estiver em alguma profundidade finita *d*, a busca em extensão eventualmente o encontrará após expandir todos os nós mais rasos (desde que o fator de ramificação *b* seja finito). O nó objetivo **mais raso** não é necessariamente o nó **ótimo**; tecnicamente, a busca em extensão será ótima se o custo do caminho for uma função não decrescente da profundidade do nó. (Por exemplo, quando todas as ações tiverem o mesmo custo). (Russell; Norvig, 2004, p. 74, grifo do original)

Se a árvore gera *b* nós no primeiro nível, o segundo nível gera *b* outros nós, resultando $b^2$ nós na árvore; no terceiro nível totalizará $b^3$ nós, e assim sucessivamente. Se a solução estiver no nível *d*, o algoritmo se expandirá até o nível *d+1*, gerando, então, $(b^{d+1} - b)$ nós, para o pior caso (Russell; Norvig, 2004). A soma total dos nós será:

$$N = 1 + b + b^2 + b^3 + b^4 + \ldots + b^d + (b^{d+1} - b) = O(b^{d+1})$$

Utilizamos a notação *O* à direita da equação para indicar a complexidade do algoritmo de busca em extensão, para o qual indicamos o expoente mais significativo. Com um fator da ramificação *b* elevada ao expoente *d*, a complexidade se caracteriza como exponencial. Para poucos nós, o problema da busca em extensão é fácil de resolver. Contudo, ao adicionarmos mais nós, a complexidade de tempo e de memória aumenta significativamente.

A notação *O* é utilizada para assinalar um limite superior para uma função, conhecida a partir da análise do tempo de execução de um algoritmo. Por exemplo, se para um algoritmo qualquer o tempo de execução é dado por $an^2 + bn + c$, o algoritmo tem complexidade $O(n^2)$, pois a função quadrática $n^2$ dá o limite superior para o crescimento das instâncias do problema. Portanto, é dito que a notação *O* denota um **limite assintótico superior**, pelo qual podemos caracterizar o comportamento de determinado algoritmo (Cormen et al., 2002).

A Tabela 3.2 mostra a análise da complexidade de tempo e de memória, considerando um fator de ramificação de 10 nós para vários valores de profundidade *d*. Para o cálculo do tempo, consideramos que podem ser gerados 10.000 nós por segundo, e para o cálculo de memória, cada nó exige 1.000 bytes de armazenamento.

Tabela 3.2 – Análise da complexidade de tempo e espaço da busca em extensão ou amplitude

| Profundidade (d) | Quantidade de nós | Tempo | Memória |
|---|---|---|---|
| 2 | 1.101 | 0,11 segundos | 1 megabyte |
| 4 | 111.101 | 11 segundos | 106 megabytes |
| 6 | ~$10^7$ | 18,5 segundos | 10 gigabytes |
| 8 | ~$10^9$ | 30,9 horas | 1 terabyte |
| 10 | ~$10^{11}$ | 128,6 dias | 101 terabytes |
| 12 | ~$10^{13}$ | 35,2 anos | 10 petabytes |
| 14 | ~$10^{15}$ | 3.523 anos | 1 exabyte |
| 20 | ~$10^{21}$ | 3,5 bilhões de anos | 1 yottabyte |

Se lidássemos com um problema de profundidade 12, levaria 35 anos para que a busca em extensão encontrasse a solução. De forma geral, os problemas de busca com complexidade exponencial não podem ser resolvidos por métodos sem informação, para qualquer instância, a não ser os problemas com instâncias menores (com poucos nós).

### 3.4.2 Busca de custo uniforme (BCU)

A busca de custo uniforme difere da busca em extensão pelo fato de considerar a expansão do nó com o custo mais baixo. Não leva em conta o número de passos em um caminho, mas apenas o custo total. Pode-se garantir a completeza desde que o custo em cada passo seja maior ou igual a um valor constante positivo pequeno, que denominaremos ε. Essa condição garante o caráter ótimo, significando que o custo é crescente à medida que se percorre o caminho. Se designarmos $C^*$ o custo da solução ótima, a complexidade do pior caso do algoritmo será de $O(b^{\lceil C^*/\varepsilon \rceil})$. Quando todos os custos de passos forem iguais, o algoritmo volta à complexidade $O(b^{d+1})$.

### 3.4.3 Busca em profundidade

A estratégia de busca em profundidade (BP) expande sempre o nó mais profundo na borda atual da árvore de busca. Na Figura 3.8, podemos ver como esse algoritmo se desenvolve.

Figura 3.8 – Representação da busca em profundidade em uma árvore binária

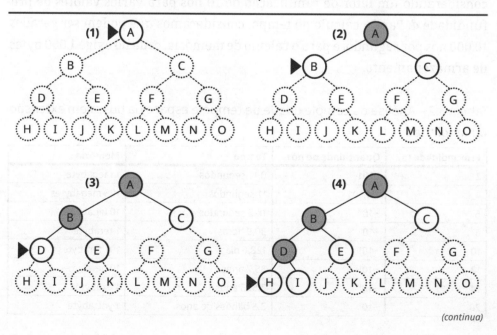

(continua)

*(Figura 3.8 – conclusão)*

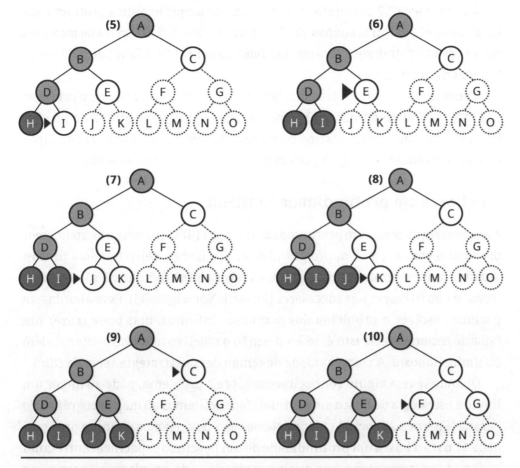

Nota: Os nós que foram expandidos e não possuem descendentes na borda podem ser removidos da memória.
Fonte: Elaborado com base em Russell e Norvig, 2004.

A busca prossegue até o nível mais profundo da árvore, onde não existem mais nós sucessores. Após visitar os nós mais profundos, a busca retorna ao nível mais raso, onde ainda estão os nós não explorados (Russell; Norvig, 2004).

Tal estratégia pode ser implementada pelo algoritmo da busca em árvore com uma estrutura de dados na forma de uma fila LIFO (*last in, first out*) também denominada *pilha*. É comum a implementação por meio de uma função recursiva, que chama a si mesma sucessivamente.

Uma das vantagens da busca em profundidade é que seus requisitos de memória são pequenos em relação às outras estratégias. Só é necessário armazenar um único caminho do nó raiz até o nó visitado. À medida que os nós e seus descendentes são explorados, eles podem ser removidos da memória. Se considerarmos um fator de ramificação *b* e uma profundidade máxima *m*, a estratégia de busca em profundidade requer somente *bm + 1* nós. Ao empreendermos a análise da Tabela 3.2 para o custo em extensão ou amplitude, uma profundidade máxima $m = 20$ exigiria apenas $10 \times 20 \times 1.000$ bytes = 195 kilobytes de memória, em vez de um yottabyte. Portanto, um fator da ordem de bilhões de trilhões de trilhões de vezes menor.

A desvantagem dessa estratégia de busca é que ela pode descer um caminho muito longo (ou ainda infinito), podendo ficar paralisada, quando o nó objetivo poderia estar bem próximo do nó raiz da árvore de busca. Os dois tipos de busca detalhados a seguir podem minimizar essa desvantagem.

### 3.4.4 Busca em profundidade limitada

A abordagem da busca em profundidade limitada (BPL) permite que atenuemos problemas com árvores muito grandes ou ilimitadas, delimitando a profundidade a um valor máximo $\lambda$. Assim, os nós na profundidade $\lambda$ são tratados como se não tivessem nós sucessores (Russell; Norwig, 2004). Essa abordagem permite resolver o problema dos percursos infinitos, mas pode trazer um fator de incompleteza; isto é, se $\lambda < d$, então o objetivo mais raso estaria além do limite imposto. A complexidade de tempo dessa estratégia seria de $O(b^\lambda)$.

Quando se tem algum conhecimento sobre o problema, pode-se impor um limite à estratégia de busca em profundidade. Voltemos ao mapa geográfico do Paraná (Figura 3.2), com 11 cidades. Nesse caso, poderíamos definir a profundidade 11 para a busca em profundidade de um percurso específico. Entretanto, podemos ver nesse mapa que qualquer cidade pode ser alcançada em cinco passos, podendo-se, então, definir o limite para o problema com $\lambda = 5$. Porém, na maior parte dos problemas, não detemos conhecimento da profundidade das soluções antes de os resolvermos.

### 3.4.5 Busca de aprofundamento iterativo em profundidade

A busca de aprofundamento iterativo (BAIP) é uma estratégia variante da busca em profundidade, que visa aumentar gradualmente o limite de profundidade a partir do nó raiz, depois 1, depois 2, e assim sucessivamente, até que encontre um objetivo. Russell e Norvig (2004, p. 78) elucidam:

> Isso ocorrerá quando o limite da profundidade alcançar $d$, a profundidade do nó objetivo mais raso. [...] O aprofundamento iterativo combina os benefícios da busca em profundidade e da busca em largura [extensão]. Como na busca em extensão. Como na busca em extensão, seus requisitos de memória são muito modestos: *O(bd)* [...]. Como na busca em extensão, ele é

completo quando o fator de ramificação é finito, e ótimo quando o custo de caminho é uma função não decrescente da profundidade do nó.

A Figura 3.9 apresenta um exemplo da busca por aprofundamento iterativo de uma árvore binária com três iterações.

Figura 3.9 – Três iterações da estratégia de busca por aprofundamento iterativo

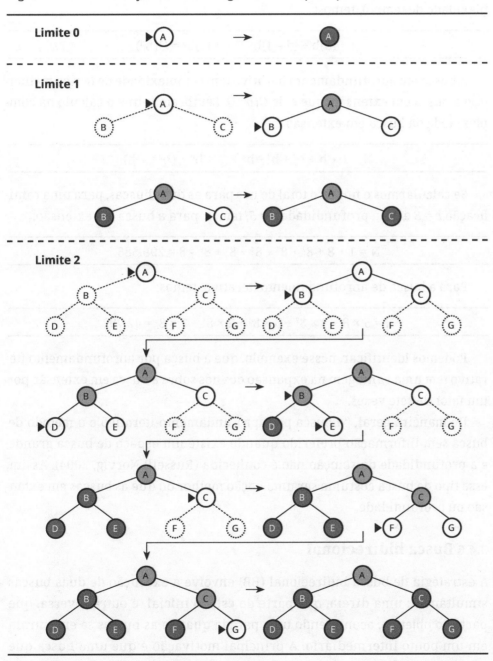

Fonte: Elaborado com base em Russell; Norvig, 2004.

Analisando a figura, podemos ver que o número de nós gerados segue esta soma: uma vez o nível inferior (quatro nós) mais duas vezes o nível intermediário (dois nós, nas duas vezes em que são gerados), sem considerar o nó raiz.

$$N = 2 \times 2 + 1 \times 2^2 = 4 + 4 = 8$$

Generalizando-se, tal como na busca em extensão, para uma ramificação $b$ e profundidade $d$, aplicando-se um critério de medida de desempenho (complexidade de tempo), temos:

$$N = (d)b + (d-1)b^2 + \ldots + (1)b^d = O(b^d)$$

A busca em aprofundamento iterativo tem complexidade de tempo melhor que a busca em extensão, que é de $O(b^{d+1})$. Lembremos que o cálculo da complexidade da busca em extensão é:

$$N = 1 + b + b^2 + b^3 + b^4 + \ldots + b^d + (b^{d+1} - b)$$

Se calcularmos o número total de nós para as duas buscas, para uma ramificação $b = 8$ e uma profundidade $d = 5$, temos, para a busca em extensão:

$$N = 1 + 8 + 8^2 + 8^3 + 8^4 + 8^5 + 8^6 - 8 = 299.585$$

Para a busca de aprofundamento iterativo, temos:

$$N = 5 \times 8 + 4 \times 8^2 + 3 \times 8^3 + 2 \times 8^4 + 1 \times 8^5 = 42.792$$

Podemos identificar, nesse exemplo, que a busca por aprofundamento iterativo tem uma vantagem na expansão dos nós sobre a busca em extensão por um fator de sete vezes.

De maneira geral, "a busca por aprofundamento iterativo é o método de busca sem informação preferido quando existe um espaço de busca grande e a profundidade da solução não é conhecida (Russell; Norvig, 2004). Assim, esse tipo de busca costuma ser uma opção melhor do que as buscas em extensão ou profundidade.

### 3.4.6 Busca bidirecional

A estratégia de busca bidirecional (BB) envolve a execução de duas buscas simultâneas: uma direta, que parte do estado inicial, e outra inversa, que parte do objetivo, acontecendo uma parada quando as buscas se encontram em um ponto intermediário. A principal motivação é que uma busca que tenha uma expansão $b^{d/2} + b^{d/2}$ seja bem menor do que $b^d$ (Russell; Norvig, 2004). Por exemplo, se o fator de ramificação é $b = 10$ e a profundidade pode ser representada por $d = 6$, em uma busca em extensão padrão, teríamos um total de N = 11.111.101 nós (mais de 11 milhões de nós), ao passo que, na busca bidirecional (considerando agora a profundidade $d = 3$, duas vezes), teríamos N = 22.202 nós. A complexidade de tempo da busca bidirecional é igual a $O(b^{d/2})$ (Russell; Norvig, 2004).

O Quadro 3.6 resume a comparação entre as estratégias de busca, feita de acordo com os quatro critérios de avaliação: completeza, otimização, complexidade de tempo e de espaço.

Quadro 3.6 – Comparação entre as estratégias de busca sem informação, segundo quatro critérios

| Critério | Em extensão | Custo uniforme | Em profundidade | Em profundidade limitada | Aprofundamento iterativo | Bidirecional se aplicável |
|---|---|---|---|---|---|---|
| Completa? | Sim[a] | Sim[a,b] | Não | Não | Sim[a] | Sim[a,d] |
| Tempo | $O(b^{d+1})$ | $O(b^{\lceil C^*/\varepsilon \rceil})$ | $O(b^m)$ | $O(b^\ell)$ | $O(b^d)$ | $O(b^{d/2})$ |
| Espaço | $O(b^{d+1})$ | $O(b^{\lceil C^*/\varepsilon \rceil})$ | $O(bm)$ | $O(b\ell)$ | $O(bd)$ | $O(b^{d/2})$ |
| Ótima? | Sim[c] | Sim | Não | Não | Sim[c] | Sim[c,d] |

Fonte: Russell; Norvig, 2004, p. 81.
Notas:     $b$ é o fator de ramificação.
           $d$ é a profundidade.
           $m$ a profundidade máxima da árvore de busca.
           $\ell$ é o limite de profundidade.

Quanto às informações sobrescritas: [a] completa desde que $b$ seja finito; [b] completa se o custo do passo é $> = \varepsilon$, com $\varepsilon$ positivo; [c] é ótima se os custos dos passos são todos idênticos; [d] indica que ambos os sentidos utilizam a busca em extensão.

## 3.5
## Estratégias de buscas com informação

As estratégias de busca sem informação tendem a ser ineficientes na maioria dos casos. As estratégias de busca que utilizam algum conhecimento específico do sistema, por seu turno, podem ser uma opção mais eficiente. Nesse caso, elas levam a efeito a abordagem denominada **busca pela melhor escolha**, que considera um algoritmo que é uma especialização do algoritmo geral da busca em árvore, em que um nó é selecionado para expansão com base em uma **função de avaliação** $f(n)$. Na verdade, não existe de fato uma melhor escolha: há apenas aquela que parece ser a melhor, conforme a função de avaliação.

Há uma outra família de algoritmos com funções de avaliação diferentes em que um componente fundamental é a **função heurística** $h(n)$. Por meio de dessa função, podemos aplicar o conhecimento referente ao problema no algoritmo de busca. É possível, por exemplo, representar uma função heurística pela distância entre o nó expandido e o objetivo.

Trataremos a seguir de dois tipos de busca com informação: a **busca gulosa** e o **algoritmo A*** (chamado de "A-estrela").

### 3.5.1 Busca gulosa

A busca gulosa é uma estratégia que tenta expandir o nó mais próximo à meta, na suposição de que levará provavelmente a uma solução mais rápida, avaliando apenas a função heurística: $f(n) = h(n)$. No caso do mapa rodoviário do Paraná apresentado anteriormente, podemos aplicar a heurística da distância em linha reta. Apesar de não ser a distância real de acordo com a estrada, o uso da distância em linha reta pode ser útil para resolver o problema. Contudo, isso não garante que se encontre a melhor solução para todos os casos (Figura 3.10).

Figura 3.10 – Função heurística com a distância em linha reta para o problema do mapa rodoviário do Paraná

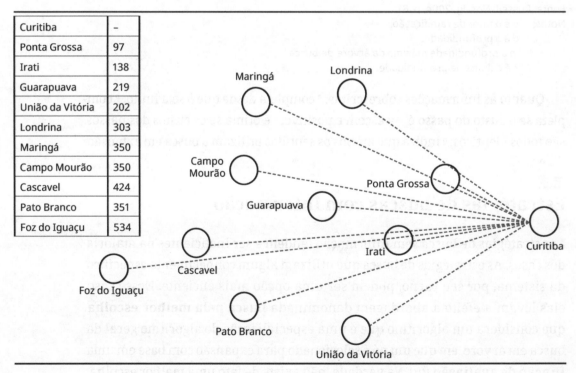

| Curitiba | – |
| --- | --- |
| Ponta Grossa | 97 |
| Irati | 138 |
| Guarapuava | 219 |
| União da Vitória | 202 |
| Londrina | 303 |
| Maringá | 350 |
| Campo Mourão | 350 |
| Cascavel | 424 |
| Pato Branco | 351 |
| Foz do Iguaçu | 534 |

Na Figura 3.11, apresentamos outro exemplo de mapa rodoviário. A busca gulosa com *h(n)* corresponde à distância em linha reta (conforme indica a tabela da Figura 3.10).

Figura 3.11 – Fases da busca gulosa para Curitiba, com o uso da heurística da distância em linha reta

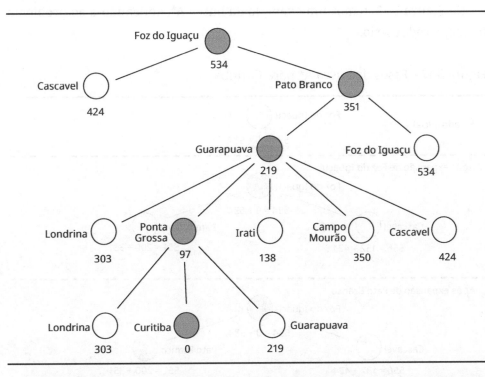

A função heurística considera para cada estágio o menor custo. Como foi possível constatar, nem sempre essa busca representa o caminho ótimo. Uma alternativa capaz de melhorar o processo para uma busca de caminho ótimo é considerar o caminho já percorrido, o que é feito pelo próximo tipo de busca com informação.

### 3.5.2 Busca A* – Minimização do custo total estimado da solução

A busca A* (ou algoritmo A*) é a estratégia mais conhecida de busca pela melhor escolha. A avaliação da busca combina o custo para alcançar cada nó em linha reta, dado por *g(n)*, e o custo para ir do nó em questão até o objetivo *h(n)* na forma:

$$f(n) = g(n) + h(n)$$

Assim, *f(n)* representa o custo estimado da solução de custo mais baixo passando pelo nó *n*.

Para encontrar a solução de custo mais baixo, uma opção razoável seria explorarmos primeiro o nó que apresenta o menor valor de f(n) = g(n) + h(n). Desde que a função heurística *h(n)* atenda a certas condições, essa estratégia será ao mesmo tempo **completa** e ótima. A condição para *h(n)* é que seja uma **heurística admissível**, ou seja, ela não deve superestimar o custo para alcançar o objetivo.

Na Figura 3.12, temos um exemplo da busca A*, aplicando-a ao problema do mapa rodoviário.

Figura 3.12 – Fases da busca A* para Curitiba

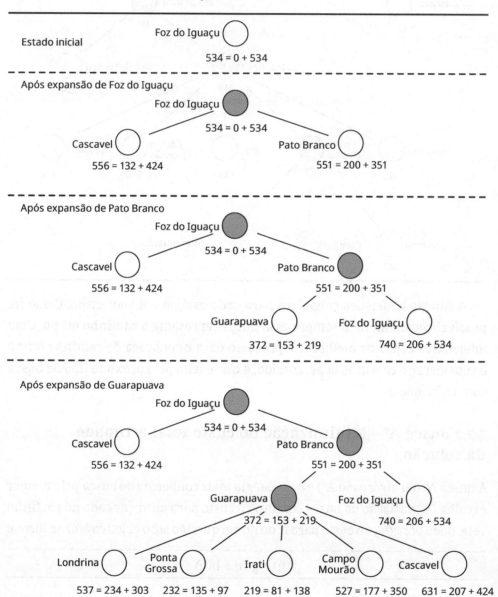

*(continua)*

*(Figura 3.12 – conclusão)*

Após expansão de Irati

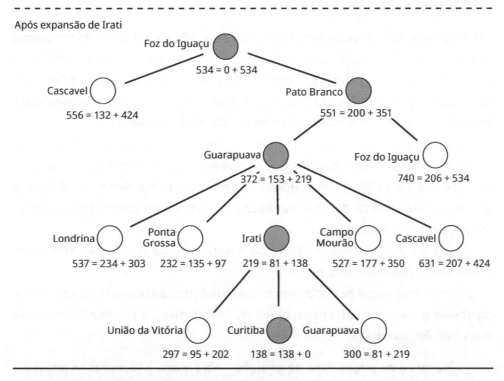

Nota: O custo estimado dos nós é calculado por f = g + h.

Os nós são expandidos de acordo com o menor custo estimado total calculado (podendo também ser de algum nível anterior). Comparemos as duas buscas: na **busca gulosa**, a distância calculada, partindo-se de Foz do Iguaçu, foi de 591 km; na **busca A***, a distância foi de 578 km. Podemos constatar, desse modo, que, para esse caso, a busca pelo algoritmo A* foi ótima. No penúltimo nível, a busca A* escolheu passar pela cidade de Irati, em vez de Ponta Grossa.

Quadro 3.7 – Comparação entre as estratégias de busca gulosa e busca A*

| Critério | Busca gulosa | Busca A* |
|---|---|---|
| Completa? | Não[a] | Sim[b] |
| Tempo | $O(b^m)$ | $O(b^m)$ no pior caso. $O(\log h^*(n))$, se o espaço de busca for uma árvore com um objetivo apenas. |
| Espaço | $O(b^m)$ | $O(b^m)$ expande todos os nós. |
| Ótima? | Não | Sim |

Notas: *b* é o fator de ramificação; *m* corresponde à profundidade máxima da árvore de busca; *a* indica pode ficar presa em *loops*"; *(b)* significa "desde que não exista uma quantidade infinita de nós".
Fonte: Elaborado com base em Russell; Norvig, 2004.

Resolução de problemas por busca

### 3.5.3 Funções heurísticas

A definição de uma função heurística *h(n)* depende da natureza do problema de busca. Uma boa função heurística requer uma heurística admissível, cujo comportamento nunca superestime o custo para se chegar ao objetivo (Russell; Norvig, 2004). Por isso, a modelagem de uma função heurística requer uma dose de bom senso no estudo das características do problema.

A função *h(n)* do problema do mapa rodoviário, por exemplo, é utilizada em grande parte dos problemas que apresentam características geográficas ou espaciais e está ligada ao conceito de **distância euclidiana**, que é aquela que se calcula a partir das coordenadas cartesianas dos pontos relacionados aos nós do problema.

Na Figura 3.13, é possível verificar a aplicação da função heurística no problema do *puzzle* de oito peças.

Observemos que, a partir de um estado qualquer, as peças devem ser movimentadas para que se alcance o objetivo. Diante disso, é possível listar mais duas funções possíveis:

1. **Número de peças fora de posição** – Na Figura 3.14, todas as peças no estado (a) estão fora de posição, ou seja, a função heurística assume o valor *h(n) = 8*.
2. **Distância de Manhattan** – Deve-se calcular a distância em quadras de cada peça até sua posição no objetivo. Na Figura 3.13, as peças estão fora de sua posição conforme o seguinte: h(n) = 3 + 2 + 2 + 2 + 2 + 2 + 2 + 1 = 16 (a peça *1* precisa de três movimentos até o objetivo, a peça *2* precisa de dois movimentos até o objetivo, e assim sucessivamente).

Figura 3.14 – Estados referentes ao problema do *puzzle* de oito peças

Nota: (a) indica "um estado qualquer"; (b) indica "objetivo".

Russell e Norvig (2004, p. 106) fizeram uma comparação entre o custo da busca do algoritmo A* com as duas funções heurísticas anteriores e a busca por aprofundamento iterativo (BAI), gerando 1.200 problemas com diferentes tamanhos de soluções. Com a profundidade da árvore $d = 12$, a BAI resultou em um custo de 3,644 milhões de movimentos, ao passo que a busca A* gerou o custo médio de 227 movimentos para a heurística das peças fora de posição. Para a função heurística utilizando-se a distância Manhattan, o custo médio foi de 73 movimentos.

---

**HEURÍSTICAS ADMISSÍVEIS E HEURÍSTICAS MONOTÔNICAS**

Um critério para avaliar quão boa é uma heurística é verificar se ela é admissível. Um algoritmo de busca é dito **admissível** se ele garante encontrar um caminho mais curto até chegar a uma solução, no caso de ela existir (Luger, 2013). A admissibilidade de uma heurística é desejável nos casos em que, além de haver uma solução para o problema, esta seja a que envolve o menor caminho. Uma heurística admissível não deve superestimar o custo para chegar ao estado objetivo (estado final). Portanto, o algoritmo A* é sempre admissível, por conter uma heurística admissível.

Se em determinado algoritmo de busca é utilizada uma heurística **monotônica**, isso indica que o caminho mais curto para cada estado visitado na busca será encontrado de forma consistente. Uma indicação adicional para uma heurística monotônica é que o valor da heurística no estado objetivo é zero (Luger, 2013).

No caso do exemplo do mapa rodoviário, a heurística da distância de cada estado ao objetivo final é admissível, pois não superestima a avaliação da distância entre cada cidade, e também é monotônica, porque permite indicar de forma consistente o caminho mais curto até o objetivo.

---

## 3.6 Busca local

Nas estratégias de busca cega e busca heurística estudadas até este ponto do livro, o caminho percorrido até o objetivo é importante para a descrição da solução do problema. Porém, no caso de somente o objetivo interessar para a resolução do problema, não importando o caminho que se adota, as **buscas locais** tornam-se uma alternativa a ser ponderada.

Os algoritmos de busca local, ao contrário dos anteriores, executam as tarefas de busca considerando apenas o estado atual, em vez de uma série de caminhos, movendo-se para os estados sucessores próximos e descartando os percursos expandidos. A vantagem de utilizar um algoritmo de busca local é que ele demanda pouca memória e pode obter soluções em espaços extensos de estados possíveis (Russell; Norvig, 2004).

Efetuam-se, geralmente, dois tipos de buscas locais:

1. **Subida de encosta (*hill climbing*)** – Como o próprio nome indica, o algoritmo avalia e escolhe os melhores estados a partir da expansão do estado atual, utilizando uma função heurística. Russell e Norvig (2004, p. 111) assim explicam: "O algoritmo termina quando alcança um 'pico' em que nenhum vizinho tem valor mais alto". No entanto, o algoritmo pode ficar preso em máximos locais[1]. A esse respeito, Luger (2013, p. 106) afirma: "Se elas alcançarem um estado que tenha uma avaliação melhor que qualquer um dos filhos, o algoritmo fracassa". Para contornar esse problema, foram propostas variações do algoritmo utilizando reinício estocástico.

2. **Têmpera simulada (*simulated annealing*)** – Consistindo em uma metáfora com atividades metalúrgicas[2], o algoritmo que usa a têmpera simulada, em vez de escolher o melhor estado no caso da subida de encosta, executa uma escolha estocástica (aleatória). Tal algoritmo sempre aceitará o próximo estado se for este o melhor. Caso não se trate do melhor estado, haverá uma probabilidade de ser aceito ou não. Essa probabilidade tende a diminuir de modo exponencial durante a execução do algoritmo, monitorada por uma variável que simula a temperatura $T$ do sistema. Desse modo, podem ser escolhidos movimentos ruins[3], porém essa possibilidade diminui ao longo das iterações. A vantagem de tal procedimento da têmpera simulada é evitar que o algoritmo fique preso em mínimos locais[4]. No caso de $T$ diminuir a uma velocidade adequada, "o algoritmo encontrará um valor ótimo global com probabilidade próxima de 1" (Russell; Norvig, 2004, p. 114).

Russell e Norvig (2004) descrevem também o algoritmo de **busca em feixe local**. Nesse caso, utiliza-se o paralelismo para fazer com que vários estados, em vez de um só, sejam expandidos durante a execução do algoritmo. Caso algum desses estados atinja o objetivo, o algoritmo para. Além disso, as diferentes buscas também podem interagir entre si: "se um estado [k] gerar vários sucessores bons e todos os outros k – 1 estados gerarem sucessores ruins [...] o algoritmo logo abandonará as buscas infrutíferas e deslocará seus recursos para o processo em que estiver sendo realizado maior progresso" (Russell; Norvig, 2004, p. 114).

---

[1] Uma boa metáfora para compreender um máximo local em um espaço de estados é a de uma montanha que, embora seja a maior de sua redondeza, não exclui a possibilidade de que exista uma montanha mais alta que ela a uma distância maior.

[2] Quando se molda um material a altas temperaturas, aquecendo-o e depois esfriando-o, ao final se chega a um estado cristalino, de alta dureza e baixa energia (Russell; Norvig, 2004).

[3] Em vez de se escolher o melhor caminho, escolhe-se o pior.

[4] Uma boa metáfora para compreender um mínimo local é a de um vale que, embora seja o mais profundo de sua redondeza, não elimina a possibilidade de haver um vale ainda mais profundo a uma distância maior.

Uma variação desse tipo de algoritmo é a **busca em feixe estocástica**, que permite adotar maior diversidade de processos de busca. Nesse tipo de busca, os sucessores de um estado atual são escolhidos ao acaso, com probabilidade diretamente proporcional a uma função de avaliação do estado (Russell; Norvig, 2004). Um exemplo típico dessa busca é o algoritmo genético, que será examinado no Capítulo 6.

## –Síntese

Neste capítulo, analisamos os agentes de resolução de problemas, que precisam tomar decisões sobre os próximos passos a serem dados na sequência de ações. O exemplo utilizado para ilustrar esse tópico foi o problema do caixeiro viajante, cuja complexidade cresce de acordo com o número de nós que lhe é adicionado. Definido o objetivo, o próximo passo é a formulação do problema. Geralmente, o processo de encontrar uma solução envolve empreender uma busca no espaço de soluções possíveis. Portanto, deve-se utilizar um algoritmo de busca.

Também constatamos que um problema pode ser definido a partir de seu estado inicial, de uma função *sucessor*, de um teste de alcance do objetivo e de uma função *custo de caminho*, e que uma solução, por sua vez, leva o agente do estado inicial até o objetivo.

Verificamos, ainda, que uma solução ótima apresenta o menor custo de caminho entre todas as soluções possíveis. Na IA, é comum o estudo de problemas mais restritos quanto ao número de instâncias associadas a eles. Apresentamos passo a passo diversos miniproblemas, tais como o do robô aspirador, o do quebra-cabeça de 8 peças, o das 8 rainhas e o de roteamento.

Na busca de soluções, certas técnicas usam as árvores de busca, que são expansões das soluções a partir do estado inicial e de cada estado assumido pela função *sucessor*. Comprovamos que, para encontrar soluções, é necessário adotar estratégias de busca, que podem ser sem informação ou com informação.

As estratégias sem informação contemplam a busca em extensão, de custo uniforme, em profundidade, em profundidade limitada, de aprofundamento iterativo e bidirecional. As estratégias de busca com informação abrangem a busca gulosa e a A* (A-estrela), que utiliza a função heurística. Para os algoritmos de busca local, não importa o caminho adotado pelo algoritmo de busca: interessa somente o estado objetivo.

Por fim, explanamos sobre os dois tipos de buscas locais: a subida de encosta e a têmpera simulada, bem como a respeito dos algoritmos de busca em feixe, local ou estocástica, os quais se aproveitam do aspecto de paralelismo para empreender a busca de vários estados sucessores simultaneamente.

## –Questões para revisão

1. O que são *agentes de resolução de problemas*? Dê um exemplo.
2. No contexto da resolução de problemas, o que significa *busca*?
3. Descreva o algoritmo de resolução de problemas simples.
4. Descreva formalmente os quatro componentes de um problema de busca.
5. Qual é a diferença entre uma solução e uma solução ótima?
6. Formule um miniproblema para um drone de entrega de encomendas, imaginando que ele precisa sair da base e chegar à casa do cliente que comprou o produto encomendado.
7. O que são *nós de busca*?
8. O que são *medidas de desempenho*?
9. Para uma busca em expansão ou amplitude, calcule o número de passos a serem dados pelo algoritmo no caso de o fator de ramificação ser igual a seis.
10. Considere um mapa envolvendo as capitais das regiões Sul e Sudeste do Brasil. Suponha que, para ir de uma capital a outra, você deve passar por todas as capitais que estão no caminho. Por exemplo, para ir de Porto Alegre até São Paulo, deve-se passar por Florianópolis e Curitiba. Utilize a distância rodoviária de uma capital até a outra. Em posse do mapa respectivo, expanda a árvore de busca considerando o nó de partida como Porto Alegre e o nó de chegada como:
    a) Rio de Janeiro para a busca em amplitude;
    b) Belo Horizonte para a busca em profundidade;
    c) São Paulo para a busca em profundidade limitada; neste caso, proceda também à análise do mapa para descobrir em quantos passos qualquer cidade pode ser alcançada e defina esse número como o limite em profundidade;
    d) Belo Horizonte para a busca A*, utilizando a distância direta entre as capitais como função heurística.

# SISTEMAS ESPECIALISTAS E PROGRAMAÇÃO EM LÓGICA

Na linha de pesquisa simbólica da inteligência artificial (IA), os sistemas especialistas (SEs) são programas de computador que imitam o comportamento de especialistas humanos em um domínio específico de conhecimento (Russell; Norvig, 2004). Consistem em ferramentas que têm a capacidade de entender o conhecimento sobre um problema específico e de usar esse conhecimento de maneira inteligente para sugerir alternativas de ação. Quanto às definições de IA, podem ser classificados na categoria "agir como humanos". Nas palavras de Bittencourt (1998, p. 253), os SEs "são concebidos para reproduzir o comportamento de especialistas humanos na resolução de problemas do mundo real, mas o domínio destes problemas é altamente restrito". Russell e Norvig (2004, p. 352), por sua vez, afirmam que os SEs poderiam, "se fosse dado o conhecimento do domínio apropriado, equiparar ou superar o desempenho de especialistas humanos em tarefas estritamente definidas". Na definição de Forouzan e Mosharraf (2011, p. 423), um SE "é construído com base de conhecimento predefinido sobre seu campo de especialização". Já Campos e Saito (2004, p. 16) afirmam que os SEs "tentam incorporar nos programas algumas das características associadas ao pensamento e à inteligência humana, tais como raciocínio, memória, capacidade de decisão e planejamento".

A ideia central dos sistemas especialistas originou-se do sistema Dendral, desenvolvido em 1965, com base em uma grande soma de conhecimento heurístico manipulado por **regras**, visando resolver o problema de inferirem-se estruturas moleculares a partir da informação espectrográfica de massa. "A partir de 1968 até o presente o sistema Dendral e similares têm sido utilizados em diversas pesquisas relacionadas à química orgânica. Alguns resultados de análises realizadas pelos sistemas foram considerados melhores do que os obtidos por especialistas humanos" (Bittencourt, 1998, p. 276-277).

Na década de 1970, Edward Shortliffe, da Universidade de Stanford, desenvolveu o MYCIN, um SE para a área médica que desempenhou um papel fundamental para o desenvolvimento de outros SEs. Ele foi criado para resolver problemas ligados ao diagnóstico e tratamento de doenças infecciosas do sangue por meio de um conjunto de 450 regras que possibilitam tanto o diagnóstico quanto a prescrição de tratamentos. Revelou-se bastante útil no ambiente hospitalar, onde nem sempre há um médico especialista na área de infecções (Bittencourt, 1998).

As regras desse sistema, codificadas na linguagem Lisp, foram formadas a partir de premissas com combinações booleanas denominadas *cláusulas*. Cada cláusula era composta de um predicado e um trio de parâmetros objeto-atributo-valor (OAV). Observe o seguinte exemplo de cláusula do MYCIN:

**SE:**
1. a infecção é do tipo bacteremia primária E,
2. o local da cultura é um dos locais estéreis E,
3. a entrada para o organismo foi pelo trato gastrointestinal,

**ENTÃO**
existe evidência sugestiva (0.7) de que a identidade do organismo seja um bacteroide.

As regras no MYCIN eram associadas a um coeficiente de certeza, variando na faixa de valores entre −1 e 1. Os coeficientes eram utilizados para propagar a incerteza inicial mediante o raciocínio do programa em uma cadeia de inferências (Bittencourt, 1998).

## 4.1 Componentes de um sistema especialista

De modo geral, um SE pode ser dividido em três módulos: uma base de conhecimento, um quadro negro e um mecanismo (ou motor) de inferência (Figura 4.1).

Figura 4.1 – Esquema básico de um sistema especialista

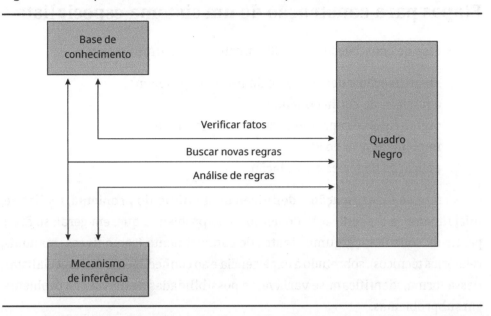

Na **base de conhecimento**, fica armazenado o conhecimento obtido do domínio em que atua o SE, traduzido em forma de regras, e também uma memória de trabalho. No **quadro negro**, as informações são alimentadas ao sistema, relativas às variáveis que são lidas do ambiente. No **mecanismo de inferência**, há o encadeamento e o teste das regras, fornecendo um resultado em função dos fatos que alimentam o SE.

Voltemos ao módulo *base de conhecimento*. É ele que contém as condições expressas nas regras que se referem às perguntas. Estas envolvem variáveis que precisam ser instanciadas (receber valores), para, logo depois, passar pelo processo de inferência. Entra em cena, então, o motor de inferência, que controla a atividade do sistema especialista, ocorrendo em ciclos que se constituem de três fases:

1. seleção das regras a partir dos dados correspondentes de entrada;
2. resolução de conflitos indicando quais regras serão efetivamente executadas, a partir de priorização e ordenação;
3. ação propriamente dita.

A seguir, veremos as etapas necessárias para a construção de um sistema especialista.

## 4.2
## Etapas para construção de um sistema especialista

O processo de construção de um SE envolve os seguintes passos:

1. identificação e definição do domínio do problema;
2. aquisição do conhecimento;
3. organização e representação do conhecimento;
4. implementação do SE;
5. aplicação de testes e validação.

Na fase de **identificação e definição do domínio do problema**, realiza-se, inicialmente, a especificação do domínio do problema, que, em geral, se faz a partir da consulta a algumas fontes de conhecimento (como livros, manuais, relatórios técnicos), sobretudo à experiência e ao conhecimento dos especialistas. Dessa forma, identificam-se variáveis e possibilidades de divisão do problema em subproblemas.

A etapa de **aquisição de conhecimento** é a mais sensível no desenvolvimento de um SE, considerada muitas vezes como o gargalo do processo. Isso se deve à dificuldade de transmissão do conhecimento por parte do especialista, o que ocorre por dois motivos: ou o conhecimento não é bem definido, ou é difícil expressá-lo em palavras. Essa etapa, em geral, envolve entrevistas e interações com especialistas do domínio. A aquisição de conhecimento consiste, assim, na coleta e na análise de informações de um ou mais especialistas e qualquer outra fonte que possibilite a produção de documentos, que alicerçam o funcionamento da base de conhecimento do SE.

A **organização do conhecimento** de um SE, por sua vez, ocorre por meio fatos e regras. Um fato é uma forma de conhecimento declarativo. Cada fato contribui para descrever relacionamentos entre estruturas de conhecimento mais complexas e controlar o uso dessas estruturas durante a resolução de problemas.

Em IA e SE, um fato é por vezes referenciado como uma proposição, que consiste em uma declaração, podendo ser verdadeira ou falsa. Por exemplo:

> "Está chovendo."

Essa frase é uma declaração de algo que acontece no mundo. Caso ela corresponda à realidade, recebe o valor "verdadeiro". Se, ao contrário, estiver fazendo sol, então seu valor será "falso". Outro exemplo:

> "A cor da bola é vermelha."

Nesse caso, a proposição está organizada na forma OAV. O objeto é "bola", o atributo é "cor", e o valor é "vermelha". Se estivermos diante de uma bola azul e emitimos tal afirmação, o valor dela é "falso". No caso de a cor ser vermelha, o valor da proposição será "verdadeiro".

A representação do conhecimento em um SE utiliza regras, que são sequências lógicas compostas de premissas (antecedentes) e conclusões (consequentes). É comum o uso da expressão condicional *SE-ENTÃO* para representar regras em um SE. Por exemplo:

> **SE** (distância à frente < 10 cm), **ENTÃO** (vire 180 graus).
> **SE** (temperatura > 50 graus), **ENTÃO** (desligue aquecedor).

Esses exemplos correspondem a regras determinísticas, pois, se a premissa for verdadeira, sempre acontecerá a ação da conclusão da regra.

As regras podem ainda ter um coeficiente de confiança ou de probabilidade. Nesse caso, elas são probabilísticas, e a ação está condicionada a um fator que indica a confiança ou probabilidade de que a ação irá acontecer. Regras probabilísticas são importantes para SEs que trabalham com informações incertas, que farão inferências sobre diagnósticos para indicar ações mais "fortes" que outras.

Para a fase de **implementação** do SE, o analista realiza a escolha de uma linguagem de programação ou um pacote (que se costuma chamar de *shell*), na implementação do sistema. As linguagens empregadas para codificar SEs em geral diferem das linguagens convencionais, tais como C ou Java, e, por isso, a escolha delas pode implicar o desenvolvimento do próprio mecanismo de inferência do SE. As *shells* oferecem muitas vantagens ao desenvolvimento de um SE, pois já implementam o motor de inferência. Um exemplo de *shell* é o Expert SINTA, que veremos em detalhes mais adiante.

Na última etapa na elaboração do SE, realiza-se a **aplicação de testes e validação** do sistema por meio da análise de casos conhecidos. Esses testes também são frequentemente efetuados para a validação das regras na base de conhecimento.

## 4.3
# Exemplo de sistema especialista

Exemplificaremos a operação de um SE com uma análise de perfil financeiro para concessão de crédito. É possível entender esse tipo de análise como uma regra de negócio de uma empresa financeira que pode ser ampliada para outros domínios, como companhias de seguro e planos de saúde.

Esse SE tem como objetivo a concessão de crédito, que é condicionada a uma série de variáveis que precisam ser informadas ao sistema (Laudon; Laudon, 2007). A modelagem desse tipo de SE está representada na Figura 4.2.

Figura 4.2 – Diagrama de fluxo das regras do sistema especialista para análise de perfil de cliente, visando à concessão de crédito

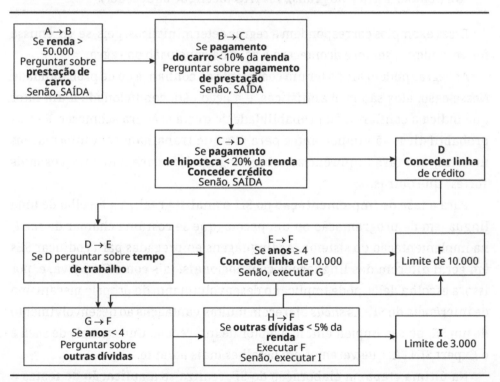

Fonte: Laudon; Laudon, 2007, p. 337, grifo nosso.

A primeira regra se refere à comparação da variável *renda*. Caso a renda seja maior que 5 mil, então o próximo passo é perguntar sobre o percentual da *prestação do carro*; caso seja menor do que 10% da renda, então aplica-se a próxima regra, referente à *prestação da casa*; se esta for menor do que 20% da renda, então o crédito será concedido.

A partir desse momento, determina-se o valor do crédito a ser concedido. Para isso, recorre-se à regra concernente ao *tempo de trabalho*; caso este seja maior ou igual a quatro anos, então o limite a ser concedido é de 10 mil. Se for menor ou igual a quatro anos, então é necessário verificar a variável *outras dívidas*; se esta for menor do que 5% da renda, então o limite concedido será um pouco menor: de 3 mil.

Para implementar o exemplo da análise de perfil financeiro para concessão de crédito no *shell* Expert SINTA, primeiro deve-se identificar que variáveis serão testadas durante a execução do SE (Figura 4.3). Dessa forma, e analisando o diagrama do fluxo das regras (Figura 4.2), verificamos que é necessário trabalhar com as sete variáveis a seguir:

1. conceder linha;
2. limite de crédito (objetivo);
3. outras dívidas;
4. prestação de imóvel;
5. prestação do carro;
6. renda;
7. tempo no emprego.

Figura 4.3 – Implementação do sistema especialista de concessão de crédito no Expert SINTA

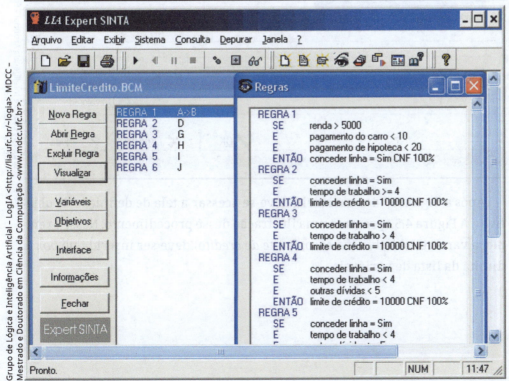

Sistemas especialistas e programação em lógica | 91

No Expert SINTA, após criar-se uma nova base, é necessário digitar as variáveis. Além disso, deve-se definir também a faixa de valores possíveis que a variável deverá receber. Veja a tela de variáveis na Figura 4.4.

> No Expert SINTA, as variáveis podem ser de três tipos: numérica, univalorada e multivalorada. A faixa da variável **numérica** deve ficar na forma *min;max* (valor mínimo, ponto-e-vírgula, e valor máximo). A variável **univalorada** refere-se a valores *sim* ou *não*. Caso a variável assuma uma série de valores discretos (uma lista de opções), ela será **multivalorada**. Nesse caso, as opções são separadas por ponto-e-vírgula. Exemplo: para uma variável que assume valores relativos a cores primárias, a faixa deve ser especificada como: *vermelha;azul;amarela*.

Figura 4.4 – Tela de entrada de variáveis e faixas de valores do Expert SINTA

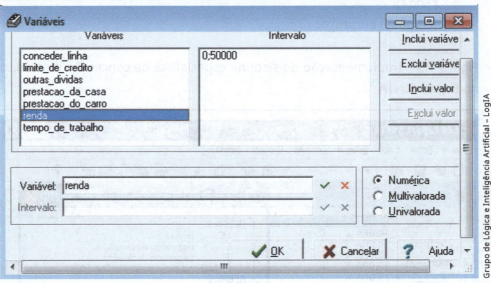

Após a digitação das variáveis, deve-se acessar a tela de definição de objetivos. A Figura 4.5 apresenta uma ilustração desse procedimento. Nesse exemplo, a variável-objetivo (no caso, *limite de crédito*) deve ser inserida no *box* à direita da lista de variáveis.

Figura 4.5 – Definição da variável-objetivo *limite de crédito*, no Expert SINTA

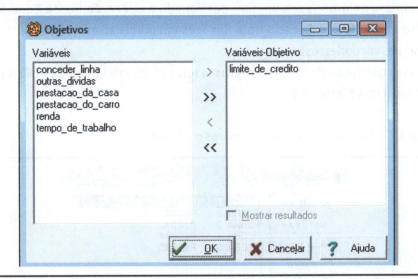

Após definir o objetivo, é possível criar as regras do SE. Ao clicar em *Nova Regra*, no menu principal, devemos adicionar uma regra digitando primeiro sua premissa e depois sua conclusão. Como os nomes das variáveis já foram digitados anteriormente, eles aparecem em uma lista, o que facilita a digitação. Na Figura 4.6, podemos observar como é exibida uma regra criada no Expert SINTA.

Figura 4.6 – Regra com o teste das variáveis *renda, prestação do carro* e *prestação da casa*\*

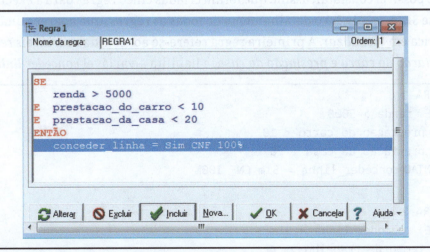

\* Conforme diagrama de fluxo na Figura 4.2.

Em vez de digitar uma regra para cada teste, colocam-se todas as variáveis na premissa de uma regra apenas, adicionado a operação lógica *E* (ou seja, é preciso que os testes de cada uma das três variáveis se apresentem, simultaneamente, verdadeiros).

Após a digitação de todas as regras, a tela principal do Expert SINTA ficará como mostra a Figura 4.7.

Figura 4.7 – Tela principal com as regras digitadas

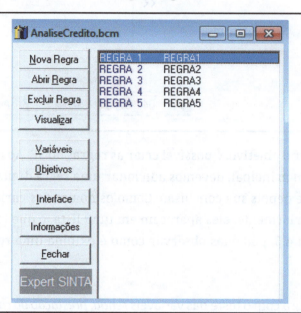

É possível constatar, assim, que foram criadas cinco regras para a execução desse SE. A seguir, há o detalhamento de todas as regras, que aparece quando se clica em *Visualizar*. A primeira regra refere-se ao teste das variáveis *renda*, *prestação do carro* e *prestação da casa*, e habilita a variável *conceder linha*.

```
REGRA 1
  SE  renda > 5000
  E prestacao_do_carro < 10
  E prestacao_da_casa < 20
  ENTÃO conceder_linha = Sim CNF 100%


REGRA 2
  SE  conceder_linha = Sim
  E tempo_de_trabalho >= 4
  ENTÃO limite_de_credito = 10000 CNF 100%
```

*(continua)*

*(conclusão)*

```
REGRA 3
  SE  conceder_linha = Sim
  E tempo_de_trabalho < 4
  E outras_dividas < 5
  ENTÃO limite_de_credito = 10000 CNF 100%

REGRA 4
  SE  conceder_linha = Sim
  E tempo_de_trabalho < 4
  E outras_dividas >= 5
  ENTÃO limite_de_credito = 3000 CNF 100%

REGRA 5
  SE  conceder_linha = Não
  OU  conceder_linha = DESCONHECIDO
  ENTÃO limite_de_credito = 0 CNF 100%
```

A segunda, a terceira e a quarta regras definem o limite de crédito que será concedido. De acordo com o diagrama do fluxo das regras, a Regra 2 testa se o tempo de trabalho é maior ou igual a quatro anos. Porém, se essa regra falhar, as Regras 3 e 4 comparam também a variável *outras dívidas*. Existe ainda a Regra 5, caso a variável *conceder linha* receba o valor *Não* na falha da Regra 1.

Para executar o SE, ao clicar em *Iniciar consulta*, as telas com as perguntas e os campos para a entrada dos valores das variáveis são apresentadas sucessivamente. Ao final, o Expert SINTA apresenta a variável *objetivo* e o valor obtido em função de uma execução específica (Figuras 4.8 e 4.9).

Figura 4.8 – Parte da execução do SE, com a tela de entrada da variável *renda*

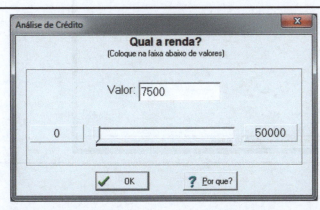

Sistemas especialistas e programação em lógica | 95

Figura 4.9 – Execução específica do SE implementado, com a concessão do valor de 10.000 para a variável *limite de crédito*

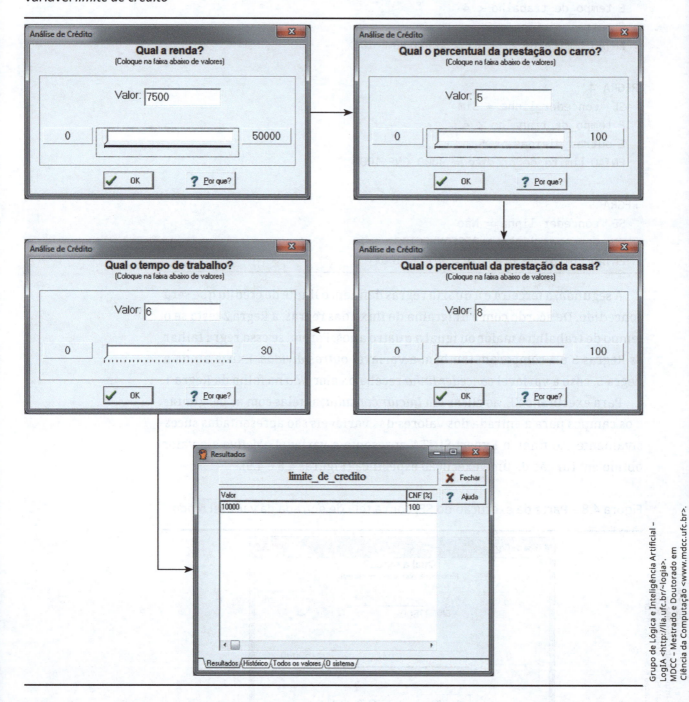

> **Para saber mais**
>
> Como visto anteriormente, o problema do caixeiro viajante (chamado também de *Expert SINTA*) foi desenvolvido pelo Laboratório de Informática Aplicada da Universidade Federal do Ceará (UFC). Para fazer o *download* do arquivo instalador do Expert SINTA, acesse o *link* indicado a seguir ou utilize o QR Code disponível ao lado.
>
>
>
> SINTA. Disponível em: <ftp://ftp.lia.ufc.br/sinta/sinta.zip>. Acesso em: 29 jun. 2018.

O uso de *shells* é característico da fase de implementação e testes de um SE. Após a validação, um SE pode ser implementado em qualquer linguagem de programação que tenha estruturas condicionais, como será detalhado a seguir.

## 4.4 Implementação em linguagem Java

A implementação de sistemas especialistas pode ser feita também por meio de uma linguagem de programação procedural, como C++ ou Java. Dessa forma, uma regra de negócio que implemente o conhecimento de um especialista pode ser introduzida em um sistema de informação para auxiliar o trabalho.

O exemplo do SE para análise de crédito pode ser implementado utilizando-se classes ou, de maneira mais simples, adotando-se as chamadas de função. Mostramos, a seguir, o código em Java do programa em forma de uma função, que tem as variáveis de entrada como parâmetros da função e uma variável para o valor do limite de crédito como retorno. As regras podem ser implementadas em forma de estruturas condicionais com o teste das variáveis. Caso as regras tenham grau de confiança, o código precisa ser alterado a fim de contemplar o processamento dos graus de confiança para cada regra que for analisada.

```java
public class Analise {

  public static int analiseCredito(
      double renda,
      double percentualCarro,
      double percentualImovel,
      double tempoTrabalho,
      double percentualOutrasDividas) {

    int limiteCredito;

    if(renda >= 5000 &&
    percentualCarro < 0.10 &&
    percentualImovel < 0.20) {

      // Concede crédito
      if(tempoTrabalho >= 4) {
        limiteCredito = 10000;
      } else {
        if(percentualOutrasDividas < 0.05) {
          limiteCredito = 10000;
        } else {
          limiteCredito = 3000;
        }
      }
    } else {
      limiteCredito = 0;
    }
    return limiteCredito;
  }
}
  public static void main(String[] args) {
    // Limite de crédito: 10000
    System.out.println(analiseCredito(6000, 0.05, 0.1, 3, 2));
  }

  public static void main(String[] args) {
    // Limite de crédito: 0
    System.out.println(analiseCredito(4000, 0.05, 0.1, 3, 2));
  }

  public static void main(String[] args) {

    // Limite de crédito: 3000
    System.out.println(analiseCredito(5000, 0.05, 0.1, 3, 0.1));
  }
```

Nota: Diferentes chamadas da *main* produzem os respectivos valores de limites.

Dessa forma, é possível observar a conexão existente entre os conceitos de um SE com o uso de estruturas condicionais mais complexas em uma linguagem de programação.

O próximo representante da linha simbólica da IA a ser analisado traz uma abordagem um pouco diferente dos SE, pois sua base reside na lógica formal.

## 4.5
## Programação lógica com Prolog

Na linha simbólica, os estudos da lógica e sua aplicação prática revestiram-se de fundamental importância para o desenvolvimento de sistemas inteligentes. Ainda que a lógica seja uma área de conhecimento que tem suas raízes na filosofia, a partir do século XIX, os estudos do matemático George Boole (1815-1864) deram origem ao que se denomina atualmente de *álgebra booleana*. O matemático alemão Gottlob Frege (1848-1925) lançou a primeira versão de um cálculo de predicados da lógica. "Esse sistema oferecia uma notação rica e consistente [...] para a representação de todos os conceitos matemáticos e para a formalização exata do raciocínio dedutivo sobre tais conceitos" (Palazzo, 1997, p. 1).

No início da Segunda Guerra Mundial, praticamente toda a fundamentação teórica da lógica computacional já estava pronta. Entretanto, não havia um meio prático para concretizar a lógica e toda a sua necessidade de computação para a realização dos procedimentos de prova, ficando tal execução restrita a exemplos bem simplificados. Com a evolução dos computadores nos anos 1950, o potencial para a implementação de programas para o raciocínio lógico começou a tornar-se realidade (Palazzo, 1997).

Na década de 1960, com a prova automática de teoremas, um procedimento que possibilitou a interpretação procedimental da lógica levou a estabelecer as condições para compreendê-la como uma linguagem de programação de amplo uso. Mas o primeiro interpretador aparece somente em 1972, desenvolvido pela equipe do pesquisador francês Alain Colmerauer, na Universidade de Aix-Marseille, com o nome *Prolog* – acrônimo para *Programmation em logique*, em francês. Posteriormente, estudiosos da Universidade de Edimburgo "formalizaram a linguagem que se tornou referência para as implementações atuais e ficou conhecida como o 'Prolog de Edimburgo'" (Palazzo, 1997, p. 2).

Com relação à estrutura do Prolog, Palazzo (1997, p. 2) afirma que

> uma das principais ideias subjacentes da programação em lógica é de que um algoritmo é constituído por dois elementos disjuntos: a **lógica** e o **controle**. O **componente lógico** corresponde à

definição do que deve ser solucionado. O **componente de controle** estabelece como a solução pode ser obtida.

Para programar em Prolog, basta que o programador descreva o componente lógico de um algoritmo. O controle da execução será feito pelo próprio sistema de programação em lógica utilizado. Dessa maneira, a atividade desse profissional consistirá somente em especificar o problema a ser solucionado.

Assim, um **programa em lógica** é "a representação de um problema ou situação expressa através de um conjunto finito de um tipo especial de sentenças lógicas denominadas *cláusulas*" (Palazzo, 1997, p. 3). O programador simplesmente especifica o problema a ser solucionado. O controle fica a cargo do sistema de programação em lógica utilizado. Diferentemente de um programa em linguagens como C ou Java, um programa em lógica, de acordo com Palazzo (1997, p. 3), "não é a descrição de um procedimento para se obter a solução de um problema. [...] o sistema [...] é inteiramente responsável pelo procedimento a ser adotado na sua execução" (Palazzo, 1997, p. 3). Nesse sentido, Palazzo (Palazzo, 1997, p. 3) afirma: "O paradigma fundamental da programação em lógica é o da **programação declarativa**", em oposição à **programação procedural**, típica das linguagens convencionais como C ou Java. O autor ainda ressalta: "O ponto focal da programação em lógica consiste em identificar a noção de *computação* com a noção de *dedução* (Palazzo, 1997, p. 3).

Ao longo dos anos, a programação em Prolog vem ganhando cada vez mais espaço em múltiplas áreas, com as mais diversas aplicações, sendo utilizada, por exemplo, em:

- sistemas de apoio à decisão;
- simulações educacionais;
- tutoriais inteligentes;
- problemas matemáticos;
- planejamento e roteirização;
- resolução de problemas;
- regras de negócio;
- processamento de linguagem natural.

A seguir, veremos como se constrói um programa em Prolog.

### 4.5.1 Cláusulas em Prolog

Conforme abordado na seção anterior, um programa em Prolog segue um paradigma diferente da programação procedural. De acordo com Palazzo (1997, p. 3, grifo nosso), "Um programa em lógica pode [...] ser visto alternativamente como uma **base de dados**, exceto que as bases de dados convencionais descrevem apenas fatos". Por exemplo: "Totó é um cão". Suas sentenças, contudo, têm um alcance maior, possibilitando a representação de regras, como em "Todo cão é mamífero" (Palazzo, 1997). Com base nas sentenças expressas em linguagem natural, a representação do conhecimento em Prolog é feita mediante a construção de um programa contendo cláusulas.

Uma **cláusula** em Prolog pode ser de três tipos:

1. **fatos** – denotam uma verdade incondicional;
2. **regras** – "definem as condições que devem ser satisfeitas para que uma declaração seja considerada verdadeira" (Palazzo, 1997, p. 3); e
3. **consultas** – interrogam o programa para verificar a verdade do conhecimento nele contido.

No Quadro 4.1, podemos observar um exemplo de cada cláusula e tomar contato com a sintaxe de Prolog. Em um primeiro momento, os fatos e as regras precisam ser fornecidos ao sistema Prolog. Logo depois, são feitas as consultas como se fossem perguntas sobre a dedução de novos conhecimentos a partir daqueles que já existem na base de conhecimento.

Quadro 4.1 – Exemplos de cláusulas

| Cláusula | Exemplo | Descrição |
|---|---|---|
| Fato | pai(joão, luiz). | Esse fato é traduzido como "João é o pai de Luiz". |
| Regra | filho(X,Y) :- pai(Y,X). | Se X é filho de Y, então Y é pai de X. O sinal ":-" funciona como uma "seta à esquerda". A conclusão à esquerda é obtida a partir das premissas que estão na direita. |
| Consulta | ?- filho(luiz, joão).<br>True | A consulta tenta obter se, a partir dos fatos e das regras existentes na base de conhecimento, Luiz é filho de João. A regra acima deduz um novo fato, a partir do fato e da regra anterior. |

Uma cláusula divide-se nos seguintes componentes:

1. **corpo** – "lista de objetivos separados por vírgulas que devem ser interpretadas como conjunções" (Palazzo, 1997, p. 16); e
2. **cabeça** – o resultado do corpo, inferido com base nos objetivos.

Um fato contém apenas cabeça. A consulta só contém corpo. Uma regra contém tanto cabeça quanto corpo (Palazzo, 1997).

Diante do exemplo da regra no Quadro 4.1, é possível constatar que o Prolog trabalha com variáveis. Uma variável é composta de cadeias de letras, dígitos e do caracter "_". "O caracter '_', sozinho, representa uma **variável anônima**, isto é, sem interesse para um determinado procedimento." (Palazzo, 1997, p. 25). Em Prolog, o que diferencia uma **variável** de uma **constante** é a primeira letra da variável, que é grafada sempre em letra maiúscula ("caixa alta"). Caso o elemento esteja grafado em letra minúscula, trata-se de uma constante (Palazzo, 1997). No Quadro 4.1, "joão" e "luiz" estão escritos em letras minúsculas, indicando que são constantes, e *X* e *Y* são variáveis. Mais um exemplo do uso de variáveis:

| |
|---|
| A43 |
| Entrada |
| Cliente2 |
| Variavel_234 |
| _s4242 |
| _777 |
| _ |

Fonte: Elaborado com base em Palazzo, 1997.

Um dos ambientes para execução de Prolog mais empregados atualmente é o SWI-Prolog. Desenvolvido em 1987, é muito utilizado em pesquisa, na área de educação e também em aplicações comerciais. O *software* SWI-Prolog é disponibilizado para uso concomitante com outras linguagens de programação, tais como C++, C#, Java e Python (SWI-Prolog, 2018).

### Para saber mais

Você pode baixar o SWI-Prolog por meio do *link* indicado a seguir ou do QR Code disponível ao lado. Existem versões disponíveis para diferentes sistemas operacionais e plataformas.

SWI PROLOG. Disponível em: <http://www.swi-prolog.org/>. Acesso em: 29 jun. 2018.

Instalado o *software*, é possível carregar os programas Prolog codificados em arquivos de texto com o sufixo *.pl* e executar as consultas diretamente no interpretador, conforme mostra a Figura 4.10.

Figura 4.10 – Tela do interpretador SWI-Prolog (http://swi-prolog.org) com um exemplo de programa de cálculo de fatorial

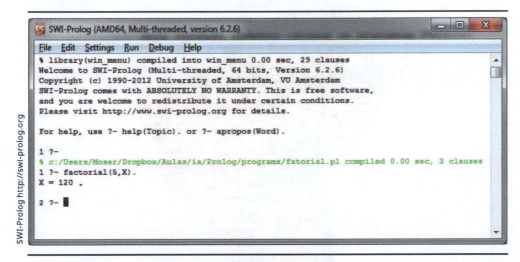

Após a análise da execução de um programa em Prolog, apresentaremos, a seguir, alguns exemplos de implementações em Prolog.

### 4.5.2 Exemplo de implementação em Prolog: coloração de mapas

Para explicar o funcionamento de um programa Prolog, adotaremos o exemplo da coloração de mapas, que trabalha com busca de soluções com restrições.

Em uma atividade de coloração de mapas, cada região do mapa (seja ela um país, um estado ou qualquer área delimitada) deve apresentar uma cor específica. As cores podem ser diversas, desde que as regiões que fazem fronteira umas com as outras não apresentem a mesma cor (Mapa 4.1).

Sistemas especialistas e programação em lógica | 103

Mapa 4.1 – Mapa da América do Sul

Podemos observar que o Mapa 4.1 exibe um conjunto de cores que respeita a restrição de que regiões adjacentes tenham colorações distintas entre si.

### Para saber mais

Arruda e Tasinaffo, no artigo "Estudo comparativo de modelos em sistemas especialistas através de lógica de primeira ordem", explicam como fazer a coloração de mapas utilizando a linguagem Prolog. Para ler o artigo, acesse o *link* indicado a seguir ou o QR Code disponível ao lado.

ARRUDA, F. D. B.; TASINAFFO, P. M.; ABDURAHIMAN, V. Estudo comparativo de modelos em sistemas especialistas através de lógica de primeira ordem. In: ENCONTRO DE INICIAÇÃO CIENTÍFICA E PÓS-GRADUAÇÃO DA ITA, 13., 2007, **Anais**... São José dos Campos: [s.n.], 2007. Disponível em: <http://www.bible.ita.br/xiiiencita/COMP09.pdf>. Acesso em: 29 jun. 2018.

Inteligência artificial aplicada: uma abordagem introdutória

Vejamos, na Figura 4.11, outro exemplo simplificado, com regiões abstraídas identificadas cada qual por um número diferente.

Figura 4.11 – Modelo para coloração de mapas com cinco regiões

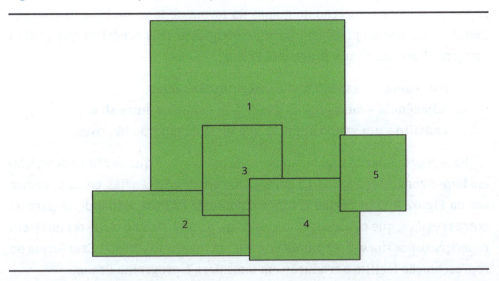

É possível verificar que as regiões 1 e 4 fazem fronteiras com todas as regiões. A região 2, por sua vez, faz divisa com as regiões 1, 3 e 4. A região 5 tem como limites as regiões 1 e 4. Caso as regiões 3 e 5 tenham a mesma cor, isso não será problema, pois elas não são limítrofes entre si. Outra solução para esse problema seria o grupo de cores exibido na Figura 4.12.

Figura 4.12 – Grupo de cores que atende à restrição da coloração

Imaginemos que o programa Prolog processará uma base de conhecimento que inclua as regiões e cores desse mapa. As cores são geradas aleatoriamente para as regiões distintas. Por esse motivo, o Prolog deverá analisar se o conjunto de cores gerado apresenta conflito ou não. Precisamos, então, fazer a representação da coloração de mapas na forma de fatos na base de conhecimento. A análise do problema permite identificar três conceitos que podem integrar cláusulas de um programa Prolog:

1. **cor** – uma cor específica de determinada região;
2. **adjacência** – duas regiões que fazem fronteira entre si; e
3. **conflito** – um grupo de cores que viola a restrição imposta.

Para representar as regiões adjacentes, um recurso que auxilia a descrição em fatos é converter o Mapa 4.1 em uma árvore de adjacências, como podemos ver na Figura 4.13. A região 1, que é o ponto de partida, expande-se para as outras regiões, que constituem os nós dessa árvore. Cada um desses nós (sem repetições), por sua vez, expande-se para um nível mais "raso". Essa forma de representação facilita a tradução em fatos para o programa Prolog.

Figura 4.13 – Árvore de adjacências

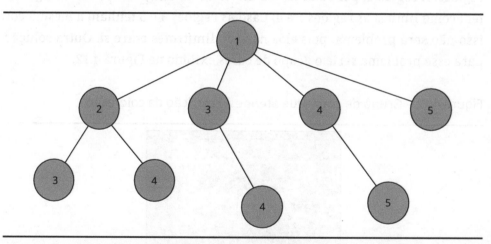

Assim, começamos a escrever o programa Prolog descrevendo as adjacências por meio de uma cláusula denominada *adjacente* e indicando como argumentos duas regiões específicas:

```
adjacente(1,2). adjacente(2,1).
adjacente(1,3). adjacente(3,1).
adjacente(1,4). adjacente(4,1).
adjacente(1,5). adjacente(5,1).
adjacente(2,3). adjacente(3,2).
adjacente(2,4). adjacente(4,2).
adjacente(3,4). adjacente(4,3).
adjacente(4,5). adjacente(5,4).
```

Note que escrevemos a adjacência também em sentido inverso. Isso é necessário porque, se registrássemos apenas a primeira coluna, o programa saberia que a região 1 é adjacente à região 2, mas não saberia que a região 2 é adjacente à região 1.

O próximo passo é definir a cláusula "cor", de forma que ela tenha três argumentos: região, cor e grupo. Obtemos, assim, dois grupos de cores "a" e "b" traduzidos em forma de fatos, conforme é possível ver a seguir:

```
cor(1,vermelho,a).
cor(2,azul,a).
cor(3,verde,a).
cor(4,amarelo,a).
cor(5,azul,a).

cor(1,vermelho,b).
cor(2,azul,b).
cor(3,verde,b).
cor(4,azul,b).
cor(5,verde,b).
```

Dessa maneira, no grupo "a" interpretamos que a região 1 receberia a cor "vermelho"; a região 2, a cor "azul"; a região 3, a cor "verde"; a região 4, a cor "amarelo"; e a região 5, a cor "azul".

Com os fatos expressos dessa maneira, pode-se, então, definir uma regra de conflito expressa da seguinte forma:

```
conflito(Grupo):-
adjacente(X,Y),
cor(X,Cor,Grupo),
cor(Y,Cor,Grupo).
```

Assim, há uma cláusula *conflito*, que apontará se existe conflito em determinado grupo, de acordo com a variável *grupo*. As cláusulas utilizadas como premissas são *adjacente* e *cor*. A regra de conflito é interpretada da seguinte forma: "Duas regiões adjacentes estão em conflito se as cores dessas regiões forem as mesmas". Exceto as variáveis *X* e *Y*, as variáveis *cor* e *grupo* são as mesmas nas duas cláusulas de *cor*. Desse modo, quando esse programa Prolog for executado para uma consulta, obteremos:

```
?- conflito(a).
false
```

Observe que substituímos as variáveis por uma constante dentro da cláusula *conflito*. No caso do grupo "a", o programa deduz que não há conflito. Já no caso do grupo "b", acontece o contrário:

```
?- conflito(b).
true
```

O programa "mapas.pl" completo pode ser visto a seguir:

```
adjacente(1,2). adjacente(2,1).
adjacente(1,3). adjacente(3,1).
adjacente(1,4). adjacente(4,1).
adjacente(1,5). adjacente(5,1).
adjacente(2,3). adjacente(3,2).
adjacente(2,4). adjacente(4,2).
adjacente(3,4). adjacente(4,3).
adjacente(4,5). adjacente(5,4).

cor(1,vermelho,a).
cor(2,azul,a).
cor(3,verde,a).
cor(4,amarelo,a).
cor(5,azul,a).
```

*(continua)*

```
cor(1,vermelho,b).
cor(2,azul,b).
cor(3,verde,b).
cor(4,azul,b).
cor(5,verde,b).

conflito(Grupo):-adjacente(X,Y),cor(X,Cor,Grupo),cor(Y,Cor,Grupo).
```

Quando executamos esse programa no SWI-Prolog, conforme a Figura 4.14, a execução das consultas permite constatar se existe conflito nos conjuntos de cores presentes na base de conhecimento.

Figura 4.14 – Execução do programa "mapas.pl" no SWI-Prolog http://swi-prolog.org

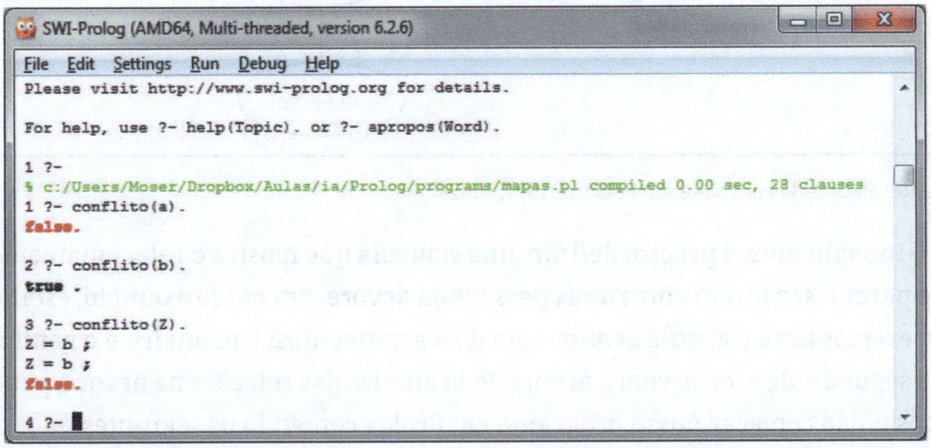


SWI-Prolog http://swi-prolog.org

As consultas 1 e 2 mostram as constantes dos grupos "a" e "b" usadas de maneira direta. A consulta 3, por sua vez, mostra o uso de uma variável *Z*, em vez de uma constante. A pergunta associada seria: "Existe algum grupo de cores que apresente conflito?".

### 4.5.3 Exemplo de implementação em Prolog: árvore genealógica

Uma aplicação bastante esclarecedora e de fácil compreensão da programação em Prolog é a inferência em árvores genealógicas[1]. Caso seja necessário, em determinado sistema de informação, identificar parentescos entre pessoas cadastradas em uma base de dados, é possível recorrer a um sistema em Prolog. Ele pode fornecer informações sobre parentescos complexos apenas com

1 O livro de Palazzo (1997) contém uma descrição bastante completa desse problema.

a adição de regras que os atribuam aos fatos cadastrados na base. Tomemos como exemplo a árvore genealógica descrita na Figura 4.15.

Figura 4.15 – Exemplo de árvore genealógica

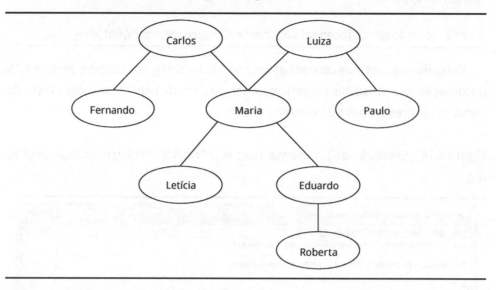

Fonte: Elaborada com base em Palazzo, 1997, p. 12.

Inicialmente, é preciso definir uma cláusula que mostre o relacionamento de parentesco direto entre duas pessoas da árvore. Em nosso exemplo, estabeleceremos uma cláusula *genitor* com dois argumentos: o primeiro é o genitor do segundo, de acordo com a árvore. Pela análise das relações na árvore, podemos então começar nosso programa em Prolog contendo os seguintes fatos[2]:

2 Conforme a sintaxe de programação Prolog, os nomes das pessoas são constantes, portanto, devem iniciar com letra minúscula.

```
genitor(carlos,maria).
genitor(luiza,maria).
genitor(carlos,fernando).
genitor(luiza,paulo).
genitor(maria,leticia).
genitor(maria,eduardo).
genitor(eduardo,roberto).
```

É possível fazer consultas ao Prolog carregando o programa acima e buscando informações. Por exemplo, para responder à pergunta "Quem é o genitor de Fernando?", introduzimos uma variável *X* no campo referente ao primeiro argumento e consultamos o Prolog:

```
?- genitor(X,fernando).
X=carlos.
```

Inteligência artificial aplicada: uma abordagem introdutória

Da mesma forma, se quisermos saber "De quem Luiza é genitor?", podemos inserir a nova consulta no Prolog mediante uma variável no segundo argumento:

```
?- genitor(luiza,Y).
Y=paulo.
```

Caso exista a necessidade de saber "Quem é genitor de quem?", basta inserir as variáveis nos dois argumentos da cláusula *genitor*, de modo que o Prolog retorne todas as instâncias existentes na base. Observe que há ponto-e-vírgula ao final de cada par resultante. Na interface de Prolog, é necessário acionar a barra de espaço para identificar possíveis soluções adicionais:

```
?- genitor(X,Y).
X = carlos,
Y = maria ;
X = luiza,
Y = maria ;
X = carlos,
Y = fernando ;
X = luiza,
Y = paulo ;
X = maria,
Y = leticia ;
X = maria,
Y = eduardo ;
X = eduardo,
Y = roberta.
```

Como um fato representado na base de dados do Prolog, a cláusula *genitor(carlos,maria)* identifica (apenas) que Carlos é genitor de Maria. Não sabemos ainda se "carlos" é considerado pai, pois isso não está expresso de forma explícita na base de fatos. Poderíamos criar uma nova cláusula *pai*, que indicaria "carlos" como pai de "maria", deste modo: *pai(carlos,maria)*. Entretanto, se seguíssemos essa estratégia, deveríamos indicar para cada fato cadastrado um relacionamento "pai" ou "mãe". Contudo, adotamos uma estratégia diferente, indicando apenas o gênero de cada pessoa. Para obtermos isso, é necessário estipular uma cláusula que indique a informação de quem, na nossa base, é considerado *masculino* ou *feminino*. As seguintes cláusulas permitem que estipulemos essa definição:

Sistemas especialistas e programação em lógica

```
masculino(carlos).
masculino(fernando).
masculino(paulo).
masculino(eduardo).
feminino(roberta).
feminino(luiza).
feminino(maria).
feminino(leticia).
```

Podemos, então, em função da base de fatos cadastrada no exemplo, identificar diferentes relacionamentos por meio de regras, em vez de escrevermos fatos indefinidamente. Por exemplo, podemos indicar a cláusula "pai" com a seguinte regra:

```
pai(X,Y) :- genitor(X,Y), masculino(X).
```

Assim, quando executarmos o programa sob essa regra, o Prolog retornará todos aqueles que são genitores e definidos na base de fatos como masculinos. No caso de uma cláusula *mãe*, podemos, analogamente, defini-la mediante a seguinte regra[3]:

```
mae(X,Y) :- genitor(X,Y), feminino(X).
```

[3] Utilizamos intencionalmente o alfabeto sem caracteres com acento, para o caso de se empregar instalações de Prolog sem página de código em português.

Para identificar uma relação mais complexa, como a relação *irmão*, precisamos pensar sobre como a árvore genealógica pode dar essa informação. Na Figura 4.15, que apresentamos anteriormente, podemos identificar que "maria" e "fernando" são irmãos, assim como "leticia" e "eduardo". Nesse caso, é possível definir uma regra de acordo com a qual dois indivíduos *X, Y* são irmãos quando têm o mesmo genitor. Uma regra capaz de retornar essa informação seria:

```
irmao(X,Y) :- genitor(Z,X), genitor(Z,Y), X \= Y.
```

Desse modo, *Z* é o mesmo genitor para *X* e *Y*. Note que inserimos, ao final da regra, uma cláusula que determina que *X* é diferente de *Y (X |= Y)*; não fosse assim, o Prolog poderia retornar *X* como irmão de *X*.

Para formularmos um exemplo de relação mais complexa, como poderíamos criar uma regra que identificasse o avô?

A Figura 4.15 representa que Carlos é avô de Letícia e de Eduardo. Podemos especificar a regra *avo* encadeando os genitores no corpo da regra:

```
avo(X,Y) :- genitor(X,Z),genitor(Z,Y),masculino(X).
```

Quando executamos a consulta para saber "quem é avô de quem", obtemos o seguinte:

```
?- avo(X,Y).
X = carlos,
Y = leticia ;
X = carlos,
Y = eduardo ;
```

Uma consulta em Prolog pode ainda conter cláusulas combinadas. Por exemplo, caso queiramos responder à pergunta "Quem é neto de Carlos?", podemos escrever a consulta combinando duas cláusulas:

```
?- genitor(carlos,Y), genitor(Y,Z).
Y = maria,
Z = leticia ;
Y = maria,
Z = eduardo ;
```

A linguagem Prolog permite o uso de **recursividade**. Imagine que queiramos saber, na árvore genealógica, quem são os antepassados de "Roberta". Podemos começar pelo seu genitor: Eduardo. Definimos, então, a relação "antepassado" em função de "genitor":

```
antepassado(X,Y) :- genitor(X,Y).
```

Tal regra diz que alguém é antepassado de outrem se esse alguém também for genitor de outrem. Assim, Eduardo e Roberta são incluídos aqui, juntamente a todos os outros fatos.

Entretanto, o genitor do genitor também é um antepassado (avô ou avó). Para definirmos a regra que inclua também esses indivíduos, precisamos definir "antepassado" da seguinte forma:

```
antepassado(X,Y) :-
        genitor(X,Z),
        genitor(Z,Y).
```

É possível, agora, fazer a consulta, após essas duas regras colocadas:

```
?- antepassado(X,roberta).
X = eduardo ;
X = maria ;
```

Porém, na Figura 4.15, identificamos que Carlos e Luiza também são antepassados, de modo que eles ficaram de fora do resultado da consulta. Para incluí-los, é necessário adicionarmos mais uma regra:

```
antepassado(X,Y) :-
    genitor(X,Z),
    genitor(Z,U),
    genitor(U,Y).
```

O resultado agora contempla os antepassados faltantes:

```
?- antepassado(X,roberta).
X = eduardo ;
X = maria ;
X = carlos ;
X = luiza ;
```

No caso do nosso exemplo, não é necessário retroceder. Contudo, em árvores mais extensas, é preciso explicitar cada regra conforme aumente o grau de ancestralidade, o que torna o programa dependente do contexto.

Para explicitar um conjunto de regras que contemple qualquer grau de ancestralidade sem a necessidade de incluir regras para contemplar uma a uma, podemos construí-las de forma recursiva:

```
antepassado(X,Y) :- genitor(X,Y).
antepassado(X,Y) :- genitor(X,Z),antepassado(Z,Y).
```

Observe que há apenas duas regras: a primeira identifica a relação direta do genitor como o primeiro antepassado; as próximas são contempladas pela segunda regra, na qual "antepassado" está tanto na cabeça quanto no corpo da regra. Isso evita a necessidade de reescrever cada grau de ancestralidade conforme a descrição da árvore genealógica.

A seguir, temos um programa em Prolog que resume o exercício da linguagem feito aqui.

```
% Programa da Árvore Genealógica
% Fatos
genitor(carlos,maria).
genitor(luiza,maria).
genitor(carlos,fernando).
genitor(luiza,paulo).
genitor(maria,leticia).
genitor(maria,eduardo).
genitor(eduardo,roberta).
```

*(continua)*

*(conclusão)*

```
masculino(carlos).
masculino(fernando).
masculino(paulo).
masculino(eduardo).
feminino(roberta).
feminino(luiza).
feminino(maria).
feminino(leticia).

% Regras
pai(X,Y)   :- genitor(X,Y),masculino(X).
mae(X,Y)   :- genitor(X,Y),feminino(X).
irmao(X,Y) :- genitor(Z,X),genitor(Z,Y), X \= Y.
avo(X,Y)   :- genitor(X,Z),genitor(Z,Y),masculino(X).

antepassado(X,Y) :- genitor(X,Y).
antepassado(X,Y) :- genitor(X,Z),antepassado(Z,Y).
```

### 4.5.4 Exemplo de implementação em Prolog: Torres de Hanói

Um dos problemas clássicos da inteligência artificial é denominado *Torres de Hanói* (Figura 4.16).

Figura 4.16 – Problema das Torres de Hanói com três peças

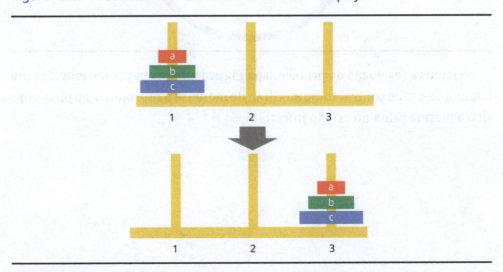

Fonte: Palazzo, 1997, p. 166.

Nesse problema, o objetivo é colocar as peças no último pino, de forma que, na movimentação, uma peça maior não fique sobre uma peça menor.

Podemos resolvê-lo a partir de uma estratégia de busca em profundidade. Dessa maneira, a expressão do programa em Prolog para essa finalidade torna-se bastante simples. Utilizamos uma configuração com três peças (como observado na Figura 4.16) para simplificar a explicação da resolução desse problema.

Existem três pinos ("1", "2", e "3") e três peças ("a", "b" e "c"). Estas estão empilhadas no primeiro pino, de forma crescente quanto ao tamanho. O objetivo é fazer com que essa mesma pilha seja colocada no pino 3 (Figura 4.16). É possível utilizar o pino central para auxiliar na transferência das peças até o pino-objetivo. Entretanto, há uma restrição: durante a movimentação das peças, uma peça menor não pode ficar sob uma peça maior (Figura 4.17).

Figura 4.17 – Exemplo de um estado proibido no problema das Torres de Hanói

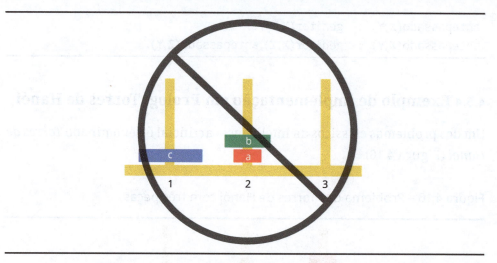

Vejamos a resolução do problema na Figura 4.18. As peças são movidas utilizando-se o pino central como auxiliar, de maneira a reproduzir no pino-objetivo a mesma pilha do estado inicial.

Figura 4.18 – Resolução do problema das Torres de Hanói

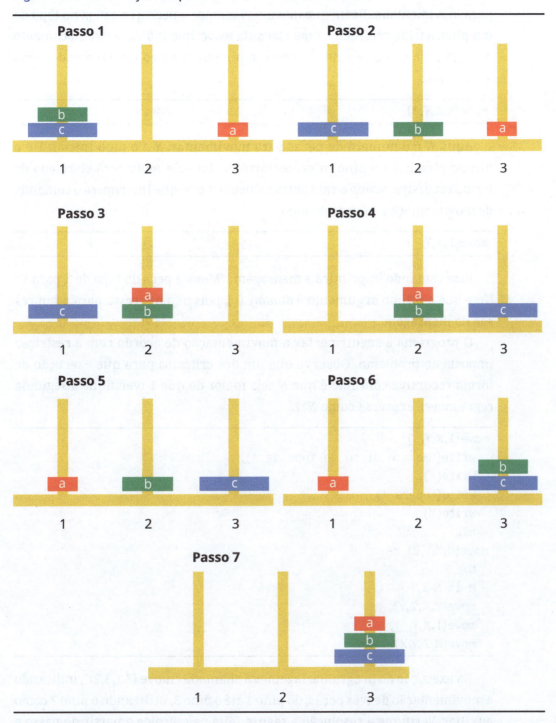

No programa em Prolog, empregaremos a palavra *write* para imprimir determinado texto ou valor de variável. Ao final do uso de *write*, podemos mudar a impressão para a próxima linha utilizando *nl*.

Para resolver o problema, não é necessário criar fatos referentes a cada peça movimentada. Basta que movamos sempre a peça que esteja no topo de um pino. Assim, criaremos uma cláusula *move*, que indicará o deslocamento de uma peça que esteja no topo de um pino para outro pino indicado como argumento:

```
move(N,X,Y,Z)
```

Aqui, *N* é o número de peças para movimentar, *X* é o pino inicial, *Y* é o último pino e *Z* é o pino intermediário. A cláusula *move* será chamada de forma recursiva, sendo a raiz outra cláusula *move*, que imprimirá o comando de movimentação da peça do topo:

```
move(1,X,Y,_)
```

Esse comando imprimirá a mensagem: "Mova a peça do topo de X para Y". Note que o último argumento é *dummy* (_), pois não interessa para a impressão da mensagem.

O programa a seguir perfaz a movimentação de acordo com a restrição imposta ao problema. Observe que um dos critérios para que execução de forma recursiva continue é que *N* seja maior do que 1 (verifique a segunda regra *move*), expressa como *N>1*.

```
move(1,X,Y,_) :-
  write('Mova o disco do topo de '),
  write(X),
  write(' para '),
  write(Y),
  nl.
move(N,X,Y,Z) :-
  N>1,
  M is N-1,
  move(M,X,Z,Y),
  move(1,X,Y,_),
  move(M,Z,Y,X).
```

Na execução do programa, fazemos a chamada "move (3,1,3,2)", indicando a movimentação de três peças, do pino 1 até o pino 3, utilizando o pino 2 como auxiliar. Verifique a resolução a seguir, feita pelo Prolog a partir do passo a passo indicado na Figura 4.21:

```
?- move(3,1,3,2).
Mova a peça do topo de 1 para 3
Mova a peça do topo de 1 para 2
Mova a peça do topo de 3 para 2
Mova a peça do topo de 1 para 3
Mova a peça do topo de 2 para 1
Mova a peça do topo de 2 para 3
Mova a peça do topo de 1 para 3
```

Os exemplos que analisamos aqui demonstram aplicações simples de programação em Prolog, para que tenhamos uma compreensão de seu funcionamento. O poder da linguagem Prolog pode ser mensurado quando o utilizamos em estruturas de dados na forma de listas. Por meio delas, podemos programar estratégias de resolução de problemas, como as buscas em amplitude e em profundidade. Contudo, o uso de listas demanda conhecimentos adicionais, exigindo um curso à parte sobre programação em Prolog, o qual foge do escopo considerado nesta obra. Para mais detalhes, consulte, por exemplo, Palazzo (1997).

### 4.5.5 Prolog com Java

Para aplicar melhor o Prolog a partir da linguagem de programação Java, podemos acessar a "máquina Prolog" como se fosse uma biblioteca Java e fazer as consultas enviando-as para processamento na biblioteca. Demonstraremos, a seguir, como empregar o programa em Java para acessar a biblioteca do SWI-Prolog enviando a consulta "conflito(Z)", do exemplo da coloração de mapas e depois imprimindo o resultado na saída-padrão. Os detalhes para a implementação podem ser encontrados no *site* do SWI-Prolog (http://swi-prolog.org).

```
public class mapas {

  public static void main(String[] args) {
    Query q1 = new Query("consult", new Term[] {new Atom("mapas.pl")});

    System.out.println(q1.hasSolution());

    String t2 = "conflito(Z).";
    Query q2 = new Query(t2);

    while(q2.hasMoreSolutions()) {
      System.out.println(q2.getSolution());
    }
  }
}
Saída:
% mapas.pl.com.piled 0.00 sec, 28 clauses
•true
{Z=b}
```

Nota: Embaixo, há a saída-padrão mostrando que existe um grupo de cores em conflito.

Neste capítulo, contemplamos dois representantes da linha simbólica da IA: os SEs e a programação em lógica com Prolog. Ao passo que os SEs se baseiam na representação do conhecimento em forma de cláusulas com fatos e regras se-então, a programação em lógica implica uma abordagem mais complexa, que se fundamenta nos estudos da lógica. Tanto os SEs quanto a programação em Prolog forneceram a base para a construção de diversos sistemas inteligentes complexos, utilizados em áreas como das indústrias petroquímica e aeroespacial.

## Síntese

Neste capítulo, analisamos como técnicas na linha simbólica de pesquisa da IA os SEs e a programação em lógica. Constatamos que os SEs foram desenvolvidos para a resolução de problemas em um domínio bem específico, cujo conhecimento é coletado de pessoas nele especialistas. Tais sistemas aplicam conhecimento heurístico manipulado por regras se-então.

Dois SEs bastante citados na literatura são o MYCIN, utilizado na área de diagnóstico de doenças infecciosas, e o Dendral, empregado na prospecção geológica.

Um SE é composto de uma base de conhecimento, um mecanismo de inferência e um quadro negro. Quanto aos passos para sua construção, é necessário primeiramente identificar o domínio do problema, depois fazer a aquisição de conhecimento, para então organizá-lo e representá-lo, implementar o sistema e efetuar os testes e validação.

A programação em lógica, tratada aqui com relação à linguagem Prolog, deriva dos estudos da lógica de primeira ordem. Nela, o algoritmo é constituído dos componentes de controle e do componente lógico. Na programação em Prolog, por sua vez, basta que o programador insira os componentes lógicos, deixando o controle da execução a cargo de um interpretador, que desempenhará o controle.

Também verificamos que um programa em lógica é a representação de um problema por meio de um conjunto finito de um tipo especial de sentenças lógicas denominadas *cláusulas*. Um paradigma de programação, por seu turno, é chamado de *declarativo*.

Os programas em Prolog têm sido utilizados em vários tipos de sistemas ao longo dos anos, como sistemas de apoio à decisão, simulações educacionais, tutoriais inteligentes, problemas matemáticos, planejamento e roteirização, resolução de problemas, regras de negócio e processamento de linguagem natural. Já uma cláusula em Prolog pode ser um fato, uma regra ou uma consulta. A cláusula, por sua vez, é composta de corpo e cabeça.

## –Questões para revisão

1. Observe com atenção este sistema especialista para análise de crédito.

```
REGRA 1
  SE  renda > 6.000
  E parcela do carro < 10%
  E parcela do imóvel < 20%
  ENTÃO conceder crédito = Sim CNF 100%

REGRA 2
  SE  conceder crédito = Sim
  E tempo de emprego >= 3 anos
  ENTÃO limite de crédito = 12.000 CNF 100%

REGRA 3
  SE  conceder crédito = Sim
  E tempo de emprego < 3 anos
  E outras dívidas < 5%
  ENTÃO limite de crédito = 12.000 CNF 100%
```

*(continua)*

*(conclusão)*

```
REGRA 4
  SE  conceder crédito = Sim
  E tempo de emprego < 3 anos
  E outras dívidas >= 5%
  ENTÃO limite de crédito = 6.000 CNF 100%
REGRA 5
  SE  conceder crédito = Não
  OU  conceder crédito = DESCONHECIDO
  ENTÃO limite de crédito = 0 CNF 100%
```

Agora, assinale com (V) as afirmações verdadeiras e com (F) as afirmações falsas:

( )  Se a renda é de 7.000, a parcela do carro é de 10% da renda, a parcela do imóvel é de 15% da renda, o tempo de emprego é de 5 anos e outras dívidas representam 2%, será concedido um crédito de 12.000.

( )  Se a renda é de 7.000, a parcela do carro é de 5% da renda, a parcela do imóvel é de 15% da renda, o tempo de emprego é de 5 anos e outras dívidas representam 2%, será concedido um crédito de 12.000.

( )  Se a renda é de 5.000, a parcela do carro é de 5% da renda, a parcela do imóvel é de 15% da renda, o tempo de emprego é de 5 anos e outras dívidas representam 2%, não será concedido crédito.

( )  Se a renda é de 7.000, a parcela do carro é de 5% da renda, a parcela do imóvel é de 15% da renda, o tempo de emprego é de 4 anos e outras dívidas representam 8%, será concedido um crédito de 6.000.

( )  Se a renda é de 8.000, a parcela do carro é de 5% da renda, a parcela do imóvel é de 19% da renda, o tempo de emprego é de 4 anos e outras dívidas representam 8%, será concedido um crédito de 12.000.

2. Com base na figura a seguir, representativa do conhecimento sobre harmonização de vinhos com comidas, faça o que se pede.

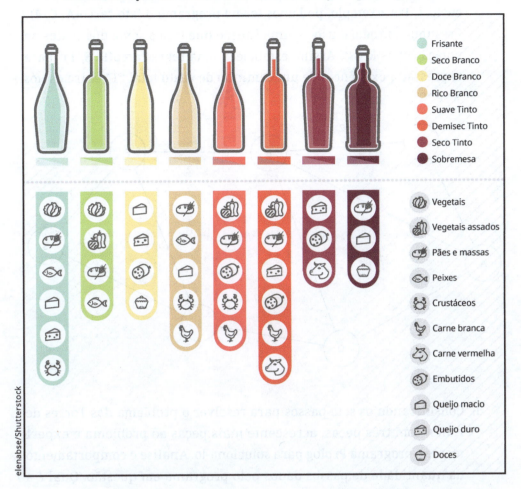

a) Construa um sistema especialista utilizando um *shell* (por exemplo, o Expert SINTA) que indique qual é o vinho recomendado, a partir de uma entrada de dados sobre os pratos que serão servidos.

b) Escreva o código em Java utilizando estruturas *if-else* em uma função ou um método que retorne o vinho recomendado.

3. Para o programa da árvore genealógica expresso na Figura 4.15, crie regras para estabelecer as relações "irmã", "sobrinha", "bisavó" e "sogro".

4. Ainda no problema da árvore genealógica, construa regras que permitam retornar os descendentes, ao invés dos antepassados.

5. No grafo a seguir, em que os arcos entre os nós expressam os custos, defina uma assertiva "arco(X, Y, Z)" na qual um arco vai de X a Y com custo Z. Por exemplo, podemos ter no programa o fato "arco(A, C, 4)". Presuma também o uso de uma função que faça a soma dos custos na notação "L is M+N". Assim, estabeleça uma regra "arco(R, S, T)" para expressar a existência de um caminho de custo total "T" entre os nós "R" e "S".

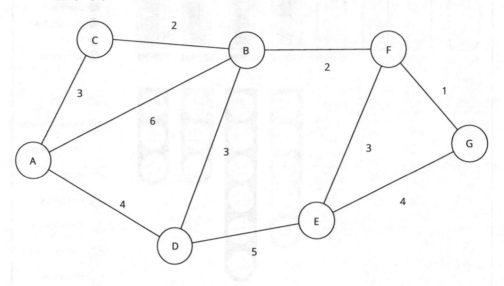

6. Considerando os sete passos para resolver o problema das Torres de Hanói com três peças, acrescente mais peças ao problema e experimente o programa Prolog para solucioná-lo. Analise o comportamento da quantidade de passos dados pelo programa em questão. Qual é a relação existente?

# INTRODUÇÃO A REDES NEURAIS ARTIFICIAIS

De uma perspectiva diferente da linha simbólica, as redes neurais artificiais (RNA) podem ser consideradas um dos adventos mais significativos da área da inteligência artificial (IA). Seu funcionamento possibilita o aprendizado de padrões que emerge com base na complexidade da interligação de elementos mais simples que simulam o comportamento dos neurônios.

De acordo com Haykin (2001, p. 27),

> O trabalho em RNA tem sido motivado desde o começo pelo reconhecimento de que o cérebro humano processa informações de uma forma inteiramente diferente de um computador convencional. O cérebro é um computador altamente complexo, não linear e paralelo. Possui a capacidade de organizar seus constituintes estruturais, os neurônios, de forma a realizar certos processamentos tais como reconhecimento de padrões, percepção e controle motor, de forma mais rápida que o mais rápido computador existente.

Com base na configuração de uma rede neural presente em um cérebro vivo, busca-se emular tal força de representação por meio de uma RNA. Apesar de os neurocientistas terem conseguido grandes avanços na pesquisa a respeito do funcionamento fisiológico de uma coleção de neurônios, essa ainda é uma tarefa desafiadora.

Os neurônios são as unidades fundamentais dos tecidos do sistema nervoso, incluindo o cérebro. Cada neurônio consiste de um corpo celular, também designado *soma*, que contém um núcleo. Do corpo da célula partem filamentos denominados *dendritos*. O filamento mais longo chama-se *axônio* (Figura 5.1).

Figura 5.1 – Representação de um neurônio biológico

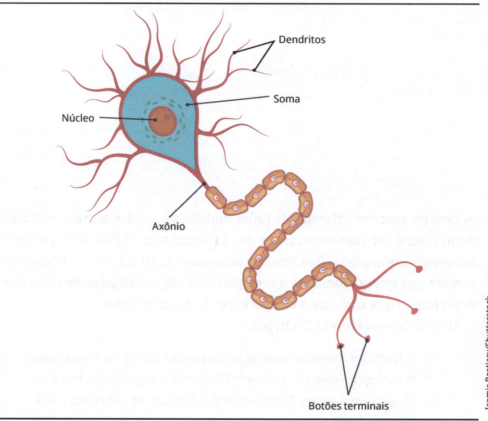

Nessa ilustração, pode-se ver os dendritos que permitem a ligação do neurônio às células circundantes. Por sua vez, o axônio faz conexão com células que estão mais distantes. Todas essas conexões denominam-se ***sinapses*** (Gazzaniga; Ivry; Mangun, 2006, p. 43).

O impulso nervoso é transmitido de uma célula a outra mediante uma complicada reação eletroquímica. Substâncias químicas transmissoras são lançadas das sinapses e entram pelos dendritos, aumentando ou baixando o potencial elétrico do corpo da célula. Quando o potencial chega a um limiar, um pulso elétrico ou potencial de ação é enviado pelo axônio. O pulso espalha-se ao longo das conexões pelo axônio, chegando eventualmente a outras sinapses e liberando neurotransmissores no corpo de outras células (Gazzaniga; Ivry; Mangun, 2006).

Sinapses que incrementam o potencial de outras células são as **excitatórias**; as que decrementam esse potencial são as **inibitórias**. Os neurônios, por sua vez, podem formar novas conexões com outros neurônios, e tais mecanismos formam a base para o aprendizado do cérebro.

Uma rede neural biológica pode, dessa forma, ser abstraída para a simulação de seu comportamento. Assim, é possível conceituar uma *rede neural artificial* "como um processador maciçamente [e] paralelamente distribuído constituído de unidades de processamento simples, que têm a propensão natural para armazenar conhecimento experimental e torná-lo disponível para o uso" (Haykin, 2001, p. 28).

Haykin (2001) reconhece seis propriedades que caracterizam uma rede neural artificial:

1. **Não linearidade** – Os neurônios podem ser lineares ou não lineares, permitindo aproximações robustas de funções de mapeamento que tenham característica não linear.
2. **Mapeamento de entrada-saída** – A rede aprende a partir de exemplos, estabelecendo mapeamento entre os padrões apresentados na entrada com as saídas dadas pelos exemplos.
3. **Adaptabilidade** – Redes neurais podem ser treinadas e armazenar o conhecimento nos pesos sinápticos, podendo adaptar-se caso o conjunto de amostras utilizado para o treinamento se modifique ao longo do tempo.
4. **Resposta a evidências** – Uma rede neural pode perfazer uma tarefa de seleção de um padrão, mas também informar sobre o grau de confiança ou crença no padrão escolhido.
5. **Informação contextual** – O conhecimento é armazenado na própria estrutura e pela ativação da rede neural.
6. **Tolerância a falhas** – Redes implementadas em *hardware* são tolerantes a falhas, em caso de neurônios ou conexões que possam ser danificados, ou mesmo em *softwares* que utilizem técnicas de poda de redes que reduzem a quantidade de neurônios ou sinapses, mantendo a mesma condição de *performance.*

A construção de uma rede neural artificial, por seu turno, depende de quatro elementos:

1. **Número de camadas** – As RNAs têm pelo menos uma camada de entrada, de onde recebem os sinais ou as características das amostras; e uma camada de saída, que apresenta os padrões ou as classes mapeados para os conjuntos de treinamento. Também podem apresentar uma ou mais camadas ocultas, como no caso do perceptron multicamada e das redes de base radial.
2. **Quantidade de neurônios em cada camada** – A quantidade de neurônios depende da natureza do problema abordado. A camada de entrada terá tantos neurônios quantas forem as características das amostras do conjunto de treinamento. A camada de saída terá os neurônios referentes às classes a que pertencem as amostras do conjunto de treinamento. A camada oculta ou escondida, por seu turno, pode ter uma quantidade variável de neurônios, conforme a característica do mapeamento que se deseja.
3. **Tipo de função de transferência** – A função de transferência define a forma como o neurônio é ativado. Para isso, podem ser utilizadas funções *discretas* (como a função *degrau*, empregada no perceptron, sobre o qual falaremos na Seção 5.1) ou funções *contínuas* (como a função *sigmoide* para o perceptron multicamada).
4. **Método de treinamento** – Ao longo dos anos, têm-se desenvolvido diversos métodos ou algoritmos de treinamento, entre quais o mais utilizado é o algoritmo de retropropagação (*backpropagation*), que aplica a informação do erro na atualização dos pesos.

As RNAs podem ser aprendidas de diversas formas. Haykin (2001) enumera cinco modos de aprendizagem particularmente importantes:

1. **Aprendizagem mediante correção de erros** – A informação do erro é utilizada para modificar os pesos sinápticos. Encontramos esse tipo de aprendizagem, por exemplo, no perceptron de Rosenblatt (1958) e no Adaline de Widrow e Hoff (1960).
2. **Aprendizagem baseada em memória** – Armazena-se um grande número de exemplos de entrada e saída, e uma amostra é comparada com a sua vizinhança, a fim de que se identifique a que classe pertence.
3. **Aprendizagem hebbiana** – Com base nos estudos de Hebb, emprega uma regra associativa, que aumenta a força dos pesos positivamente correlacionados ou diminui a daqueles negativamente correlacionados.
4. **Aprendizagem competitiva** – Os neurônios competem entre si para tornarem-se ativos. O vencedor estará ativo durante certo instante (aprendizagem também denominada *winner-takes-all*).
5. **Aprendizagem de Boltzmann** – Apresenta características estocásticas, derivando-se das ideias da mecânica estatística. Nesse caso,

"os neurônios constituem uma estrutura recorrente e operam de uma maneira binária" (Haykin, 2001, p. 86), controlados por uma função de energia. A atualização dos pesos ocorre por correlação, operando em duas condições: uma presa, em que "os neurônios visíveis estão todos presos a estados específicos determinados pelo ambiente" (Haykin, 2001, p. 86); e outra livre, em que "todos os neurônios [...] podem operar livremente" (Haykin, 2001, p. 86).

A aprendizagem pode ainda ser caracterizada como **supervisionada** (em que há o *feedback* que retorna à rede para orientar o treinamento) e **não supervisionada** (a rede aprende de forma auto-organizada). Entre as tarefas básicas que podem ser executadas por uma RNA estão:

1. **Associação de padrões** – Quando determinado conjunto de dados deve ser associado a outro conjunto. Exemplo: compressão de dados.
2. **Reconhecimento de padrões** – Quando um conjunto de padrões é associado a um identificador. Exemplo: reconhecimento de caracteres, reconhecimento de fala.
3. **Aproximação de funções** – Quando uma rede neural pode ser utilizada para regressão de dados. Exemplo: previsão de comportamento de ativos da bolsa de valores.
4. **Controle** – Quando uma rede neural executa uma função de controle de um sistema de forma automatizada, monitorando o *feedback* proveniente da sua saída. Exemplo: sistema de frenagem.
5. **Filtragem** – quando uma rede neural é utilizada para extração de ruído em um determinado sinal. Exemplo: filtragem adaptativa de sons.

## 5.1 Perceptron

O perceptron é um dispositivo eletrônico inventado em 1957 por Frank Rosenblatt (1928-1971), psicólogo estadunidense, considerado uma espécie de "homem da Renascença, devido à sua excelência em várias áreas, incluindo [...] computação, matemática, neurofisiologia, astronomia e música" (Rosenblatt's Contributions, 2018, tradução nossa). O dispositivo foi construído de acordo com princípios biológicos e mostrava capacidade de aprendizado (Rosenblatt, 1958). Rosenblatt (1958) organizou-o em três camadas de unidades (ou neurônios): **sensoriais** (S), **associativas** (A) e **geradoras de respostas** (R). A camada de entrada com unidades sensoriais recebe os padrões visuais, a camada com as unidades associativas relaciona as unidades de entrada com as unidades geradoras de saída, funcionando como uma camada oculta, e a camada com unidades geradoras de respostas fornecem um resultado de acordo com os padrões apresentados à camada de entrada.

Rosenblatt (1958) desenvolveu também um perceptron implementado em *hardware* com 400 unidades fotossensoras, uma camada de associação de 512 unidades e outra de saída, de oito unidades. Trata-se do protótipo denominado *Mark I* (Figura 5.2).

Figura 5.2 – Esboço do perceptron Mark I

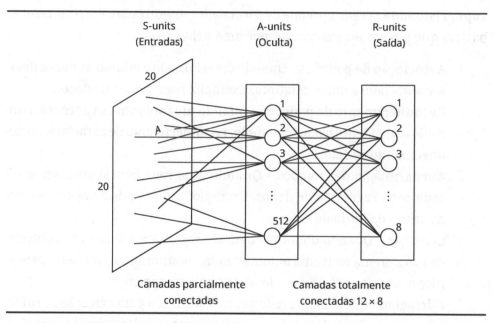

Fonte: Elaborado com base em Rosenblatt, 1958.

### Para saber mais

Frank Rosenblatt contribuiu para o campo das redes neurais de forma significativa com o invento do perceptron. Para conhecer um pouco mais sobre seu trabalho, acesse o *link* indicado a seguir ou o QR Code disponível ao lado.

ROSENBLATT'S CONTRIBUTION. Disponível em: <http://csis.pace.edu/~ctappert/srd2011/rosenblatt-contributions.htm>. Acesso em: 29 jun.2018.

Assim, para poder efetuar uma classificação, o perceptron obtém os sinais do ambiente por meio das **entradas**, nas quais são apresentados valores correspondentes aos padrões que pretendemos classificar. Um exemplo seria os valores de *pixels* de imagem. Na Figura 5.3, podemos observar um perceptron de cinco entradas, cujo funcionamento será detalhado a seguir.

Figura 5.3 – Arquitetura de um perceptron

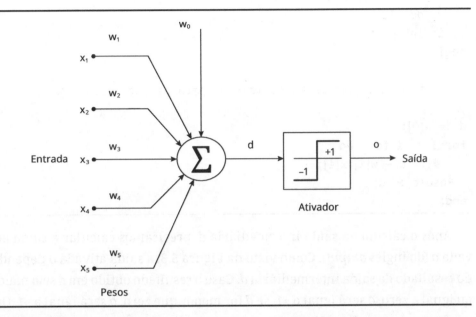

Nota: x = valores de entrada; w = valores dos pesos; d = saída intermediária; o = saída ativada.
Fonte: Medeiros, 2007.

Quanto à estrutura interna do perceptron, ela é composta de **pesos** ou **sinapses**. Os pesos assumem valores tais que, quando aplicamos um padrão na entrada, obtemos uma saída intermediária[1] *d*. O **aprendizado** da rede fica armazenado nos pesos, e seus valores são obtidos mediante um processo de treinamento. O alor $w_0$, chamado de *bias*, é fixo e pode ser entendido como uma espécie de ajuste fino, que não se multiplica com entrada nenhuma. Esse modelo de neurônio é denominado *Neurônio de McCulloch-Pitts*[2].

A saída intermediária *d* é calculada por meio do somatório da multiplicação entre cada entrada e seu peso. Assim:

$$d = w_1x_1 + w_2x_2 + w_3x_3 + w_4x_4 + w_5x_5 + w_0$$

Ou, de forma genérica (com n = 5):

$$d = w_0 + \sum_{i=1}^{n} x_i w_i \qquad (1)$$

[1] Também chamada de *campo local induzido*.

[2] O nome se deve ao trabalho pioneiro de McCulloch e Pitts, de 1943. Em tal modelo, a saída assume o valor 1, caso o campo local induzido seja positivo; e 0 (zero), em caso contrário (Haykin, 2001).

Em linguagem de programação (Pascal), podemos construir o algoritmo representando esse cálculo:

```
function Soma: double;
var w, x: array[0..5] of double;
    d: double;
    i: integer;
begin
...
// Aqui seriam associados os valores para os vetores w e x
...
d := w[0];
for i := 1 to 5 do
    d := d + w[i]*x[i];
  Result := d;
end;
```

Após o cálculo da saída intermediária *d*, precisamos calcular a saída ativada *o* (do inglês *output*). Como visto na Figura 5.3, a saída ativada *o* depende do resultado da saída intermediária *d*. Caso o resultado obtido em *d* seja maior ou igual a zero, *o* será igual a *+1*; se *d* for menor que zero, *o* será igual a *–1*. Ou, em forma de pseudo-código:

```
function SaidaAtivada(d: double): integer;
var i: integer;
begin
  if d > = 0 then
    i := 1
  else
    i := -1;
  Result := i;
end;
```

### 5.1.1 Exemplo de perceptron simples: classificação de parafusos

Para mostrar o uso do perceptron em uma tarefa simples de classificação, vejamos o exemplo da classificação de parafusos. Imaginemos que são fabricados parafusos de duas classes: A e B. Os critérios para classificá-los são o **comprimento** e o **diâmetro**. Suponhamos que, em média, os parafusos de comprimento próximo a 5 cm sejam os maiores (pertencentes à classe A) e aqueles que meçam em torno de 1 cm, os menores (pertencentes à classe B). Consideremos que parafusos produzidos são de diversos comprimentos dentro desses limites. O mesmo vale para a dimensão *diâmetro*: o maior diâmetro é 5 mm, e o menor, 1 mm, havendo diâmetros intermediários. O que o perceptron terá de informar é se um parafuso com certo comprimento e diâmetro é pertencente à classe A ou à classe B.

Recorreremos, para tal, ao treinamento por amostragem. A Tabela 5.1 mostra um conjunto de medidas de parafusos que serão utilizados para treinar o perceptron, ou seja, para calcular os pesos.

Tabela 5.1 – Dimensões das amostras de parafusos que serão utilizadas para o treinamento do perceptron

| Parafuso | $x_1$ | $x_2$ |
|---|---|---|
| 1 | 4 cm | 3 mm |
| 2 | 1 cm | 1 mm |
| 3 | 3 cm | 2 mm |
| 4 | 2 cm | 3 mm |
| 5 | 5 cm | 3 mm |
| 6 | 3 cm | 2 mm |

Na Figura 5.4, temos uma representação simplificada da **arquitetura** (também chamada de *topologia*) desse perceptron, contendo duas unidades de entrada ($x_1$ e $x_2$), dois pesos ($w_1$ e $w_2$, com um peso fixo $w_0$) e uma unidade de saída ($o_1$) para inferir sobre a classe a que pertence o parafuso.

Figura 5.4 – Topologia do perceptron para a tarefa de classificação de parafusos

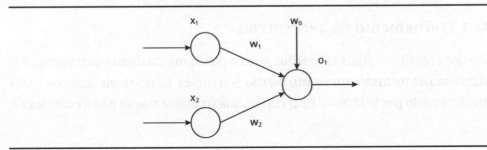

Suponhamos que o treinamento do perceptron já tenha sido feito e que os valores de pesos encontrados (exceto $w_0$, que foi prefixado em −1) correspondem aos descritos na Tabela 5.2.

Tabela 5.2 – Valores dos pesos após um processo de treinamento do exemplo de classificação dos parafusos

| $w_1$ | $w_2$ | $w_3$ |
|---|---|---|
| 0,21 | 0,22 | −1 |

Assumamos que o valor da saída +1 seja atribuído à classe A, e o valor de saída −1, à classe B. Para o cálculo da variável $d_1$, utilizamos a fórmula genérica (1) vista anteriormente. Pela função de transferência, se o valor $d_1$ é positivo, a saída será +1; senão, será −1 (Tabela 5.3).

Tabela 5.3 – Classificação após o treinamento

| Parafuso | $x_1$ | $x_2$ | $d_1$ | $o_1$ | Classe |
|---|---|---|---|---|---|
| 1 | 4 cm | 3 mm | 0,50 | +1 | A |
| 2 | 1 cm | 1 mm | −0,57 | −1 | B |
| 3 | 2 cm | 2 mm | −0,14 | −1 | B |
| 4 | 2 cm | 3 mm | 0,08 | +1 | A |
| 5 | 5 cm | 3 mm | 0,71 | +1 | A |
| 6 | 3 cm | 2 mm | 0,07 | +1 | A |

Dessa forma, os valores a serem buscados para o aprendizado da rede devem ser semelhantes aos da Tabela 5.3. Depois, o processo de treinamento deverá se encarregar de definir esses valores, para que a rede classifique corretamente.

### 5.1.2 Treinamento do perceptron

Um dos algoritmos mais estudados para o treinamento de um perceptron é o algoritmo do **mínimo quadrado médio** (em inglês, *Least-Mean-Square* – LMS), que foi criado por Widrow e Hoff (1960). Sua implementação não é complexa e permite alcançar bons resultados no treinamento de um perceptron (Haykin, 2001). O algoritmo LMS consiste em calcular o erro de classificação para, na sequência, utilizar uma fração desse erro para o ajuste dos pesos.

Costuma-se começar o processo de treinamento adotando valores aleatórios para os pesos. Ao proceder à primeira alimentação de valores à entrada, acontece o erro de classificação após as amostras terem sido apresentadas ao perceptron. Durante o treinamento e de forma gradativa, um pequeno percentual desse erro é propagado de volta ao perceptron. Esse percentual é denominado *taxa de aprendizagem*. No que se refere aos erros, examinaremos dois conceitos: o individual e o global.

O **erro individual** refere-se a cada classificação de amostra e tem a seguinte fórmula:

$$e_i = (o_i - f_i) \qquad 2$$

Nessa fórmula, o erro *ei* corresponde à diferença entre a saída desejada *oi* e a saída calculada após a ativação *fi*.

O **erro global**, por sua vez, consiste em uma medida de desempenho global do perceptron, que pode ser calculada pela média quadrática dos erros individuais:

$$E = \frac{1}{2}\sum_{i=1}^{n} e_i^2 \qquad 3$$

Quanto ao aprendizado, ele será gradativo e atualizará os pesos a cada execução da alimentação à frente.

Para calcular a parcela do erro que será realimentado no perceptron, utilizamos a fórmula de cálculo dos deltas[3], qual seja:

$$\Delta_j = \frac{1}{n}\sum_{i=1}^{n} \eta(o_i - f_i)x_j = \frac{1}{n}\sum_{i=1}^{n} \eta e_i x_j \qquad 4$$

[3] Usamos uma variação do algoritmo LMS por meio do cálculo do valor médio dos erros, em vez de aplicar o erro instantâneo previsto para o algoritmo original.

Em que:

$\eta$ = taxa de aprendizado;
$o_i$ = saída desejada;
$f_i$ = saída calculada;
$e_i$ = erro ou diferença;
$x_i$ = neurônio de entrada;
$n$ = número de amostras.

Para calcular os deltas, multiplicamos o erro de cada amostra pela entrada referente ao delta. Logo após, extraímos a média dos valores calculados para os deltas. Em seguida, os pesos são atualizados com os valores dos deltas, da seguinte maneira:

| $w_j(n+1) = w_j(n) + \Delta_j(n)$ | 5 |
|---|---|

Por essa característica, tal regra de aprendizagem costuma ser chamada de *regra delta*. A seguir, demonstraremos como acontece o treinamento do perceptron e constataremos, em termos práticos, como ele aprende a classificar os parafusos.

### 5.1.3 Demonstrando o treinamento

O treinamento do perceptron é ilustrado de forma didática nas Tabelas 5.4 a 5.8. O treinamento começa no passo 1, com os valores iniciais dos pesos $w_1$ e $w_2$ iguais a 1, e o peso *bias* $w_0$ fixado em –1.

Tabela 5.4 – Dados do treinamento do perceptron para classificação de parafusos

| Taxa de aprendizado (η) | 0,01 |
|---|---|
| Passo | 1 |

| $w_1$ | $w_2$ | $w_0$ |
|---|---|---|
| 1 | 1 | –1 |

| Amostra | $x_1$ (cm) | $x_2$ (mm) | $d_1$ | $f_1$ | $o_1$ | Atual | Alvo | $e_1$ | $\Delta_1$ | $\Delta_2$ |
|---|---|---|---|---|---|---|---|---|---|---|
| 1 | 4 | 3 | 6,00 | 1 | 1 | A | A | - | - | - |
| 2 | 1 | 1 | 1,00 | 1 | –1 | A | B | (2,00) | (0,02) | (0,02) |
| 3 | 2 | 2 | 3,00 | 1 | –1 | A | B | (2,00) | (0,04) | (0,04) |
| 4 | 2 | 3 | 4,00 | 1 | 1 | A | A | - | - | - |
| 5 | 5 | 3 | 7,00 | 1 | 1 | A | A | - | - | - |
| 6 | 3 | 2 | 4,00 | 1 | –1 | A | B | (2,00) | (0,06) | (0,04) |
| | | | | | | Soma | $\Sigma e$ | (6,00) | (0,02) | (0,02) |
| | | | | | | Soma Quad | $\Sigma e^2$ | 12,00 | | |

Nota: Na parte superior, estão os valores da taxa de treinamento ou aprendizado (igual a 1%); os valores iniciais dos pesos ($w_1$ e $w_2$ iguais a 1,0 e $w_0$ igual a –1); e no quadro maior, as amostras com os valores das entradas de comprimento e largura dos parafusos produzem os resultados de acordo com as fórmulas 1 a 4.

Na Tabela 5.4, as amostras consideradas são colocadas em linhas. A coluna $d_1$ mostra o cálculo referente à fórmula 1. Por exemplo, na amostra 1 (comprimento de 4 cm e largura de 3 mm), temos $d_1 = x_1 \times w_1 + x_2 \times w_2 + w_0 = 4 \times 1 + 3 \times 1 - 1 = 6$. Na coluna $f_1$, representamos a função de ativação: caso $d_1$ seja maior que zero, ele assume o valor 1 (positivo); se for menor que zero, assume o valor –1. A coluna $o_1$ corresponde à classe desejada: caso a amostra faça parte da classe A, o valor de $o_1$ deve ser 1; se for da classe B, o valor é –1. As colunas intituladas *Atual* e *Alvo* explicitam as classes dos parafusos (atual para $f_1$ e alvo para $o_1$). A coluna $e_1$, por sua vez, refere-se ao erro de classificação. Seus dados são calculados mediante a fórmula 2. Por exemplo, a amostra 2 deveria ser da classe *B*, mas está sendo classificada pelo perceptron como classe *A*. Então, o erro $e_1$ é igual à diferença entre a saída desejada $o_1$ pela calculada $f_1$. Assim, $e_1 = o_1 - f_1 = -1 - 1 = -2$.[4]

[4] Na Tabela 5.4, o número negativo aparece entre parênteses.

Na parte inferior da Tabela 5.4, verificamos o erro global, que é calculado por meio da fórmula 3. Cada erro na planilha é elevado ao quadrado, e todos são somados entre si. O resultado corresponde ao erro global *E*. O erro global *E* representa uma medida de desempenho do sistema. O fato de que o erro global *E* tende a zero indica que o perceptron está aprendendo.

O valor do erro permite calcular os deltas parciais ($\Delta'_1$ e $\Delta'_2$). Para tal, usamos a fórmula 4. No caso da amostra 2, os valores dos deltas parciais serão: $\Delta'_1 = \eta e_1 x_1 = 0{,}01 \times -2{,}0 \times 1 = -0{,}02$; e $\Delta'_2 = \eta e_1 x_2 = 0{,}01 \times -2{,}0 \times 1 = -0{,}02$.

Note que nas amostras cuja classificação está correta não há erro, e os deltas são iguais a zero.

Na parte inferior da Tabela 5.1, representamos o valor correspondente à média de todos os deltas calculados, chegando a um valor de delta para cada entrada: $\Delta_1 = -0{,}02$ e $\Delta_2 = -0{,}02$.

Por fim, depois de termos calculado os deltas, aplicamos a fórmula 5 para atualizar os valores dos pesos. Dessa forma, o peso *w1*, que utilizaremos no passo 2, é reajustado conforme o valor de $\Delta_1$: $w_1(2) = w_1(1) + \Delta_1 = 1 - 0{,}02 = 0{,}98$; e $w_2(2) = w_2(1) + \Delta_2 = 1 - 0{,}02 = 0{,}98$.

A Tabela 5.5 mostra uma representação do passo 2, com os valores dos pesos atualizados.

Tabela 5.5 – Dados do treinamento do perceptron para classificação de parafusos no passo 2

| Passo | 2 |
|---|---|

| $w_1$ | $w_2$ | $w_0$ |
|---|---|---|
| 0,98 | 0,98 | –1 |

| Amostra | $x_1$ (cm) | $x_2$ (mm) | $d_1$ | $f_1$ | $o_1$ | Atual | Alvo | $e_1$ | $\Delta_1$ | $\Delta_2$ |
|---|---|---|---|---|---|---|---|---|---|---|
| 1 | 4 | 3 | 5,87 | 1 | 1 | A | A | – | – | – |
| 2 | 1 | 1 | 0,96 | 1 | –1 | A | B | (2,00) | (0,02) | (0,02) |
| 3 | 2 | 2 | 2,93 | 1 | –1 | A | B | (2,00) | (0,04) | (0,04) |
| 4 | 2 | 3 | 3,91 | 1 | 1 | A | A | – | – | – |
| 5 | 5 | 3 | 6,85 | 1 | 1 | A | A | – | – | – |
| 6 | 3 | 2 | 3,91 | 1 | –1 | A | B | (2,00) | (0,06) | (0,04) |
| | | | | | | Soma | $\Sigma e$ | (6,00) | (0,02) | (0,02) |
| | | | | | | Soma Quad | $\Sigma e^2$ | 12,00 | | |

Os valores atualizados dos pesos $w_1$ e $w_2$ têm impacto em cascata sobre os valores da Tabela 5.5. Observe que os valores de $d_1$ são diferentes daqueles do passo 1.

Quando o treinamento chega no passo 34 (Tabela 5.6), verificamos que os pesos foram reduzidos para $w_1 = 0,36$ e $w_2 = 0,47$. Nesse passo, a amostra 2 é classificada corretamente na classe B. No entanto, ainda podemos observar que as amostras 3 e 6 estão classificadas de maneira incorreta.

Tabela 5.6 – Dados do treinamento do perceptron para classificação de parafusos no passo 34

| Passo | 34 |
|---|---|

| $w_1$ | $w_2$ | $w_0$ |
|---|---|---|
| 0,36 | 0,47 | –1 |

| Amostra | $x_1$ (cm) | $x_2$ (mm) | $d_1$ | $f_1$ | $o_1$ | Atual | Alvo | $e_1$ | $\Delta_1$ | $\Delta_2$ |
|---|---|---|---|---|---|---|---|---|---|---|
| 1 | 4 | 3 | 1,83 | 1 | 1 | A | A | – | – | – |
| 2 | 1 | 1 | (0,18) | –1 | –1 | B | B | – | – | – |
| 3 | 2 | 2 | 0,65 | 1 | –1 | A | B | (2,00) | (0,04) | (0,04) |
| 4 | 2 | 3 | 1,11 | 1 | 1 | A | A | – | – | – |
| 5 | 5 | 3 | 2,18 | 1 | 1 | A | A | – | – | – |
| 6 | 3 | 2 | 1,00 | 1 | –1 | A | B | (2,00) | (0,06) | (0,04) |
| | | | | | | Soma | $\Sigma e$ | (4,00) | (0,02) | (0,01) |
| | | | | | | Soma Quad | $\Sigma e_2$ | 8,00 | | |

Observe que a amostra 2 foi classificada corretamente na classe *B*. O erro global *E* diminuiu de 12,0 para 8,0.

Quando o treinamento chega ao passo 48 (Tabela 5.7), com os pesos $w_1$ = 0,14 e $w_2$ = 0,30, a amostra 6 ainda é classificada de modo incorreto. O erro global é E = 4.0, demonstrando assim que, ao longo de todo o treinamento, o perceptron foi capaz de aprender gradativamente a classificar de maneira correta. Quando se chega ao passo (Tabela 5.8), o valor de $d_1$ da amostra 6 torna-se negativo, com pesos $w_1$ = 0,13 e $w_2$ = 0,29. Assim, o perceptron passa a classificá-la corretamente na classe B. Como não há mais valores de erro, o erro global *E* é 0 (zero), e podemos afirmar que o perceptron classifica o conjunto de parafusos nas classes corretas. Na teoria de redes neurais, esse processo está relacionado ao chamado ***teorema de convergência do perceptron***.

Tabela 5.7 – Dados do treinamento do perceptron para classificação de parafusos no passo 48

| Passo | 48 |
|---|---|

| $w_1$ | $w_2$ | $w_0$ |
|---|---|---|
| 0,14 | 0,30 | −1 |

| Amostra | $x_1$ (cm) | $x_2$ (mm) | $d_1$ | $f_1$ | $o_1$ | Atual | Alvo | $e_1$ | $\Delta_1$ | $\Delta_2$ |
|---|---|---|---|---|---|---|---|---|---|---|
| 1 | 4 | 3 | 0,47 | 1 | 1 | A | A | – | – | – |
| 2 | 1 | 1 | (0,56) | −1 | −1 | B | B | – | – | – |
| 3 | 2 | 2 | (0,11) | −1 | −1 | B | B | – | – | – |
| 4 | 2 | 3 | 0,19 | 1 | 1 | A | A | – | – | – |
| 5 | 5 | 3 | 0,62 | 1 | 1 | A | A | – | – | – |
| 6 | 3 | 2 | 0,03 | 1 | −1 | A | B | (2,00) | (0,06) | (0,04) |
| | | | | | | Soma | Σe | (2,00) | (0,01) | (0,01) |
| | | | | | | Soma Quad | Σe² | 4,00 | | |

Nessa altura do treinamento, a amostra 6 ainda é classificada de maneira incorreta na classe *A*. O erro global *E*, porém, diminuiu para 4.0.

Tabela 5.8 – Dados do treinamento do perceptron para classificação de parafusos no passo 49

| Passo | 49 |
|---|---|

| $w_1$ | $w_2$ | $w_0$ |
|---|---|---|
| 0,13 | 0,29 | −1 |

| Amostra | $x_1$ (cm) | $x_2$ (mm) | $d_1$ | $f_1$ | $o_1$ | Atual | Alvo | $e_1$ | $\Delta_1$ | $\Delta_2$ |
|---|---|---|---|---|---|---|---|---|---|---|
| 1 | 4 | 3 | 0,41 | 1 | 1 | A | A | – | – | – |
| 2 | 1 | 1 | (0,57) | −1 | −1 | B | B | – | – | – |
| 3 | 2 | 2 | (0,15) | −1 | −1 | B | B | – | – | – |
| 4 | 2 | 3 | 0,15 | 1 | 1 | A | A | – | – | – |
| 5 | 5 | 3 | 0,55 | 1 | 1 | A | A | – | – | – |
| 6 | 3 | 2 | (0,01) | −1 | −1 | B | B | – | – | – |
| | | | | | | Soma | $\Sigma e$ | – | – | – |
| | | | | | | Soma Quad | $\Sigma e^2$ | – | | |

Com os valores dos pesos indicados, o perceptron classifica corretamente todas as amostras. O erro global é igual a zero.

É possível treinar um perceptron para classificar de maneira correta qualquer conjunto de amostras? Nem sempre. Para funcionar corretamente, o perceptron deve trabalhar com classes que sejam **separáveis linearmente**. Isso significa que os padrões ou as amostras pertencentes a classes distintas devem estar suficientemente separados para que uma correta classificação seja possível. Essa característica fica evidente quando plotamos as amostras como pontos em um gráfico de eixos cartesianos. No Gráfico 5.1, em (a), temos a representação das amostras como pontos sobre os eixos que representam o comprimento e o diâmetro de cada parafuso. Os parafusos 2, 3 e 6, da classe *B*, estão situados em posição inferior em relação à dos parafusos 1, 4 e 5, da classe *A*. Em (b), vemos a representação da separabilidade linear.

Gráfico 5.1 – Distribuição das amostras de acordo com as entradas do perceptron

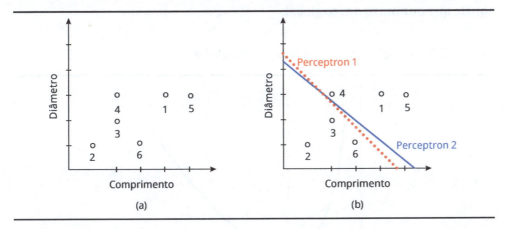

Durante o treinamento, o perceptron "procura" uma forma de separar as duas classes com uma reta. Observe que no Gráfico 5.1, em (b), dois perceptrons podem separar as duas classes. Esse exemplo permite afirmar que é possível haver infinitas retas separando as duas classes. Assim, esse problema de classificação de parafusos pode ser considerado como **separável linearmente**. Caso a amostra 2, por exemplo, pertencesse à classe *B*, o perceptron teria dificuldades em fazer a classificação, pois não seria possível separar as duas classes por meio de uma reta. Em situações como essa, o perceptron consegue convergir para um erro global mínimo, porém este não pode ser reduzido a zero.

A classificação dos parafusos em duas entradas permitiu uma verificação direta da **separabilidade linear**. Entretanto, em problemas com mais de três entradas, torna-se difícil tal visualização. Já em problemas com muitas entradas, o erro global passa a ser a medida de desempenho empregada para identificar o estado de treinamento de um perceptron.

A maneira como o conjunto de treinamento é tratada no algoritmo de aprendizagem também pode variar. A atualização dos pesos pode acontecer por **amostra**, quando, a cada amostra calculada, os pesos são atualizados, ou por **lote**, quando se calcula a variação média de todo o conjunto e depois se aplica a atualização dos neurônios (como no caso do perceptron apresentado anteriormente).

No Gráfico 5.2, a seguir, vemos a relação dos pesos com o erro global, no que se denomina *espaço de busca de pesos*. Ao longo do treinamento, os pesos são atualizados gradativamente até se obter um valor ótimo. O algoritmo de treinamento empregado nesse caso é designado também como um algoritmo de **descida de gradiente**. O valor ótimo obtido é aquele em que a rede apresentará o menor erro global. Diz-se também que o aprendizado se refere a um processo em que os valores dos pesos convergem para um valor ótimo. O valor ótimo dos pesos é aquele que minimiza o erro global.

Gráfico 5.2 – Relação dos pesos com o erro global

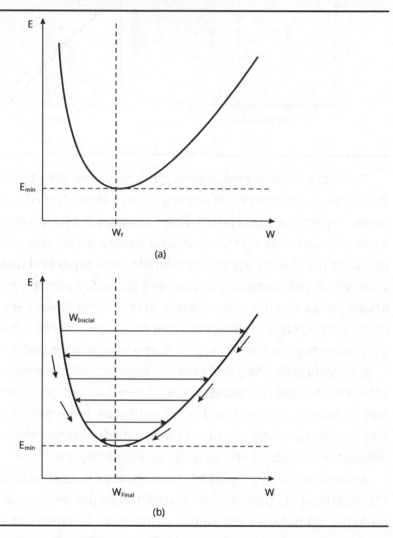

Nota: (a) relação do peso com o erro global; (b) processo de atualização dos pesos como convergência de seus valores a um valor final ótimo.

Entretanto, nem todos os espaços de busca apresentam as características presentes no Gráfico 5.2. Certos problemas podem apresentar espaços de busca que contenham mais de um mínimo. Assim, quando um valor de erro global converge para um valor mínimo que não é o mais baixo do espaço de busca, trata-se de um **mínimo local**. O valor mínimo mais baixo de um espaço de busca, por sua vez, é considerado um **mínimo global** (Gráfico 5.3).

Gráfico 5.3 – Mínimo local e mínimo global de um espaço de busca

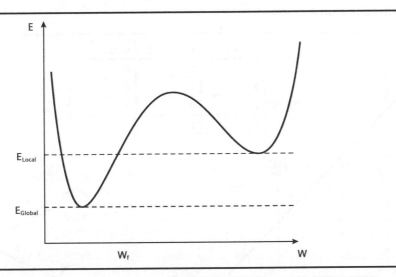

Eventualmente, uma RNA pode ficar restrita a um mínimo local. No espaço de busca representado no Gráfico 5.3, isso é evidenciado pela descida gradativa da curva do algoritmo de treinamento. No entanto, é possível fazer modificações nos algoritmos de modo a reduzir a possibilidade de o treinamento restringir-se ao mínimo local.

## 5.2
## O problema do XOR

Perceptrons podem simular o funcionamento de portas lógicas em um processador. Esse fato pode ser ilustrado por meio das operações booleanas básicas *E* (*AND*) e *OU* (*OR*), treinadas conforme mostram as Figuras 5.5 e 5.6, a seguir. A operação lógica *E*, a partir de duas entradas binárias, só pode resultar em 1 como saída se ambas as entradas tiverem valor 1. A operação lógica *OU* resulta zero somente se as duas entradas forem zero. Nos gráficos, podemos identificar a separabilidade linear existente nesses dois problemas. Há condições de traçar uma reta que separe com facilidade as classes representadas pelas saídas 0 e 1.

Figura 5.5 – Operação booleana *E* executada por um perceptron com duas entradas e uma saída

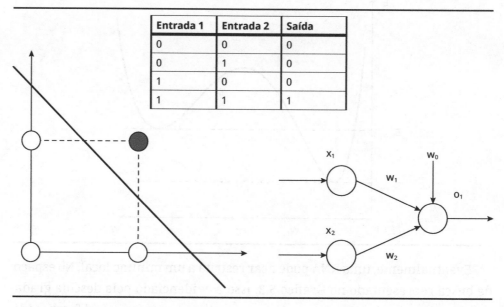

Nota: É possível separar as duas classes de resultados (0 e 1), com uma reta, portanto, os perceptrons com duas entradas e uma saída podem aprender a executar a operação booleana *E*.

Figura 5.6 – Operação booleana *OU* executada por um perceptron com duas entradas e uma saída

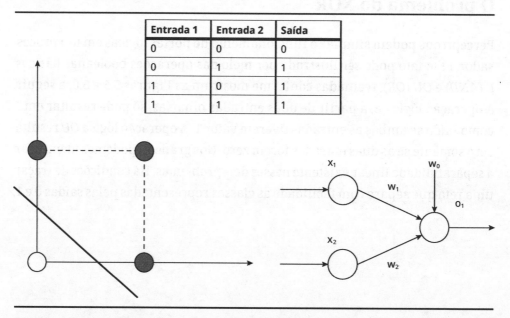

Nota: É possível separar as duas classes de resultados (0 e 1), com uma reta, portanto, os perceptrons com duas entradas e uma saída podem aprender a executar a operação booleana *OU*.

No caso da operação lógica XOR, que tem para entradas iguais saída 1 e para entradas diferentes saída 0 (zero), o perceptron simples não consegue aprender a tarefa. Podemos compreender o motivo disso analisando a Figura 5.7, pois ela revela que não é possível traçar uma reta que separe as classes 0 e 1 nessa operação. Portanto, o problema do XOR é não linear. Esse é um dos problemas assinalados por Minsky e Papert (1969, citados por Haykin, 2001), que mostravam as limitações do perceptron simples para tratar problemas mais complexos.

Figura 5.7 – Operação XOR submetida a um perceptron com duas entradas e uma saída

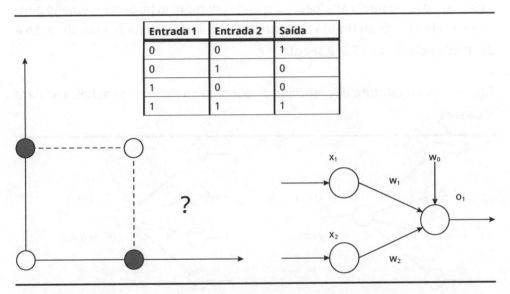

Nota: Não é possível separar as duas classes de resultados (0 e 1), com uma reta, portanto, os perceptrons com duas entradas e uma saída não podem aprender a executar a operação XOR.

O problema do XOR só pode ser resolvido caso se inclua uma camada oculta no perceptron, como é possível verificar na Figura 5.8.

Figura 5.8 – Operação XOR executada por um perceptron com camada oculta

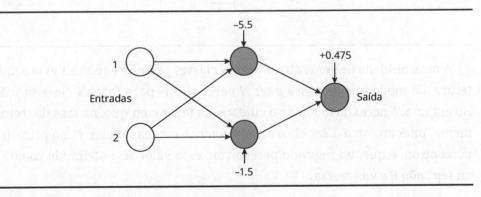

Nota: Os valores com as setas são pesos fixos (bias).

Introdução a redes neurais artificiais

## 5.3
## Treinamento para mais classes

O exemplo da classificação dos parafusos permitiu visualizarmos como aplicar um perceptron simples a apenas duas classes. Nos casos em que o problema exigir mais de duas classes, a arquitetura do perceptron precisa ser alterada. Uma maneira de fazer isso é adaptar um perceptron para cada classe a ser treinada em um conjunto de amostras. Por exemplo, em vez de utilizar um perceptron para o problema de classificação dos parafusos definindo a saída +1 para a classe A e a saída −1 para a classe B, podemos utilizar dois perceptrons: o primeiro pode ser treinado para que a saída +1 seja atribuída à classe A e −1, à classe *não A*. De modo análogo, o segundo perceptron pode ser treinado para que a saída +1 seja atribuída à classe B, e a −1, à classe *não B*. Essa situação é ilustrada pela Figura 5.9, a seguir.

Figura 5.9 – Arquitetura diferenciada do perceptron simples, generalizável para N classes

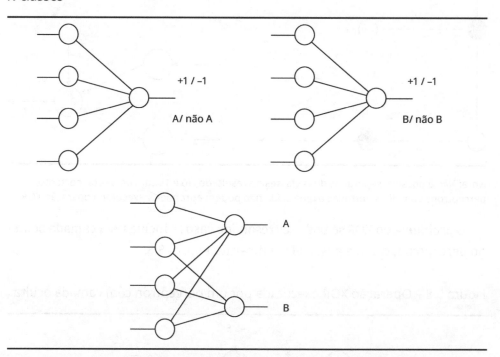

A possibilidade de generalizar para N classes permite expandir essa arquitetura, de modo que se passa a ter N perceptrons para fazer a classificação. No entanto, é necessário tomar o cuidado de fazer com que, na fase de treinamento, uma amostra a ser classificada como A receba o valor +1 no primeiro perceptron, e que, no segundo perceptron, esse valor seja atribuído como −1, ou seja, *não B* e vice-versa.

## 5.4
## ADAptative LINEar element (Adaline)

Outro modelo de rede neural é o ADAptative LINEar element (Adaline), que foi proposto por Widrow e Hoff (1960). De modo similar ao do perceptron simples, a rede Adaline consistia de uma camada de entrada e outra de saída. Apesar da semelhança, a diferença básica está na ausência de uma função de limiar ou ativação no Adaline (Simpson, 1990). Por causa disso, na Adaline o neurônio é do tipo **linear** (Figura 5.10), ao passo que no perceptron simples ele é não linear. O treinamento do Adaline considera o algoritmo LMS para a minimização do erro entre as saídas desejadas e calculadas. A rede Adaline é utilizada para aplicações que envolvam controle, reconhecimento de padrões e regressão.

Figura 5.10 – Arquitetura de uma rede Adaline

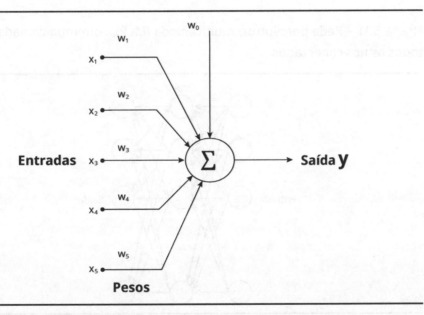

Nota: A saída y é o somatório dos valores de entrada x ponderados pelos pesos w.

Há também a rede neural Multiple Adaline (**Madaline**), composta de várias redes Adaline (Simpson, 1990), que utilizam o algoritmo LMS para o aprendizado de vários tipos de saídas, de maneira análoga à generalização do perceptron simples para várias classes.

## 5.5 Perceptron multicamada

O perceptron multicamada diferencia-se do perceptron simples por incluir camadas ocultas na RNA. Com a inclusão de camadas ocultas, o número de pesos ou sinapses aumenta consideravelmente (Figura 5.11). A consequência disso é a possibilidade de se melhorar o mapeamento das entradas e das saídas. Um perceptron simples trabalha de forma linear, e o multicamada, por sua vez, tem condições de lidar com conjuntos de treinamento de modo que os padrões a serem treinados tenham separabilidade **não linear**.

A arquitetura com camadas ocultas requer algoritmos de aprendizagem que contemplem a atualização dos pesos relacionados às camadas internas. O processo de ativação acontece primeiramente nas camadas ocultas, e só depois chega à camada de saída. A retroalimentação do erro também é feita nos pesos que conectam a(s) camada(s) oculta(s).

Figura 5.11 – Rede perceptron multicamada (MLP), com uma camada oculta e todos os nós conectados

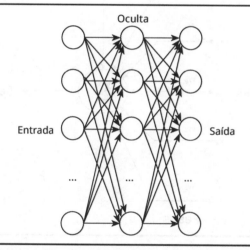

A dinâmica do perceptron multicamada envolve o processamento de dois tipos de sinais (Figura 5.12) que se propagam pela rede (Haykin, 2001):

1. **Sinal funcional** – É o sinal apresentado à camada de entrada que se refere aos atributos do vetor de amostras; propaga-se sempre adiante ao longo da rede, nó por nó, ativando os neurônios até a camada de saída.
2. **Sinal de erro** – Tem origem em um neurônio da camada de saída, porém, propaga-se para trás ao longo da rede, ajustando os valores dos pesos ou das sinapses.

Figura 5.12 – Representação do sinal funcional e do sinal de erro

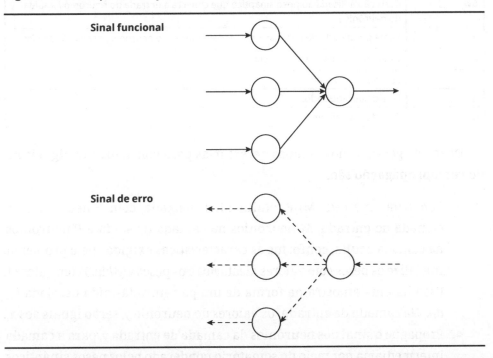

O **algoritmo de retropropagação** para o perceptron multicamada envolve a notação mostrada no Quadro 5.1, a seguir. O algoritmo envolve o processo chamado ***descida de gradiente***. Esse processo tem o objetivo de calcular o gradiente local do erro (a direção para onde tende a crescer o valor do erro médio calculado), utilizando-o para corrigir os pesos sinápticos em direção contrária à do gradiente, em busca do erro mínimo local.

Quadro 5.1 – Descrição das variáveis nas fórmulas correspondentes ao algoritmo de retropropagação do percetpron multicamada

| Variável | Descrição |
| --- | --- |
| i, j, k | Índices para os neurônios. Usando a notação em que o sinal funcional se propaga da esquerda para a direita, o neurônio *i* está em uma camada mais à esquerda; o índice *j* denota os neurônios *j* nas camadas ocultas; o índice *k* refere-se aos neurônios na camada de saída. |
| E | Soma dos erros quadráticos. |
| $e_j$ | Sinal de erro na saída do neurônio *j*. |
| $d_j$ | Sinal desejado no neurônio de saída *j*. |
| $y_j$ | Sinal funcional que aparece na saída do neurônio *j*. |
| $x_j$ | Sinal da amostra apresentada no neurônio *j* da camada de entrada. |
| $w_{ji}$ | Peso sináptico que conecta a entrada do neurônio *i* à saída do neurônio *j*. |

*(continua)*

*(Quadro 5.1 – conclusão)*

| Variável | Descrição |
|---|---|
| Δw$_{ji}$ | Correção aplicada ao peso sináptico que conecta a entrada do neurônio *i* à saída do neurônio *j*. |
| v$_j$ | Soma ponderada de todas as entradas sinápticas no neurônio *j* acrescida do *bias*. |
| Δ$_j$ | Gradiente local para o neurônio *j*. |
| f | Função de ativação. |
| η | Taxa de aprendizado. |
| α | Taxa de *momentum*. |

De forma geral, as nove etapas necessárias para construir um **algoritmo de retropropagação** são:

1. Construa uma rede MLP totalmente conectada, com *N* neurônios na camada de entrada, *M* neurônios na camada de saída e *P* neurônios na camada oculta, conforme as características exigidas pelo problema.
2. Inicialize os pesos com valores aleatórios e os pesos $w_0$ (*bias*) com valor +1.
3. Escolha uma amostra na forma de um par entrada-saída desejada ($x_i$, $d_i$). Na camada de entrada, os valores do neurônio $y_i$ serão iguais aos $x_i$.
4. Propague o sinal dos neurônios da camada de entrada $y_i$ para a camada intermediária por meio do somatório ponderado pelos pesos sinápticos $w_{ji}$ para calcular $v_j$ (também chamado de *campo local induzido*) e utilize a função de ativação para calcular os valores de entrada $y_j$ para a camada intermediária, de acordo com as fórmulas:

$$v_j = \sum_{i=0}^{N} w_{ji} y_i$$

e

$$y_j = f(v_j)$$

Uma função bastante utilizada para perceptrons multicamada é a **função sigmoide**, que tem um comportamento mais "suave" do que a função degrau utilizada no exemplo do perceptron simples. A função degrau apresenta apenas duas opções (+1 ou –1), já a função sigmoide calcula valores infinitos, dependendo do argumento da função. Assim, a função degrau é uma função **discreta**, e a função sigmoide é considerada uma função **contínua**. O Gráfico 5.4, a seguir, oferece uma representação dessa função.

Gráfico 5.4 – Função de ativação sigmóide

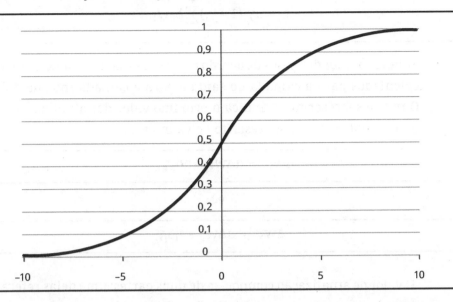

A fórmula da função sigmoide[5] é:

$$f(v_j) = \frac{1}{1+e^{-av_j}}, a > 0$$

5. Propague o sinal dos neurônios da camada intermediária $y_j$ para a camada de saída, por meio do somatório ponderado pelos pesos sinápticos $w_{kj}$ para calcular o campo local induzido $v_k$, utilizando a função sigmoide para calcular os valores de entrada $y_k$ para a camada de saída:

$$v_k = \sum_{j=0}^{P} w_{kj} y_j$$

e

$$y_k = f(v_k)$$

6. Calcule o gradiente local para os neurônios da camada de saída Δk, de acordo com a fórmula (no caso de utilizar a função sigmoide):

$$\delta_k = ay_k(d_k - y_k)(1 - y_k)$$

7. Calcule o gradiente local para os neurônios da camada intermediária Δj, conforme a fórmula:

Introdução a redes neurais artificiais

$$\delta_j = ay_j(1-y_j)\sum_{k=0}^{M}\delta_k w_{kj}$$

8. Atualize o valor dos pesos de acordo com os valores dos gradientes locais calculados para a camada de saída e para a camada intermediária. O índice sobrescrito *t+1* indica o próximo valor das atualizações dos pesos, sendo o índice sobrescrito *t* o valor atual.

$$\Delta w_{kj}^{t+1} = \alpha \Delta w_{kj}^{t} + \eta \delta_k y_k$$

e

$$\Delta w_{ji}^{t+1} = \alpha \Delta w_{ji}^{t} + \eta \delta_j y_i$$

O valor de atualização compõe-se de duas partes: uma delas referente ao valor atual do peso, multiplicado pela taxa de momento α; e outra referente à modificação calculada pelo gradiente local, multiplicada pela taxa de aprendizagem η. Os pesos sinápticos devem ser atualizados, então, pelas fórmulas:

$$w_{kj}^{t+1} = w_{kj}^{t} - \Delta w_{kj}^{t}$$

e

$$w_{ji}^{t+1} = w_{ji}^{t} - \Delta w_{ji}^{t}$$

9. Retorne ao passo 3 e escolha outro par entrada-saída. Quando todos os pares forem apresentados à rede, podemos afirmar que uma época de treinamento foi alcançada. Dessa forma, refaz-se o processo para várias épocas, até que o valor global de erro alcance um número que possibilite atribuirmos a classificação ótima à rede MLP. O erro global pode ser calculado pela fórmula seguinte, em que *C* indica o somatório para todas as amostras apresentadas ao perceptron multicamada:

$$E = \frac{1}{2}\sum_C e_k^2 = \frac{1}{2}\sum_C (d_k - y_k)^2$$

Figura 5.12 – Propagação do sinal funcional à frente na rede MLP, partindo da entrada e passando pela ativação até chegar à camada de saída

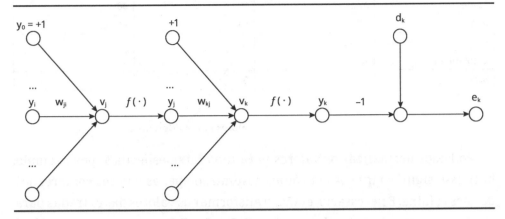

Fonte: Haykin, 2001, p. 192.

O processo do algoritmo de retropropagação foi descrito com a utilização de uma camada intermediária, mas pode ser estendido para o caso de a rede ter mais camadas ocultas.

## 5.6
## Normalização

A utilização do perceptron multicamada para vários tipos de problema requer que os valores dos neurônios das camadas de entrada e saída sejam modificados de modo a trabalharem em uma faixa específica, que facilite a codificação do algoritmo e evite possíveis erros relacionados a *overflow* de variáveis.

Para ilustrar esse procedimento, utilizaremos como exemplo o processo de segmentação de investidores de um banco. Na Tabela 5.9, temos a descrição de algumas variáveis que podem ser utilizadas para segmentar clientes. Podemos notar pela faixa de valores que elas podem assumir números muito distintos. Ao passo que um valor para o prazo de investimento chega a atingir um máximo de 35, a faixa para a variável renda pode chegar a 30.000. Quando alimentamos a camada de entrada da rede MLP, precisamos fazer com que a rede entenda tais valores como se pertencessem a uma faixa específica. Isto é conseguido por meio da **normalização**.

Tabela 5.9 – Variáveis utilizadas na segmentação de clientes investidores

| Variável | Medida | Mínimo | Máximo |
|---|---|---|---|
| Idade | Anos | 10 | 60 |
| Renda | R$ | R$ 0 | R$ 30.000 |
| Prazo de investimento | Meses | 1 | 36 |
| Escolaridade | – | 0 | 3 |
| Sexo | – | 0 | 1 |

**Valores muito diferentes!**

Podemos normalizar os valores para uma faixa específica, por exemplo, [0,1]. Isso significa que os neurônios assumirão apenas valores compreendidos nessa faixa. É necessário, então, transformar os valores das entradas para que eles se situem dentro dessa faixa. O Quadro 5.2 mostra como a variável *renda* pode ser normalizada. O valor mínimo que a variável pode apresentar é 0 (zero); nesse caso, o neurônio assumirá o valor "0". O valor máximo que ele poderá assumir será 30.000; esse número corresponderá ao valor do neurônio "1". Esse tipo de normalização pode ser calculado por regra de três simples. No caso de um valor qualquer – digamos, 5.000 –, o cálculo mostra que, na proporção da faixa normalizada [0,1], o valor correspondente será de 0,16. A Tabela 5.10 traz mais alguns exemplos, que já indicam como expressar a fórmula a ser utilizada pelo algoritmo de treinamento.

Quadro 5.2 – Normalização para a variável renda

| | Diagrama | Cálculo |
|---|---|---|
| **Exemplo** | 30.000 — 1<br><br>5.000 — 0,16<br><br>0 — 0 | 1. Toma-se o valor atual da renda (digamos, 5.000)<br>2. Calcula-se a diferença 5.000 – 0 (0 é o valor mínimo) = 5.000<br>3. Divide-se o valor obtido pelo resultado da subtração 30.000 – 0 (máximo – mínimo) = 30.000<br>4. 5.000/30.000 = **0,16** |

*(continua)*

*(Quadro 5.2 – conclusão)*

| | Diagrama | Cálculo |
|---|---|---|
| **Mínimo** | 30.000 — 1<br><br>0 — 0 | 1. Quando o valor é o mínimo: 0 – 0 = 0<br>2. Divide-se o valor obtido pelo resultado da subtração (máximo – mínimo) = 30.000 – 0 = 30.000<br>3. 0/30.000 = **0** |
| **Máximo** | 30.000 — 1<br><br>0 — 0 | 1. Quando o valor é o máximo: 30.000 – 0 = 30.000<br>2. Divide-se o valor obtido pelo resultado da subtração (máximo – mínimo) = 30.000 – 0 = 30.000<br>3. 30.000/30.000 = **1** |

Tabela 5.10 – Cálculo do valor normalizado da variável renda para alimentar a rede neural

| Valor | Cálculo | Valor da entrada do neurônio |
|---|---|---|
| 7.500 | (7.500 – 0)/(30.000 – 0) | 0,25 |
| 15.000 | (15.000 – 0)/(30.000 – 0) | 0,5 |
| 23.750 | (23.750 – 0)/(30.000 – 0) | 0,79 |
| 29.000 | (29.000 – 0)/(30.000 – 0) | 0,97 |

0 ←——————→ 1

Podemos generalizar o cálculo necessário para a normalização por meio da seguinte fórmula:

$$X_{normalizado} = \frac{X_{entrada} - X_{min}}{X_{max} - X_{min}}$$

Introdução a redes neurais artificiais

Nessa fórmula, $x_{entrada}$ é o valor de entrada do neurônio; $x_{min}$ e $x_{max}$ são, respectivamente, os valores mínimo e máximo a serem assumidos, considerando o conjunto das amostras a serem treinadas; e *xnormalizado* é o resultado que alimentará a camada de entrada da rede.

---

### DEEP LEARNING × MACHINE LEARNING

Um dos paradigmas mais pesquisados atualmente em RNA está relacionado ao conceito de *deep learning* ("aprendizado profundo"). O objetivo primário dessa abordagem focaliza no aprendizado de representações apropriadas dos dados de forma que poderiam ser utilizados para delinear conclusões. O termo *deep* refere-se à possibilidade de haver aprendizagem hierarquizada de conceitos diretamente dos dados. A ideia central é desenvolver um sistema cujo funcionamento se aproxime da maneira como os seres humanos aprendem a partir de dados brutos.

Quando uma criança aprende a distinguir animais com base em exemplos, o processo de aprendizado não acontece primeiramente pela apreensão de características determinadas, tais como se apresenta bigode, pelo ou cauda. O ser humano aprende a representar os dados a partir dos próprios dados. Além disso, eles organizam os conceitos aprendidos por meio de uma hierarquia, de modo que as noções mais complexas são expressas com base em conceitos primitivos. O *deep learning* aproxima-se desse tipo de abordagem.

O conceito de *deep learning* se distancia do conceito de *machine learning* ("aprendizado de máquina"), pelo fato de que o objetivo deste é buscar uma função matemática capaz de predizer o comportamento dos dados com um grau requerido de precisão. A limitação principal dos algoritmos de *machine learning* reside na aplicação destes a novos problemas, que vão requerer uma massiva engenharia de características. Em suma, a verdadeira inteligência de *machine learning* está na identificação de características, e o que esse tipo de algoritmo faz é o simples aprendizado sobre como combinar tais características para chegar a uma conclusão correta. *Deep learning* tem o objetivo de tornar essa engenharia de características mais automatizada.

Para alcançar seu objetivo, o *deep learning* abrange o estudo de uma série de técnicas e algoritmos de RNA, aprofundando conceitos de redes neurais alimentadas à frente (*feed forward*), camadas de entrada, ocultas e de saída, função custo, envolvendo o uso de outros tipos de redes tais como redes convolutivas (Convolutional Neural Networks-CNN), redes neurais recorrentes (Recurrent Neural Networks-RNN), descida estocástica de gradiente (Stochastic Gradient Descent). Tais técnicas estão também aliadas ao uso de *hardware* contendo unidades de processamento gráfico (Graphical Processing Units-GPU) e computação baseada em GPU como tecnologia central para possibilitar o *deep learning* (Ketkar, 2017).

## Síntese

Neste capítulo, abordamos as RNAs, resultantes da linha de pesquisa conexionista, que investiga o modo como os neurônios se conectam em uma rede neural e, assim, trocam informações entre si para resolver problemas como o reconhecimento de padrões. As propriedades de uma rede neural incluem: não linearidade, mapeamento entrada-saída, adaptabilidade, resposta a evidências e tolerância a falhas.

As RNAs dependem da quantidade de camadas de entrada, ocultas ou de saída; da quantidade de neurônios por camada; do tipo de função de transferência e do método de treinamento. No decorrer do capítulo, constatamos que elas podem aprender de diversas formas: por correção de erros, com base em memória, por aprendizagem hebbiana, por aprendizagem competitiva ou por aprendizagem de Boltzmann. Além disso, sua aprendizagem pode ser ou não supervisionada. As RNAs podem executar diferentes tarefas, como reconhecimento, associação de padrões, aproximação de funções, controle e filtragem.

Um modelo clássico de RNA é o perceptron. O treinamento de um perceptron exige a definição de uma taxa de aprendizagem. Seu algoritmo básico de treinamento consiste em calcular o erro e propagá-lo retroativamente ao longo da rede, de forma a atualizar os valores das sinapses. Um perceptron sempre aprenderá corretamente duas classes, desde que elas sejam separáveis linearmente. Como visto, o valor ótimo dos pesos de um perceptron é aquele que minimiza o erro global. Recorrendo ao problema do XOR, demonstramos que certas restrições do perceptron simples original estudado por Rosenblatt podem ser resolvidas adicionando-se camadas ocultas e convertendo-o em um perceptron multicamadas.

Ainda, explicitamos que o algoritmo de treinamento de um perceptron multicamadas é denominado *algoritmo de retropropagação*. Geralmente, adotamos como função de transferência para um perceptron desse tipo a função *sigmoide*.

Abordamos também outro tipo de rede neural, a Adaline, que é similar ao perceptron, porém apresenta saída linear, sem a presença de uma função de ativação como a do perceptron.

Por fim, concluímos que a normalização é um passo importante adotado antes de fazer o treinamento de uma RNA.

## Questões para revisão

1. O que são *redes neurais artificiais*?
2. Quais são as propriedades das redes neurais artificiais?

3. Que elementos constituem uma rede neural artificial?
4. Como se faz o treinamento de uma rede neural artificial?
5. Explique a capacidade de generalização de uma rede neural artificial.
6. O que é *perceptron*?
7. Quais são os passos a serem seguidos para o treinamento de um perceptron?
8. O que significa *taxa de aprendizado*?
9. Como é feita a soma ponderada das entradas e dos pesos?
10. O que é *função de ativação*?
11. Como é feito o cálculo do erro?
12. Por que se afirma que um conjunto de amostras é separável linearmente?
13. Analise o seguinte conjunto de amostras e verifique se um perceptron pode classificá-los:

| $X_1$ | $X_2$ | Classe |
|---|---|---|
| 1 | 1 | A |
| 0 | 2 | A |
| 4 | 3 | B |
| 5 | 4 | B |
| 1 | 0 | A |
| 6 | 4 | B |

14. O que é *camada oculta*?

15. Analise o diagrama de uma rede neural do tipo perceptron da figura a seguir.

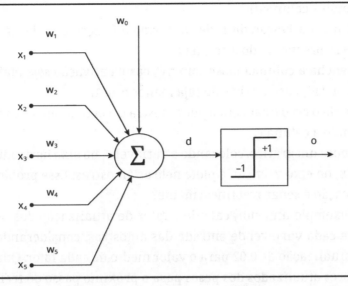

Agora, assinale com (V) as afirmações verdadeiras e com (F) as afirmações falsas:
( ) A rede neural em questão representa um perceptron simples.
( ) A função de ativação opera na faixa [0,1].
( ) O valor do somatório, representado pela variável *d*, é a soma ponderada das entradas *x* pelos pesos *w* mais o peso de desvio $w_0$, ou seja, d = $x_1w_1$ + $x_2w_2$ + $x_3w_3$ + $x_4w_4$ + $x_5w_5$ + $w_0$.
( ) A rede neural representada tem 5 entradas e 2 saídas.
( ) A saída *o* apresenta ou valor –1 ou valor +1.

16. Considere que uma rede perceptron simples, com duas entradas e uma saída, sem camada oculta, apresenta valores de pesos e amostras conforme as tabelas a seguir:

| $w_1$ | $w_2$ | $w_0$ |
|---|---|---|
| 0.45 | 0,10 | –1 |

| Amostra | $x_1$ | $x_2$ | d | f | o | Classe | e |
|---|---|---|---|---|---|---|---|
| 1 | 8 | 3 | | | 1 | | |
| 2 | 1 | 1 | | | –1 | | |
| 3 | 4 | 2 | | | –1 | | |
| 4 | 2 | 1 | | | 1 | | |

Introdução a redes neurais artificiais

a) Calcule a soma ponderada das amostras, ou seja, a alimentação da rede a partir dos valores dos neurônios de entrada das amostras (preenchendo a coluna *d*).

b) Calcule a ativação da rede conforme a função de ativação quadrada (–1;+1), preenchendo a coluna *f*.

c) Preencha a coluna *Classe* com "A", caso a ativação seja maior ou igual a 1, ou "B", caso a ativação seja menor que 1.

d) Calcule o erro quadrático por amostra e o erro quadrático total, preenchendo a coluna *e*.

e) Elabore um gráfico, colocando a variável $x_1$ no eixo horizontal e a variável $x_2$ no eixo vertical, e plote nele as amostras. Esse problema de classificação é separável linearmente?

f) No exemplo anterior, calcule o fator de atualização dos pesos (delta) para cada variável de entrada das amostras, considerando uma taxa de atualização de 0,02 para o valor médio de cada fator. Quais serão os valores atualizados dos pesos para o próximo passo do treinamento?

17. Faça o que foi solicitado no exercício anterior, porém com uma taxa de atualização de 0,01. De acordo com os valores obtidos para os pesos, é possível inferir que a rede convergirá mais lentamente?

18. Caso o perceptron anterior contenha uma camada oculta com 1 neurônio, quantos pesos haverá? E com 2 neurônios?

# INTRODUÇÃO A ALGORITMOS GENÉTICOS

As pesquisas em inteligência artificial (IA) na linha evolucionária partem da observação de mecanismos evolutivos da natureza – incluindo auto-organização e comportamento adaptativo. Os modelos mais conhecidos de algoritmos evolucionários são os algoritmos genéticos (AGs), a programação genética e as estratégias evolucionárias.

Os AGs, nas palavras de Linden (2012, p. 46), são definidos como

> técnicas heurísticas de otimização global. [...]. Definindo de outra maneira, [...] são algoritmos de busca baseados nos mecanismos de seleção natural e genética. Eles combinam a sobrevivência entre os melhores com uma forma estruturada de troca de informação genética entre dois indivíduos para formar uma estrutura heurística de busca.

A característica central do AG é perfazer uma varredura de um espaço de soluções, buscando aquelas que estejam próximas da solução ótima, utilizando a metáfora da evolução natural para executar as etapas de seu processamento (Linden, 2012). Nesse sentido, um AG executa um processo de **otimização** na busca de uma solução. Trata-se de interessante alternativa na abordagem de soluções de problemas considerados intratáveis[1].

[1] "Um problema é considerado intratável se o tempo necessário para resolver instâncias do problema cresce exponencialmente com o tamanho das instâncias." (Russel; Norvig, 2004, p. 10).

Os AGs podem ser aplicados na resolução de problemas em uma série de áreas, tais como planejamento e controle, programação automática, descoberta de estratégias em *games*, previsão e ainda descoberta de identidades matemáticas (Koza, 1992, p. 9-16).

Azevedo, Brasil e Oliveira (2000, p. 36) afirmam ainda que os AGs

> fazem parte da classe correspondente aos métodos probabilísticos de busca e otimização, apesar de não serem aleatórios. [...] usam o conceito de probabilidade, mas não são simples buscas aleatórias. Pelo contrário, [...] tentam direcionar a busca para regiões onde é provável que os pontos ótimos estejam.

Um AG pode ser considerado como um algoritmo "de **busca em feixe estocástica**, na qual os estados sucessores são gerados pela combinação de dois [ou mais] estados pais, em vez de serem gerados pela modificação de um único estado" (Russell; Norvig, 2004, p. 115, grifo nosso). Temos assim uma analogia com a seleção natural proveniente da biologia.

A busca em feixe se deve ao uso de uma população inicial gerada aleatoriamente, que evolui ao longo das gerações (iterações do algoritmo). A produção de uma nova população é avaliada pela **função *objetivo***, ou função de *fitness*, a qual gera a nova população priorizando os estados melhores (Russell; Norvig, 2004).

O AG vem se firmando como técnica de busca, e isso se deve, segundo Azevedo, Brasil e Oliveira (2000), principalmente a quatro fatores:

1. apresenta aspectos operacionais bastante simples;
2. permite implementação com codificação de baixa complexidade;
3. tende a ser eficaz prospectando o espaço de estados onde o máximo global tem maior probabilidade de ser encontrado; e
4. pode ser utilizado na abordagem exploratória de problemas dos quais se tenha pouco ou nenhum conhecimento do modelo, ou cujo conhecimento ainda seja impreciso.

Em virtude de suas características, os AGs fazem parte dos métodos probabilísticos de busca e otimização. Eles recorrem ao conceito de probabilidade, mas não são considerados simples buscas aleatórias. Ao contrário, direcionam a busca para regiões onde é mais provável encontrar uma solução ótima. Segundo Azevedo, Brasil e Oliveira (2000), estes são os principais pontos em que os AGs diferem das técnicas de busca convencionais:

- em razão da busca em feixe estocástica, varrem uma população de vários candidatos a soluções, e não apenas um candidato;
- fazem busca cega, exigindo somente conhecimento da função *objetivo* avaliada para os candidatos a solução, sem requerer nenhuma informação adicional;
- quanto às suas etapas, os AGs contêm operadores estocásticos ou probabilísticos, e não regras determinísticas; e
- as informações das gerações predecessoras são acumuladas, e não memorizadas.

De forma geral, segundo Gomez (2005, p. 3, grifos do original), o AG segue os seguintes passos em sua execução:

1. Cria uma **população** aleatória de candidatos a solução (*pop*).
2. Enquanto as condições de terminação não são satisfeitas: (cada iteração e **geração**):
   a. Cria uma nova população vazia (*new-pop*).
   b. Enquanto *new-pop* não estiver completa:
      I. **Selecione** dois indivíduos aleatoriamente de *pop* (*dando preferência na seleção aos indivíduos mais* **fit**).
      II. **Cross-over** os dois indivíduos para obter dois novos indivíduos.
   c. Dá a cada membro de *new-pop* a chance de **mutate**.
   d. Substitui *pop* com *new pop*.
5. Seleciona o indivíduo da população com a melhor **fitness** como a solução do problema.

Gomez (2005, p. 5, grifo do original), em uma explanação que se assemelha bastante à linguagem da biologia, complementa:

> A **população** é a coleção de candidatos a soluções que se estão considerando durante o uso do algoritmo. Pelas gerações do algoritmo, novos membros "nascem" na população enquanto outros "morrem" (saem da população).
> Uma simples solução na população é referenciada como um **indivíduo**. A adaptação ou adequação (**fitness**) de um indivíduo é uma medida de quão "boa" é a solução representada pelo indivíduo. Quanto melhor a solução, maior será a sua adaptação. É claro que isto depende do problema a ser resolvido.

Os indivíduos que fazem parte de um AG precisam ser codificados de um modo que simbolize o espaço possível de indivíduos que caracterizam o problema. Essa codificação é feita por meio de **cromossomos**. Estes constituem a tradução das características do indivíduo para o **alfabeto** utilizado pelo AG. Podemos concluir, então, que um cromossomo é uma sequência de *bits*, sendo, portanto, constituído por **genes**, cada um dos quais se refere a um *bit* (Linden, 2012). O alfabeto geralmente empregado para representar os algoritmos é a codificação binária (0 e 1). Além disso, um cromossomo tem comprimento fixo, medido em *bits* ou **genes**.

Os operadores mais comuns utilizados nos AGs para criar novos indivíduos ao longo das gerações são:

- seleção;
- cruzamento ou *crossover*;
- mutação.

O processo de **seleção** é análogo à sobrevivência dos mais adaptados no mundo natural. Indivíduos mais aptos (dotados de melhor *fitness*) são selecionados para "procriação". Utiliza-se, assim, um critério de maior probabilidade de cruzamento que priorize os que demonstram maior capacidade de *fitness*.

Um dos métodos mais utilizados para efetuar a seleção é o da **roleta viciada** ou **roleta ponderada**. Esse método aumenta a probabilidade de que um indivíduo de maior *fitness* seja escolhido em detrimento de outro elemento, que demonstre menor capacidade de *fitness*. Isso não quer dizer que os indivíduos dotados de menor fitness não passem para a próxima geração, mas que a probabilidade de integrarem a nova geração é reduzida.

O *crossover* ou **cruzamento** ocorre pela combinação de duas soluções, com o objetivo de criar dois novos indivíduos. Tal cruzamento tende a formar novos indivíduos que apresentam as características dos "pais", com a possibilidade de demonstrar melhor *fitness*. O *crossover* atua considerando dois indivíduos pais que assumem um ponto de corte em seus cromossomos e intercalam suas partes, resultando assim em novos indivíduos. AGs podem ter pontos de corte fixos ou aleatórios ao longo das gerações.

Durante cada geração, existe uma pequena chance de que um indivíduo que integra uma população sofra **mutação**. Esta, ao embutir no AG uma variação totalmente aleatória, muda levemente as características do indivíduo. De acordo com uma taxa que é especificada no algoritmo, alguns genes dos cromossomos são escolhidos de forma randômica e alterados para outros valores permitidos pelo alfabeto do cromossomo.

O **tamanho da população** é outra variável a se considerar. Quanto maior a população, maior a quantidade de soluções possíveis, o que significa maior variação populacional. A diversidade de variações permite que se apresentem melhores soluções, mais próximas da solução ótima. Por esse motivo, a população deve ser a maior possível. Diante desse aspecto, deve-se considerar que o tamanho da população é limitado pelo **tempo** que o AG leva em sua execução e pela quantidade de **memória** necessária para armazenar a população.

> QUAL É A MELHOR FORMA DE TERMINAR A EXECUÇÃO DO AG?
> A abordagem mais simples é executar o algoritmo de busca ao longo de um número fixo de gerações – quanto mais gerações, melhor. Outra abordagem é encerrar o algoritmo se, depois de passadas algumas gerações, o indivíduo mais adaptado da população não obtiver nenhuma melhora, ou seja, se a variação dos melhores indivíduos obtidos entre os que são criados novamente for mínima. Dessa forma, adotar um limiar de variação pode reduzir o número de gerações na execução de um AG.

Outros operadores podem ser encontrados na literatura sobre AG. Um deles, que pode ser utilizado em conjunto com os três vistos até aqui, é o **elitismo**. Por meio deste, um ou mais indivíduos podem ser selecionados e passar diretamente à nova população, sem sofrer *crossover* nem **mutação**. Esse operador visa preservar o genoma e não degradar o processo de busca ao se misturar com aqueles que tiveram melhor *fitness*, o que resultaria em menor avaliação nas gerações seguintes. Geralmente, a introdução do operador de elitismo[2] melhora em muito o desempenho do AG (Linden, 2012).

## 6.1
## Exemplo de aplicação de AG

Bons exemplos para entender a execução de um AG são aqueles nos quais se conhece a solução ótima ou ideal. Problemas matemáticos aos quais se pode aplicar métodos determinísticos de resolução com poucas variáveis são perfeitos para o entendimento de um AG. Entretanto, é importante ressaltar que a maioria dos problemas reais contém uma diversidade muito grande de variáveis e são intratáveis – um cenário em que o uso de AG se faz realmente robusto.

O exemplo de otimização que utilizaremos será encontrar o máximo de uma equação quadrática de duas variáveis. A solução para esse problema pode ser encontrada facilmente pelo cálculo diferencial matemático. Vamos utilizar a seguinte equação:

[2] O operador de elitismo se assemelha, de certa maneira, com a introdução do termo *momentum* no algoritmo de descida de gradiente das redes neurais artificiais (RNA).

$$f(x,y) = 2 - (x - 2)^2 - (y - 3)^2$$

Sabemos de antemão que o valor máximo dessa equação se encontra no ponto x = 2 e y = 3, com f(x,y) = 2. O Gráfico 6.1, a seguir, representa visualmente o ponto de máximo que se pode obter.

Gráfico 6.1 – Representação no plano espacial da equação $f(x,y) = 2 - (x - 2)^2 - (y - 3)^2$, com o ponto de máximo em x = 2 e y = 3, com f(x) = 2

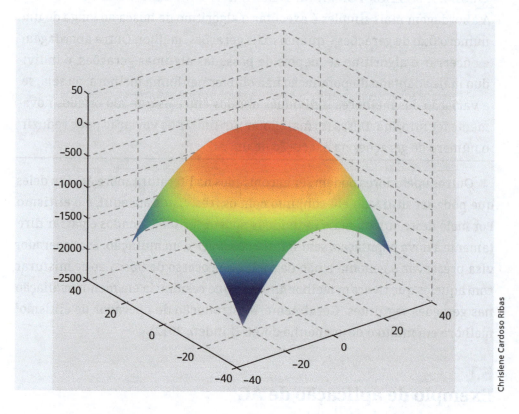

A seguir, detalharemos esse exemplo em uma sequência de 11 passos:

- **Passo 1** – Criamos um AG capaz de obter esse ponto de máximo como solução, de modo que a expressão em *f(x,y)* seja a própria **função objetivo** ou *fitness*.
- **Passo 2** – Definimos o cromossomo com o qual geraremos os indivíduos para o AG. Para isso, devemos determinar qual faixa de valores as variáveis *x* e *y* vão assumir. Suponhamos que as variáveis *x* e *y* devam ficar no intervalo **[0,7]**. Nesse caso, o valor mínimo que elas podem assumir é 0 (zero), e o máximo, 7. Podemos utilizar a codificação binária para

representar os cromossomos. Na Tabela 6.1, a seguir, é possível ver a conversão de algarismos decimais para números binários.

Tabela 6.1 – Conversão de números decimais em binários

| Decimal | Binário |
|---|---|
| 0 | 000 |
| 1 | 001 |
| 2 | 010 |
| 3 | 011 |
| 4 | 100 |
| 5 | 101 |
| 6 | 110 |
| 7 | 111 |

Mediante a conversão de algarismos decimais para binários, já temos o que precisamos para definir os cromossomos. Vamos considerar que, para cada variável, tenhamos um segmento de três genes. Com as duas variáveis, teremos, portanto, um cromossomo, composto de dois alelos com um total de seis genes. Por exemplo, o cromossomo para o ponto x = 1 (001 conforme a tabela de conversão) e y = 5 (101) será:

**001101**

- **Passo 3** – Definido o cromossomo, vamos supor que tenhamos uma população inicial de 10 indivíduos. Como cada indivíduo é uma combinação de dois valores *x* e *y*, podemos começar com a população registrada na Tabela 6.2, a seguir, escolhida aleatoriamente.

Tabela 6.2 – População inicial

| x | y | Cromossomo |
|---|---|---|
| 3 | 6 | 011110 |
| 6 | 4 | 110100 |
| 3 | 5 | 011101 |
| 7 | 0 | 111000 |
| 3 | 7 | 011111 |
| 1 | 6 | 001110 |
| 1 | 2 | 001010 |
| 5 | 4 | 101100 |
| 6 | 1 | 110001 |
| 4 | 2 | 100010 |

- **Passo 4** – Avaliaremos os indivíduos gerados aleatoriamente a partir da função *objetivo*. Adicionaremos mais uma coluna à tabela anterior, a qual indica os valores obtidos pela função *objetivo*, por meio da substituição dos valores de *x* e *y* na equação vista anteriormente.

Tabela 6.3 – Valores obtidos pela função *objetivo*

| x | y | Cromossomo | f(x,y) |
|---|---|---|---|
| 3 | 6 | 011110 | −8 |
| 6 | 4 | 110100 | −15 |
| 3 | 5 | 011101 | −3 |
| 7 | 0 | 111000 | −32 |
| 3 | 7 | 011111 | −15 |
| 1 | 6 | 001110 | −8 |
| 1 | 2 | 001010 | 0 |
| 5 | 4 | 101100 | −8 |
| 6 | 1 | 110001 | −18 |
| 4 | 2 | 100010 | −3 |

- **Passo 5** – O operador de seleção deve ser executado. Assim, organizamos em ordem descendente os indivíduos, de acordo com a função de *fitness*. Notamos também que, nessa primeira população, o indivíduo com *fitness* 0 (zero) é o mais próximo da solução para o problema.

Tabela 6.4 – Valores obtidos pela função objetivo, organizados em ordem descendente com base na função de *fitness*

| x | y | Cromossomo | f(x,y) |
|---|---|---|---|
| 1 | 2 | 001010 | 0 |
| 3 | 5 | 011101 | −3 |
| 4 | 2 | 100010 | −3 |
| 3 | 6 | 011110 | −8 |
| 1 | 6 | 001110 | −8 |
| 5 | 4 | 101100 | −8 |
| 6 | 4 | 110100 | −15 |
| 3 | 7 | 011111 | −15 |
| 6 | 1 | 110001 | −18 |
| 7 | 0 | 111000 | −32 |

- **Passo 6** – Escolhemos agora um ponto de corte da população. Adotaremos como critério a seleção dos primeiros quatro indivíduos para a próxima população a ser gerada.

Tabela 6.5 – Ponto de corte da população

| x | y | Cromossomo | f(x,y) |
|---|---|---|---|
| 1 | 2 | 001010 | 0 |
| 3 | 5 | 011101 | –3 |
| 4 | 2 | 100010 | –3 |
| 3 | 6 | 011110 | –8 |
| 1 | 6 | 001110 | –8 |
| 5 | 4 | 101100 | –8 |
| 6 | 4 | 110100 | –15 |
| 3 | 7 | 011111 | –15 |
| 6 | 1 | 110001 | –18 |
| 7 | 0 | 111000 | –32 |

- **Passo 7** – Simulamos, em seguida, o método da roleta viciada, fazendo com que o primeiro indivíduo da lista seja escolhido para gerar outros quatro indivíduos para a nova população; o segundo, três indivíduos; o terceiro, dois indivíduos; e o quarto, um indivíduo (veja a coluna "Ponderação"). Assim, a nova população terá também 10 indivíduos. No passo de cruzamento (*crossover*), escolhemos aleatoriamente um ponto de corte (no caso, o quarto gene). Os cromossomos ficam então divididos para a execução do *crossover* (com os genes ilustrado em dois tons de cinza).

Tabela 6.6 – Simulação do método da roleta viciada

| x | y | Cromossomo | f(x,y) | Ponderação |
|---|---|---|---|---|
| 1 | 2 | 001010 | 0 | 4 |
| 3 | 5 | 011101 | –3 | 3 |
| 4 | 2 | 100010 | –3 | 2 |
| 3 | 6 | 011110 | –8 | 1 |

- **Passo 8** – O próximo passo é a geração da nova população, de modo que cada novo indivíduo resulta da combinação de dois indivíduos escolhidos aleatoriamente. Note que só preencheremos a coluna referente aos cromossomos.

Tabela 6.7 – Nova população

| x | y | Cromossomo | f(x,y) |
|---|---|---|---|
|   |   | 001001 |   |
|   |   | 001001 |   |
|   |   | 001010 |   |
|   |   | 001010 |   |
|   |   | 011110 |   |

*(continua)*

Introdução a algoritmos genéticos

*(Tabela 6.7 – conclusão)*

| x | y | Cromossomo | f(x,y) |
|---|---|---|---|
|   |   | 011110 |   |
|   |   | 011101 |   |
|   |   | 100010 |   |
|   |   | 100010 |   |
|   |   | 011110 |   |

- **Passo 9** – Em seguida, executamos o operador ***mutação***. Vamos estipular uma taxa de mutação de 1 gene para cada 12 genes do total da população. Como temos 60 genes ao total, podemos modificar aleatoriamente 5 genes nos indivíduos da população gerada pelo *crossover* (genes alterados na cor cinza).

Tabela 6.8 – Execução do operador mutação

| x | y | Cromossomo | f(x,y) |
|---|---|---|---|
|   |   | 001011 |   |
|   |   | 001001 |   |
|   |   | 011010 |   |
|   |   | 001010 |   |
|   |   | 011110 |   |
|   |   | 011111 |   |
|   |   | 011101 |   |
|   |   | 101010 |   |
|   |   | 100010 |   |
|   |   | 011010 |   |

- **Passo 10** – O próximo passo é decodificar os cromossomos mutantes, representados em números binários, para os valores das variáveis.

Tabela 6.9 – Decodificação dos cromossomos mutantes

| x | y | Cromossomo | f(x,y) |
|---|---|---|---|
| 1 | 3 | 001011 |   |
| 1 | 1 | 001001 |   |
| 3 | 2 | 011010 |   |
| 1 | 2 | 001010 |   |
| 3 | 6 | 011110 |   |
| 3 | 7 | 011111 |   |
| 3 | 5 | 011101 |   |
| 5 | 2 | 101010 |   |
| 4 | 2 | 100010 |   |
| 3 | 2 | 011010 |   |

- **Passo 11** – Finalmente, avaliamos a função *objetivo* para os novos valores obtidos.

Tabela 6.10 – Valores obtidos pela função *objetivo* aplicada à nova população

| x | y | Cromossomo | f(x,y) |
|---|---|------------|--------|
| 1 | 3 | 001011 | 1 |
| 1 | 1 | 001001 | −3 |
| 3 | 2 | 011010 | 0 |
| 1 | 2 | 001010 | 0 |
| 3 | 6 | 011110 | −8 |
| 3 | 7 | 011111 | −15 |
| 3 | 5 | 011101 | −3 |
| 5 | 2 | 101010 | −8 |
| 4 | 2 | 100010 | −3 |
| 3 | 2 | 011010 | 0 |

Temos, assim, uma nova população. Podemos notar que, nessa geração, o valor máximo obtido foi 1, relativo ao ponto x = 1 e y = 3. Para as próximas gerações, o algoritmo genético deve ser executado a partir do "Passo 5", continuando-se até obter o valor máximo da função objetivo considerada.

Esse exemplo demonstra a dinâmica do AG de forma simplificada, porém permite visualizar a aplicação dos operadores de seleção, cruzamento e mutação. A faixa de valores foi tratada com números inteiros, mas poderíamos adotar números reais. Por exemplo, tomando-se um cromossomo com tamanho total 30 (15 *bits* para cada variável), com o alfabeto binário, os pontos selecionados ao acaso x = 3,07 e y = 2,13, teriam a seguinte representação codificada em binário para o cromossomo:

| 100010000111010110001001100100 |
|---|

Os 15 primeiros *bits* se referem ao valor de *x* e os 15 últimos, ao valor de *y*. Ao avaliarmos pela função de *fitness* esses valores de *x* e *y*, obtemos o valor de f(x,y) = 1,9769.

## 6.2
## AG em Java – Parte 1

Para uma abordagem desse mesmo problema utilizando linguagem de programação, recorreremos à biblioteca Java API for Genetic Algorithms (Jaga). Essa biblioteca consiste em uma série de classes para uso em diversos tipos de problemas. Para exemplos que lidem com aspectos comuns dos AG, podemos criar uma classe de exemplos com o problema em questão. Outra classe deve ser criada para definirmos a função *objetivo*.

> **Para saber mais**
>
>
>
> A biblioteca Jaga está disponível para *download* no endereço eletrônico indicado a seguir, podendo também ser acessado por meio do QR Code disponível ao lado.
>
> JAGA. Java API for Genetic Algorithms. Disponível em: <http://jaga-java-api-for-genetic-algorithms.soft112.com/download.html>. Acesso em: 29 jun. 2018.

A seguir, podemos ver a classe Example1.java, contendo o exemplo da maximização da função objetivo anterior. O código está comentado, de modo a facilitar o entendimento. O tamanho da população foi definido em 40 indivíduos; a taxa de *crossover*, em 90%; a taxa de mutação, em 2%, executando-se 10 mil gerações. Os indivíduos utilizam duas variáveis com precisão de duas casas decimais, operando na faixa [–6,6], e são codificados em 30 *bits* (15 para cada variável).

```java
public class Example1 {

  public Example1() {
  }

  public void exec() {
    // Define os parâmetros para o AG
    GAParameterSet params = new DefaultParameterSet();
    params.setPopulationSize(40);
    params.setFitnessEvaluationAlgorithm(new Example1Fitness());

    // Inclui a reprodução da nova população com crossover e mutação
    CombinedReproductionAlgorithm repAlg = new CombinedReproductionAlgorithm();
    repAlg.insertReproductionAlgorithm(0, new SimpleBinaryXOver(0.9));
    repAlg.insertReproductionAlgorithm(1, new SimpleBinaryMutation(0.02));
    params.setReproductionAlgorithm(repAlg);
```

*(continua)*

*(conclusão)*

```java
    // Define o método da roleta viciada
    params.setSelectionAlgorithm(new RouletteWheelSelection(-10E10));
    // Número máximo de gerações
    params.setMaxGenerationNumber(10000);
    // Define as variáveis por indivíduo, a precisão decimal e o
tamanho do cromossomo
    NDecimalsIndividualSimpleFactory fact = new
NDecimalsIndividualSimpleFactory(2, 2, 15);
    fact.setConstraint(0, new RangeConstraint(-6, 6));
    fact.setConstraint(1, new RangeConstraint(-6, 6));
    params.setIndividualsFactory(fact);

    // Constrói o AG
    ReusableSimpleGA ga = new ReusableSimpleGA(params);
    // Associa o analisador
    AnalysisHook hook = new AnalysisHook(System.out, false);
    ga.addHook(hook);

    final int attempts = 1;

    // Executa o AG
    GAResult [] allResults = new GAResult[attempts];
    for (int i = 0; i < attempts; i++) {
      hook.reset();
      GAResult result = ((ReusableSimpleGA) ga).exec();
      allResults[i] = result;
    }
    System.out.println("\nALL DONE.\n");
    for (int i = 0; i < attempts; i++) {
      System.out.println("Result " + i + " is: " + allResults[i]);
    }

  }
  public static void main(String[] unusedArgs) {
    // Chamada da classe para execução do AG
            Example1 demo = new Example1();
            demo.exec();
    }
}
```

A classe que contém o método que avalia pela função objetivo (*evaluateFitness*) está descrita a seguir.

```java
public class Example1Fitness implements FitnessEvaluationAlgorithm {

  public Example1Fitness() {}

  public Class getApplicableClass() {
    return NDecimalsIndividual.class;
  }

  public Fitness evaluateFitness(Individual individual, int age,
Population population, GAParameterSet params) {
    NDecimalsIndividual indiv = (NDecimalsIndividual) individual;
    double x = indiv.getDoubleValue(0);
    double y = indiv.getDoubleValue(1);
    double f = 2 - (x-3)*(x-3) - (y-2)*(y-2);
    Fitness fit = new AbsoluteFitness(f);
    return fit;
  }
}
```

A seguir, temos uma execução da classe *Example1.java*. É possível notar que, após 10 mil gerações, encontrou-se o melhor resultado para x = 2,97 e y = 1,94, valores que resultaram na função *objetivo* f(x,y) = 1,9955. Esse melhor resultado foi encontrado na geração 3.779.

```
***    Computation completed.
       Generations: 10000
       Fitness evaluations: 400040
       Run time: 00:04.4099
       Best result: {size=2; repr=00000011011110100000010100011;
vals=(2.97, 1.94); fit=1.9955}
 ***   Best fitness (1.9955) was discovered in generation 3779.

ALL DONE.

Result 0 is: {size=2; repr=00000011011110100000010100011;
vals=(2.97, 1.94); fit=1.9955}
```

Na Tabela 6.11, estão listadas algumas execuções desse AG. Nela, são mostradas, também, as diferentes soluções alcançadas. Parâmetros distintos podem ser testados para verificar se o AG é capaz de encontrar uma solução mais próxima à que foi calculada deterministicamente.

Tabela 6.11 – Dez execuções do AG, com as melhores soluções alcançadas em cada uma delas

| n. | x | y | f(x,y) | Geração |
|---|---|---|---|---|
| 1 | 3,00 | 1,99 | 1,9999 | 2475 |
| 2 | 2,99 | 2,01 | 1,9998 | 9816 |
| 3 | 3,14 | 2,06 | 1,9768 | 4019 |
| 4 | 3,00 | 1,98 | 1,9996 | 6431 |
| 5 | 3,01 | 2,00 | 1,9999 | 306 |
| 6 | 3,00 | 1,99 | 1,9999 | 1438 |
| 7 | 2,97 | 2,04 | 1,9975 | 1259 |
| 8 | 3,00 | 2,01 | 1,9999 | 2102 |
| 9 | 2,99 | 2,00 | 1,9999 | 9165 |
| 10 | 2,07 | 2,01 | 1,9990 | 2341 |

É interessante notar que uma solução próxima da ótima pode ser obtida em gerações mais recentes ou tardias, como mostra a última coluna da Tabela 6.11. A seguir, será apresentada outra alternativa de implementação de algoritmos genéticos em Java.

## 6.3
## AG em Java – Parte 2

Uma segunda maneira que podemos sugerir para trabalhar com algoritmos genéticos em Java é o emprego do código constante no **Projeto GenAlg**, que pode ser assim dividido:

- **GenAlg.java** – Classe com o algoritmo genético e seus operadores.
- **IFunctionFitness.java** – Interface para as diferentes funções *objetivos*.
- **FunctionFitnessX.java** – Implementação das funções *objetivos* com três exemplos de equações (com uma variável, com 5 variáveis e com 10 variáveis).
- **ExampleX.java** – Código com função *main()* para executar os três exemplos mencionados.

O Projeto GenAlg também apresenta uma classe para algoritmos genéticos para permutações, que são úteis para buscar soluções de problemas, como o caso do viajante que apresentamos no Capítulo 3. Nessa hipótese, os nós são alimentados com coordenadas cartesianas, de modo a se compor um trajeto completo por todos os nós. O código é dividido da seguinte forma:

- **GenAlgOrder.java** – Classe com o algoritmo genético para trabalhar com permutações.
- **ExOrderX.java** – Código com função *main()* para executar os 8 exemplos, variando-se a quantidade em 7, 15, 20, 30 e 40 nós.

---

**Para saber mais**

O código do Projeto GenAlg está disponível para *download* no endereço eletrônico indicado a seguir, podendo também ser acessado por meio do QR Code disponível ao lado.

MEDEIROS, L. F. **Project GENALG**. Disponível em: <https://github.com/lfm0006/genalg>. Acesso em: 29 jun. 2018.

---

### 6.3.1 Solucionando equações com algoritmos genéticos

Certos problemas matemáticos, que contam com métodos determinísticos ou analíticos de resolução *a priori*, são bons para comparar o desempenho de um AG na busca por soluções ótimas. Equações que envolvem problemas de maximização ou minimização podem ser modeladas em AG para que seja possível verificar se as soluções obtidas com esses algoritmos se aproximam dos resultados obtidos com cálculos prévios.

Retomaremos o exemplo de otimização que discutimos na Seção 6.1, com a seguinte equação:

$$f(x,y) = 2 - (x-3)^2 - (y-2)^2$$

Podemos facilmente inferir, pela aplicação de métodos analíticos (ou mesmo pela simples visualização), que essa equação tem um máximo no ponto $x = 3$ e $y = 2$.

Utilizaremos a classe em Java GenAlg, do projeto GENALG (Medeiros, 2018), para criar um programa que possibilite a resolução dessa equação. A classe GenAlg apresenta os seguintes parâmetros:

- **popSize** – número de indivíduos da população;
- **lVar** – número de *bits* a ser utilizado para codificar o cromossomo da variável;
- **nVar** – número de variáveis consideradas para o problema de otimização;
- **maxGen** – número máximo de gerações para rodar o algoritmo;

- **pMutation** – taxa de probabilidade de mutação de um gene em um cromossomo de determinado indivíduo;
- **pCrossover** – taxa de probabilidade de cruzamento de dois indivíduos;
- **pSelection** – taxa de probabilidade de seleção para um indivíduo da população anterior;
- **precision** – precisão do algoritmo, ou seja, quantas casas decimais são aceitas para satisfazer o critério de busca;
- **elitism** – parâmetro que determina se o elitismo será considerado no algoritmo, ou seja, se os melhores indivíduos serão passados integralmente para a próxima geração;
- **FunctionFitness** – código da classe com a função objetivo (ou seja, a que tem a expressão da equação a ser solucionada).

O código mostrado a seguir implementa a classe *Example1* para solucionar o problema de otimização da equação com duas variáveis. Na chamada ao objeto *GenAlg*, especificaremos uma população de 60 indivíduos, cromossomos com tamanho de 15 *bits*, número máximo de gerações do AG em 100.000, taxa de mutação de 0,01, taxa de *crossover* em 0,6 e taxa de seleção em 0,8. A precisão será de 4 casas decimais, com elitismo de 40 indivíduos.

Fazemos uso da classe *Utility*, que facilita tanto a impressão no console quanto o acompanhamento da execução do código. Note que serão feitas mil execuções do AG com os parâmetros especificados no código. A cada execução, o resultado será impresso com a especificação da geração final e do conjunto de variáveis que obteve o melhor *fitness*.

```java
public class Example1 {

    public static int NVAR = 2;
    public static int NEXEC = 1000;
    static Utility utility;
    static IFunctionFitness ff;

    public static void main(String[] args) throws
FileNotFoundException {
 utility = new Utility();

 PrintStream ps = new PrintStream(new FileOutputStream("Example1.txt", true));
```

*(continua)*

*(conclusão)*

```
  utility.printHeader(System.out, NVAR);
  ff = new FunctionFitness1();

  for(int j=0; j<NEXEC; j++) {
    GenAlg g = new GenAlg(60, 15, 2, 100000, 0.01, 0.6, 0.8, 1.9999,
40, false, ff);

utility.printLine(System.out, j, g.fGen, g.maxFitness,
g.indGlobalFitMax.xNorm);
  utility.printLine(ps, j, g.fGen, g.maxFitness, g.indGlobalFitMax.
xNorm);
    }
  ps.close();
    }
}
```

A especificação da classe que contém a função *objetivo* pode ser vista na sequência. A classe *FunctionFitness1*, que é implementada na interface IFunctionFitness, contém o método *process*, que calcula o resultado chamando o método *function*. A equação é programada pelo método *function*, que retorna o valor calculado a partir da substituição das variáveis passadas no vetor *x*. Note também que existe o método *setMinMax*, que define os limites mínimo e máximo da faixa de variação dos valores possíveis.

```
public class FunctionFitness1 implements IFunctionFitness {
  private double bias = 0.0; // Para ajustar o fitness maior que
zero
  private double f;

  public FunctionFitness1() {
  }

  public double process(double[] x, boolean normalized) {
    if(normalized) {
      return(function(x) + bias);
    } else {
      return(function(x));
    }
  }
```

*(continua)*

```java
public void setMinMax(double[] xMin, double[] xMax) {
  double fmin, fmax;
  for(int i=0; i < xMin.length; i++) {
    xMin[i] = 0;
    xMax[i] = 6;
  }
  fmin = Math.abs(function(xMin));
  fmax = Math.abs(function(xMax));
  bias = fmin > fmax ? fmin : fmax;
}

public double function(double[] x) {
  f = 2 - Math.pow(x[0] - 3, 2) - Math.pow(x[1] - 2, 2);
  return(f);
}
```

Quando executamos o código, podemos acompanhá-lo por meio do console do Java, de maneira análoga à mostrada na Tabela 6.12, a seguir. Note que, em cada execução, podemos ver o número de gerações atingido para alcançar a precisão especificada. À direita, temos os valores que foram encontrados para as duas variáveis do problema. O código gerará, ao todo, 1.000 execuções.

Tabela 6.12 – Extrato com 16 execuções do código do AG presente em Example1.java

| # | Data | Hora | Gen | Fitness | x[0] | x[1] |
|---|------|------|-----|---------|------|------|
| 0 | 8/03/2017 | 18:14:19 | 70 | 2,0000 | 3,00 | 1,99 |
| 1 | 8/03/2017 | 18:14:19 | 117 | 2,0000 | 3,00 | 1,99 |
| 2 | 8/03/2017 | 18:14:19 | 28 | 1,9999 | 3,00 | 1,99 |
| 3 | 8/03/2017 | 18:14:19 | 254 | 2,0000 | 3,00 | 2,00 |
| 4 | 8/03/2017 | 18:14:19 | 281 | 2,0000 | 3,00 | 2,00 |
| 5 | 8/03/2017 | 18:14:19 | 328 | 1,9999 | 3,00 | 1,99 |
| 6 | 8/03/2017 | 18:14:19 | 17 | 2,0000 | 3,01 | 2,00 |
| 7 | 8/03/2017 | 18:14:19 | 75 | 1,9999 | 3,00 | 1,99 |
| 8 | 8/03/2017 | 18:14:19 | 168 | 1,9999 | 3,00 | 1,99 |
| 9 | 8/03/2017 | 18:14:19 | 40 | 2,0000 | 3,00 | 2,00 |
| 10 | 8/03/2017 | 18:14:19 | 9 | 1,9999 | 3,00 | 1,99 |
| 11 | 8/03/2017 | 18:14:19 | 657 | 2,0000 | 3,00 | 2,00 |
| 12 | 8/03/2017 | 18:14:19 | 428 | 2,0000 | 3,00 | 2,00 |
| 13 | 8/03/2017 | 18:14:20 | 132 | 2,0000 | 2,99 | 2,00 |
| 14 | 8/03/2017 | 18:14:20 | 34 | 1,9999 | 3,00 | 1,99 |
| 15 | 8/03/2017 | 18:14:20 | 52 | 1,9999 | 3,00 | 2,01 |

## 6.3.2 Função *objetivo* com cinco variáveis

No código *Exampe2.java*, aumentaremos para cinco variáveis o problema de otimização, conforme expressa a seguinte equação:

$$f(x) = 55 - (x_1 - 1)^2 - (x_2 - 3)^2 - (x_3 - 4)^2 - (x_4 - 5)^2 - (x_5 - 2)^2$$

O código de Example2.java é mostrado a seguir. Na chamada ao objeto *GenAlg*, criaremos uma população com 60 indivíduos, cromossomos com tamanho de 15 *bits*, número máximo de gerações do AG em 100.000, taxa de mutação de 0,02, taxa de *crossover* em 0,6, e taxa de seleção em 1,0. A precisão será de 4 casas decimais, com elitismo de 42 indivíduos.

```java
public class Example2 {

  public static int NVAR = 5;
  public static int NEXEC = 1000;
  static Utility utility;
  static IFunctionFitness ff;

  public static void main(String[] args) throws
FileNotFoundException {
    utility = new Utility();

    PrintStream ps = new PrintStream(new
FileOutputStream("Example2.txt", true));
    utility.printHeader(System.out, NVAR);
    //utility.printHeader(ps, NVAR);
    ff = new FunctionFitness2();

    for(int j=0; j<NEXEC; j++) {
      GenAlg g = new GenAlg(60, 15, 5, 100000, 0.02, 0.6, 1.0,
54.9999, 42, false, ff);
      utility.printLine(System.out, j, g.fGen, g.maxFitness,
g.indGlobalFitMax.xNorm);
      utility.printLine(ps, j, g.fGen, g.maxFitness,
g.indGlobalFitMax.xNorm);
    }
    ps.close();
  }
}
```

Quando executamos esse código, podemos acompanhá-lo por meio do console do Java, conforme ilustrado na Tabela 6.13. Note que em cada execução, podemos ver o número de gerações que foi atingido para atender à precisão especificada. À direita, temos os valores que foram encontrados para as cinco variáveis do problema. O código irá rodar 1.000 execuções.

Tabela 6.13 – Extrato com 16 execuções do código do AG presente em Example2.java

| # | Data | Hora | Gen | Fitness | x[0] | x[1] | x[2] | x[3] | x[4] |
|---|---|---|---|---|---|---|---|---|---|
| 0 | 8/03/2017 | 18:25:08 | 58666 | 55,0000 | 1,00 | 3,00 | 4,00 | 5,00 | 2,00 |
| 1 | 8/03/2017 | 18:25:09 | 10756 | 54,9999 | 1,00 | 3,01 | 4,00 | 5,00 | 2,01 |
| 2 | 8/03/2017 | 18:25:10 | 18386 | 55,0000 | 1,00 | 3,00 | 4,00 | 5,00 | 2,01 |
| 3 | 8/03/2017 | 18:25:11 | 22108 | 55,0000 | 1,00 | 3,00 | 4,00 | 5,00 | 2,00 |
| 4 | 8/03/2017 | 18:25:12 | 11179 | 55,0000 | 1,00 | 3,00 | 4,00 | 5,00 | 2,00 |
| 5 | 8/03/2017 | 18:25:12 | 5227 | 54,9999 | 1,00 | 3,00 | 4,00 | 4,99 | 2,00 |
| 6 | 8/03/2017 | 18:25:12 | 1848 | 54,9999 | 1,00 | 3,00 | 4,00 | 5,00 | 2,01 |
| 7 | 8/03/2017 | 18:25:14 | 27414 | 54,9999 | 1,00 | 2,99 | 4,00 | 5,00 | 2,00 |
| 8 | 8/03/2017 | 18:25:15 | 7016 | 54,9999 | 1,00 | 3,00 | 4,00 | 5,00 | 1,99 |
| 9 | 8/03/2017 | 18:25:15 | 8796 | 54,9999 | 1,00 | 3,00 | 3,99 | 5,00 | 2,00 |
| 10 | 8/03/2017 | 18:25:16 | 11107 | 54,9999 | 1,00 | 2,99 | 4,00 | 4,99 | 2,00 |
| 11 | 8/03/2017 | 18:25:17 | 10011 | 54,9999 | 1,00 | 3,00 | 4,00 | 5,00 | 2,01 |
| 12 | 8/03/2017 | 18:25:17 | 5060 | 54,9999 | 0,99 | 3,00 | 4,00 | 5,00 | 2,00 |
| 13 | 8/03/2017 | 18:25:18 | 9299 | 54,9999 | 1,00 | 3,00 | 4,00 | 5,01 | 2,00 |
| 14 | 8/03/2017 | 18:25:18 | 1122 | 54,9999 | 1,00 | 3,00 | 4,00 | 4,99 | 2,00 |
| 15 | 8/03/2017 | 18:25:19 | 15434 | 55,0000 | 1,00 | 3,00 | 4,01 | 5,00 | 2,00 |

### 6.3.3 Função *objetivo* com dez variáveis

No código *Example3.java*, aumentaremos para dez variáveis o problema de otimização, conforme expressa a seguinte equação:

$$f(x) = \frac{611}{4} - (x_1 - 1)^2 - (x_2 - 3)^2 - (x_3 - 4)^2$$
$$- (x_4 - 5)^2 - (x_5 - 2)^2 - \left(x_6 - \frac{1}{2}\right)^2 - \left(x_7 - \frac{3}{2}\right)^2$$
$$- (x_8 - 2)^2 - (x_9 - 1)^2 - \left(x_{10} - \frac{7}{2}\right)^2$$

O código de Example3.java é mostrado a seguir. Na chamada *GenAlg*, criaremos uma população com 100 indivíduos, cromossomos com tamanho de 15 *bits*, número máximo de gerações do AG em 100.000, taxa de mutação de 0,005, taxa de *crossover* em 0,6, e taxa de seleção em 1,0. A precisão será de 3 casas decimais, com elitismo de 50 indivíduos.

```java
public class Example3 {

  public static int NVAR = 10;
  public static int NEXEC = 1000;
  static Utility utility;
  static IFunctionFitness ff;

  public static void main(String[] args) throws FileNotFoundException {
    utility = new Utility();

    PrintStream ps = new PrintStream(new FileOutputStream("Example3.txt", true));
    utility.printHeader(System.out, NVAR);
    //utility.printHeader(ps, NVAR);
    ff = new FunctionFitness3();

    for(int j=0; j<NEXEC; j++) {
      GenAlg g = new GenAlg(100, 15, 10, 200000, 0.005, 0.6, 1.0, 152.749, 50, false, ff);
      utility.printLine(System.out, j, g.fGen, g.maxFitness, g.indGlobalFitMax.xNorm);
      utility.printLine(ps, j, g.fGen, g.maxFitness, g.indGlobalFitMax.xNorm);
    }
    ps.close();
  }
}
```

Quando executamos o código, podemos acompanhá-lo por meio do console do Java, ilustrado na Tabela 6.14. Em cada execução, podemos ver o número de gerações que foi atingido para atender à precisão especificada. À direita, temos os valores encontrados para as dez variáveis do problema. O código rodará 1.000 execuções.

Tabela 6.14 – Extrato com 16 execuções do código do AG presente em Example3.java

| # | Data | Hora | Gen | Fitness | x[0] | x[1] | x[2] | x[3] | x[4] | x[5] | x[6] | x[7] | x[8] | x[9] |
|---|------|------|-----|---------|------|------|------|------|------|------|------|------|------|------|
| 0 | 8/03/2017 | 18:40:53 | 2410 | 152,7493 | 0,98 | 3,00 | 4,01 | 5,00 | 2,00 | 0,52 | 1,50 | 1,99 | 1,00 | 3,50 |
| 1 | 8/03/2017 | 18:40:53 | 1881 | 152,7491 | 1,00 | 3,00 | 4,00 | 5,01 | 2,01 | 0,50 | 1,49 | 1,99 | 0,98 | 3,49 |
| 2 | 8/03/2017 | 18:40:56 | 8290 | 152,7491 | 1,00 | 3,00 | 3,98 | 5,00 | 2,01 | 0,50 | 1,49 | 2,01 | 0,98 | 3,50 |
| 3 | 8/03/2017 | 18:40:58 | 7119 | 152,7493 | 0,98 | 3,00 | 4,01 | 5,02 | 2,01 | 0,50 | 1,50 | 2,00 | 1,00 | 3,49 |
| 4 | 8/03/2017 | 18:41:03 | 14311 | 152,7490 | 1,00 | 3,00 | 4,02 | 5,00 | 1,99 | 0,50 | 1,50 | 2,00 | 1,00 | 3,52 |
| 5 | 8/03/2017 | 18:41:04 | 2602 | 152,7494 | 1,00 | 3,00 | 4,01 | 5,02 | 2,00 | 0,51 | 1,50 | 2,02 | 1,00 | 3,50 |
| 6 | 8/03/2017 | 18:41:05 | 3634 | 152,7491 | 1,01 | 3,00 | 3,98 | 5,00 | 2,02 | 0,50 | 1,50 | 2,02 | 1,00 | 3,50 |
| 7 | 8/03/2017 | 18:41:06 | 2996 | 152,7490 | 1,00 | 3,00 | 4,00 | 5,00 | 2,00 | 0,52 | 1,49 | 2,02 | 1,00 | 3,52 |
| 8 | 8/03/2017 | 18:41:07 | 3496 | 152,7497 | 1,00 | 3,00 | 4,00 | 5,00 | 2,00 | 0,50 | 1,50 | 2,00 | 1,00 | 3,52 |
| 9 | 8/03/2017 | 18:41:08 | 2675 | 152,7491 | 1,00 | 3,00 | 4,00 | 5,00 | 2,00 | 0,52 | 1,50 | 1,98 | 1,00 | 3,52 |
| 10 | 8/03/2017 | 18:41:09 | 2596 | 152,7491 | 1,00 | 3,00 | 4,00 | 4,99 | 2,00 | 0,49 | 1,50 | 1,98 | 0,98 | 3,49 |
| 11 | 8/03/2017 | 18:41:10 | 2076 | 152,7491 | 1,01 | 3,00 | 4,00 | 5,00 | 2,00 | 0,48 | 1,51 | 2,00 | 0,99 | 3,50 |
| 12 | 8/03/2017 | 18:41:11 | 1733 | 152,7497 | 1,01 | 3,00 | 4,00 | 5,00 | 2,00 | 0,50 | 1,50 | 2,00 | 0,98 | 3,50 |
| 13 | 8/03/2017 | 18:41:12 | 4154 | 152,7493 | 1,00 | 3,00 | 4,00 | 4,99 | 2,00 | 0,48 | 1,50 | 2,02 | 1,00 | 3,50 |
| 14 | 8/03/2017 | 18:41:13 | 3185 | 152,7493 | 1,01 | 3,00 | 4,01 | 5,00 | 2,00 | 0,52 | 1,50 | 2,02 | 1,01 | 3,50 |
| 15 | 8/03/2017 | 18:41:13 | 888 | 152,7491 | 1,00 | 3,01 | 3,98 | 5,02 | 1,99 | 0,50 | 1,50 | 1,99 | 1,00 | 3,50 |

### 6.3.4 Permutação com oito nós

AG podem ser modelados para lidar com permutações. Entretanto, esses algoritmos apresentam ligeira diferença em relação àqueles utilizados para otimização, tais como os que vimos até agora. Um AG para permutação pode ser utilizado para minimizar a distância entre os nós de um grafo. Dessa forma, podemos utilizar o AG para resolver o problema do viajante, por exemplo.

O problema em questão será aqui representado por um conjunto de 8 nós, entre os quais se deseja calcular o menor trajeto. As posições dos oito nós são localizadas em duas coordenadas (x,y), conforme podemos ver na Figura 6.1, a seguir.

Figura 6.1 – Ilustração do grafo de oito nós a ser utilizado no exemplo de AG de permutação

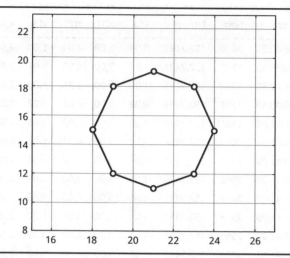

Por meio do cálculo da distância euclidiana entre dois pontos, *a priori*, sabemos que a distância total mínima entre os nós é de 21,59338, a qual deve ser monitorada durante a execução do algoritmo para fornecer uma solução precisa. Utilizaremos a classe em Java **GenAlgOrder**, do projeto GENALG (Medeiros, 2018), para criar um programa que busque encontrar o menor trajeto entre os 8 nós. A classe *GenAlgOrder* apresenta os seguintes parâmetros:

- **x, y** – vetores com as coordenadas (x, y) dos nós;
- **len** – número de nós do grafo;
- **popSize** – tamanho da população;
- **maxGen** – número máximo de gerações para rodar o algoritmo;
- **pMutation** – taxa de probabilidade de mutação de um gene em um cromossomo de determinado indivíduo;
- **pCrossover** – taxa de probabilidade de cruzamento de dois indivíduos;
- **precision** – precisão do algoritmo, ou seja, quantas casas decimais são aceitáveis para satisfazer o critério de busca;
- **elitism** – parâmetro que determina se o elitismo será considerado no algoritmo, ou seja, se os melhores indivíduos serão passados integralmente para a próxima geração;
- **typeCrossover** – tipo de *crossover* que será utilizado no AG (que pode ser simples, recombinação de bordas, uniforme e mapeamento parcial);
- **typeMutation** – tipo de mutação que será utilizado no AG (que pode ser inversão de nós, inversão de listas e mistura de sublistas).

O código a seguir implementa a classe *ExOrder3* para solucionar o problema de permutação com 8 nós. Na chamada ao objeto GenAlgOrder, especificaremos uma população de 30 indivíduos, número máximo de gerações do AG em 3.000, taxa de mutação de 0,9 e taxa de *crossover* em 0,9. A precisão será de 5 casas decimais, com elitismo de 4 indivíduos. O tipo de *crossover* será o de recombinação de bordas, e o de mutação, o de inversão de listas. Note também a declaração dos vetores *x* e *y* com os valores das coordenadas, de acordo com o grafo da Figura 6.1.

```java
public class ExOrder3 {
  public static int TAMANHO = 8;
  public static int TAMPOP = 30;
  public static int NGEN = 3000;
  public static int NEXEC = 1000;

  public static GenAlgOrder g;
  public static Utility utility;

  public static void main(String[] args) throws
FileNotFoundException {
    utility = new Utility();

    // Exemplo de nós
    double[] x = new double[]{21, 23, 24, 23, 21, 19, 18, 19};
    double[] y = new double[]{11, 12, 15, 18, 19, 18, 15, 12};

    PrintStream ps = new PrintStream(new
FileOutputStream("ExOrder3.txt", true));
    utility.printHeaderOrder(System.out, TAMANHO);

    for(int j=0; j<NEXEC; j++) {
      g = new GenAlgOrder(x, y, TAMANHO, TAMPOP, NGEN, 0.9, 0.9, 4,
false, 21.59338,
          utility.CROSSOVER_EDGE_RECOMBINATION, utility.
MUTATION_INVERSION_LIST);
      utility.printLine(System.out, j, g.getGen(), g.indGlobalFitMax.
getFitness(), g.indGlobalFitMax.getString());
      utility.printLine(ps, j, g.getGen(), g.indGlobalFitMax.
getFitness(), g.indGlobalFitMax.getString());
    }
    ps.close();
  }
}
```

Após a execução, note, na Tabela 6.15, a seguir, os cromossomos à direita, indicando a ordenação alcançada pelo algoritmo com diferentes nós de partida, assim como o sentido, em ordem crescente ou decrescente. No Projeto GENALG, existem outros exemplos, com mais nós, que podem ilustrar diferentes formas de execução do algoritmo de permutação.

Tabela 6.15 – Extrato com 16 execuções do AG de permutação para o problema dos oito nós

| #  | Data      | Hora     | Gen  | Fitness | Cromossomo      |
|----|-----------|----------|------|---------|-----------------|
| 0  | 9/03/2017 | 08:29:58 | 3000 | 21,5934 | 7,8,1,2,3,4,5,6 |
| 1  | 9/03/2017 | 08:29:58 | 3000 | 21,5934 | 2,1,8,7,6,5,4,3 |
| 2  | 9/03/2017 | 08:29:59 | 3000 | 21,5934 | 8,7,6,5,4,3,2,1 |
| 3  | 9/03/2017 | 08:30:00 | 3000 | 21,5934 | 6,7,8,1,2,3,4,5 |
| 4  | 9/03/2017 | 08:30:00 | 3000 | 21,5934 | 7,6,5,4,3,2,1,8 |
| 5  | 9/03/2017 | 08:30:01 | 3000 | 21,5934 | 6,5,4,3,2,1,8,7 |
| 6  | 9/03/2017 | 08:30:01 | 3000 | 21,5934 | 1,8,7,6,5,4,3,2 |
| 7  | 9/03/2017 | 08:30:02 | 3000 | 21,5934 | 2,1,8,7,6,5,4,3 |
| 8  | 9/03/2017 | 08:30:02 | 3000 | 21,5934 | 8,1,2,3,4,5,6,7 |
| 9  | 9/03/2017 | 08:30:02 | 3000 | 21,5934 | 6,7,8,1,2,3,4,5 |
| 10 | 9/03/2017 | 08:30:02 | 3000 | 21,5934 | 8,1,2,3,4,5,6,7 |
| 11 | 9/03/2017 | 08:30:03 | 3000 | 21,5934 | 4,3,2,1,8,7,6,5 |
| 12 | 9/03/2017 | 08:30:03 | 3000 | 21,5934 | 8,1,2,3,4,5,6,7 |
| 13 | 9/03/2017 | 08:30:03 | 3000 | 21,5934 | 3,4,5,6,7,8,1,2 |
| 14 | 9/03/2017 | 08:30:04 | 3000 | 21,5934 | 4,5,6,7,8,1,2,3 |
| 15 | 9/03/2017 | 08:30:04 | 3000 | 21,5934 | 2,3,4,5,6,7,8,1 |

### 6.3.5 Permutação com 20 nós

Utilizaremos, agora, a classe *GenAlgOrder* para um AG com permutação que busque encontrar o menor caminho para um exemplo com 20 nós, com posições em duas coordenadas (x, y), conforme a Figura 6.2.

Figura 6.2 – Grafo de 20 nós

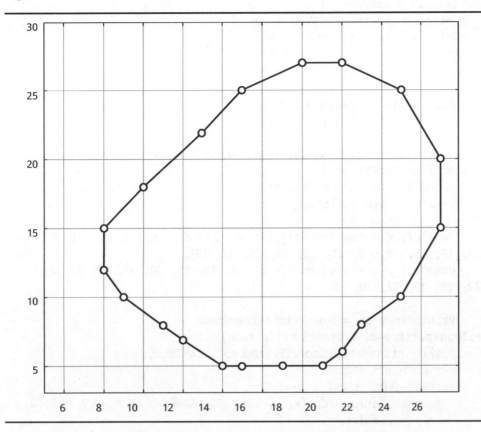

O código a seguir implementa a classe *ExOrder5* para solucionar o problema de permutação com 20 nós. Na chamada *GenAlgOrder*, especificaremos uma população de 30 indivíduos, número máximo de gerações do AG em 200.000, taxa de mutação de 0,9 e taxa de *crossover* em 0,9. A precisão será de 4 casas decimais, com elitismo de 2 indivíduos. O *crossover* será de tipo uniforme, e a mutação, do tipo inversão de listas. Note a declaração dos vetores *x* e *y* com os valores das coordenadas que compõem o grafo na Figura 6.2. O cálculo da distância euclidiana permite saber *a priori* a distância total mínima entre os nós, que é de 60,9784 e deve ser monitorada durante a execução do algoritmo para fornecer a precisão da solução.

```java
public class ExOrder5 {
  public static int TAMANHO = 20;
  public static int TAMPOP = 30;
  public static int NGEN = 200000;
  public static int NEXEC = 1000;

  public static GenAlgOrder g;
  public static Utility utility;

  public static void main(String[] args) throws FileNotFoundException {
    // TODO Auto-generated method stub
    utility = new Utility();
    // Exemplo de nós
    double[] x = new double[]{20, 21, 23, 25, 25, 23, 20, 18, 15, 13, 10, 8, 8, 9, 11, 12, 14, 15, 17, 19};
    double[] y = new double[]{ 6, 8, 10, 15, 20, 25, 27, 27, 25, 22, 18, 15, 12, 10, 8, 7, 5, 5, 5, 5};

    PrintStream ps = new PrintStream(new FileOutputStream("ExOrder5.txt", true));
    utility.printHeaderOrder(System.out, TAMANHO);
    //utility.printHeader(ps);
    for(int j=0; j<NEXEC; j++) {
      g = new GenAlgOrder(x, y, TAMANHO, TAMPOP, NGEN, 0.9, 0.9, 2,
            false,
            60.9784,
        utility.CROSSOVER_UNIFORM,
        utility.MUTATION_INVERSION_LIST);

      utility.printLine(System.out, j, g.getGen(), g.indGlobalFitMax.getFitness(), g.indGlobalFitMax.getString());
      utility.printLine(ps, j, g.getGen(), g.indGlobalFitMax.getFitness(), g.indGlobalFitMax.getString());
    }
    ps.close();
  }
}
```

Após a execução, observe na Tabela 6.16 os cromossomos à direita, que indicam a ordenação alcançada pelo algoritmo com diferentes nós de partida. Identificamos também diferentes sentidos, em ordem crescente ou decrescente.

Tabela 6.16 – Extrato com 16 execuções do AG de permutação para o problema dos 20 nós

| # | Data | Hora | Gen | Fitness | Cromossomo |
|---|---|---|---|---|---|
| 0 | 9/03/2017 | 09:46:35 | 4185 | 60,9784 | 19,20,1,2,3,4,5,6,7,8,9,10,11,12,13,14,15,16,17,18 |
| 1 | 9/03/2017 | 09:46:35 | 3924 | 60,9784 | 8,9,10,11,12,13,14,15,16,17,18,19,20,1,2,3,4,5,6,7 |
| 2 | 9/03/2017 | 09:46:36 | 3463 | 60,9784 | 8,9,10,11,12,13,14,15,16,17,18,19,20,1,2,3,4,5,6,7 |
| 3 | 9/03/2017 | 09:46:36 | 2327 | 60,9784 | 6,7,8,9,10,11,12,13,14,15,16,17,18,19,20,1,2,3,4,5 |
| 4 | 9/03/2017 | 09:46:37 | 8159 | 60,9784 | 10,9,8,7,6,5,4,3,2,1,20,19,18,17,16,15,14,13,12,11 |
| 5 | 9/03/2017 | 09:46:38 | 8430 | 60,9784 | 10,9,8,7,6,5,4,3,2,1,20,19,18,17,16,15,14,13,12,11 |
| 6 | 9/03/2017 | 09:46:39 | 2249 | 60,9784 | 15,16,17,18,19,20,1,2,3,4,5,6,7,8,9,10,11,12,13,14 |
| 7 | 9/03/2017 | 09:46:39 | 2995 | 60,9784 | 7,8,9,10,11,12,13,14,15,16,17,18,19,20,1,2,3,4,5,6 |
| 8 | 9/03/2017 | 09:46:39 | 2305 | 60,9784 | 20,1,2,3,4,5,6,7,8,9,10,11,12,13,14,15,16,17,18,19 |
| 9 | 9/03/2017 | 09:46:40 | 4955 | 60,9784 | 15,16,17,18,19,20,1,2,3,4,5,6,7,8,9,10,11,12,13,14 |
| 10 | 9/03/2017 | 09:46:41 | 8934 | 60,9784 | 3,2,1,20,19,18,17,16,15,14,13,12,11,10,9,8,7,6,5,4 |
| 11 | 9/03/2017 | 09:46:41 | 2551 | 60,9784 | 12,11,10,9,8,7,6,5,4,3,2,1,20,19,18,17,16,15,14,13 |
| 12 | 9/03/2017 | 09:46:42 | 2701 | 60,9784 | 3,4,5,6,7,8,9,10,11,12,13,14,15,16,17,18,19,20,1,2 |
| 13 | 9/03/2017 | 09:46:42 | 3386 | 60,9784 | 1,2,3,4,5,6,7,8,9,10,11,12,13,14,15,16,17,18,19,20 |
| 14 | 9/03/2017 | 09:46:43 | 3093 | 60,9784 | 1,20,19,18,17,16,15,14,13,12,11,10,9,8,7,6,5,4,3,2 |
| 15 | 9/03/2017 | 09:46:43 | 2668 | 60,9784 | 12,11,10,9,8,7,6,5,4,3,2,1,20,19,18,17,16,15,14,13 |

Ao final deste capítulo, é interessante verificar como um problema de difícil solução pode ser abordado por meio dos algoritmos genéticos. O problema do caixeiro viajante, visto no estudo da complexidade de algoritmos, reduz-se ao problema geral do ciclo hamiltoniano (Cormen et al., 2002). Tal problema não pode ser resolvido em tempo polinomial[3]. Entretanto, uma solução pode ser verificada em tempo polinomial. Dessa forma, o AG consegue fazer milhares de verificações seguindo o critério da busca em feixe estocástico, o que permite chegar a uma solução, no pior dos casos, aproximada.

## –Síntese

Neste capítulo, analisamos, de forma introdutória, os algoritmos genéticos, que fazem parte da linha de pesquisa evolucionária. Um AG integra a classe de algoritmos de busca, pois seu objetivo é encontrar uma solução, em determinado espaço, para um problema específico de otimização. Os AGs podem ser uma boa opção para efetuar a busca em problemas considerados intratáveis. A busca em feixe estocástico deve-se ao uso de uma população inicial gerada

[3] Um algoritmo de tempo polinomial é executado com uma complexidade $O(n^k)$, para algum valor constante $k$ e $n$ o número de instâncias do problema. O problema do ciclo hamiltoniano (e, por sua vez, o problema do caixeiro viajante) tem uma complexidade que se reduz a $O(2^n)$ (Cormen et al., 2002). Assim, o tempo cresce não mais polinomialmente, mas exponencialmente, de acordo com o número de instâncias do problema.

aleatoriamente, a qual evolui ao longo das iterações do algoritmo. A produção de uma nova população é avaliada por uma função *objetivo* ou *de fitness*.

AG é uma técnica bem-sucedida, simples de operar, de fácil implementação, eficaz na busca da região onde provavelmente se encontra o máximo global e aplicável em situações nas quais se tem pouco ou nenhum conhecimento do modelo ou quando este é impreciso. Um AG tem como principais operadores a seleção, o cruzamento ou *crossover* e a mutação. Um indivíduo que é uma solução em um AG é codificado por meio de um cromossomo, conforme o alfabeto utilizado pelo algoritmo.

## –Questões para revisão

1. Leia o enunciado a seguir, que trata de modelagem de algoritmos genéticos.

   > O algoritmo genético conterá duas variáveis, *x* e *y*, que podem assumir valores dentro da faixa [0,15]. O cromossomo a ser modelado será representado na forma (x,y), tendo cada variável 4 *bits*. Utilizando a conversão de números decimais para binários, definimos um possível cromossomo 1 para x = 8 (em binário, $1000_b$) e y = 7 (em binário, $0111_b$) será $1000111_b$. Definimos também um cromossomo 2 para x = 14 (em binário, $1110_b$) e y = 3 (em binário, $0011_b$), que será $11100011_b$.

   Agora, assinale com (V) as afirmações verdadeiras e com (F) as afirmações falsas:

   ( ) Na operação de *crossover*, se o ponto de corte for antes do quinto *bit*, um possível descendente será $11100111_b$.

   ( ) Na operação de *crossover*, se o ponto de corte for antes do terceiro *bit*, um possível descendente será $11110111_b$.

   ( ) O cromossomo $11100110_b$ é uma mutação do cromossomo $11100111_b$, a uma taxa de mutação de 1 para 8 *bits*.

   ( ) O valor das variáveis decodificadas em decimal do cromossomo obtido $11100110_b$ é x = 14 e y = 6.

2. Com base na descrição passo a passo de um AG no texto, monte um modelo e execute um passo do algoritmo genético considerando:
   a) função *objetivo*: $f(x,y,z) = 1 - (x - 1)^2 - (y - 2)^2 - (z - 1)^2$;
   b) faixa de valores possíveis para as variáveis *x*, *y* e *z*: (0,15);
   c) codificação de cromossomos binária; e
   d) taxa de mutação de 1 para cada 10 genes, distribuída aleatoriamente entre os indivíduos.

Em seguida, dê um exemplo de codificação do cromossomo. Considere uma população inicial de dez indivíduos e faça o ponto de corte da população para os primeiros quatro indivíduos, indicando a prioridade para a próxima geração. Execute duas gerações, envolvendo seleção, *crossover* e mutação.

3. Para o desenvolvimento deste exercício, você deve utilizar como referência o mapa rodoviário do estado do Paraná, mostrado a seguir. Note que algumas cidades estão marcadas no mapa.

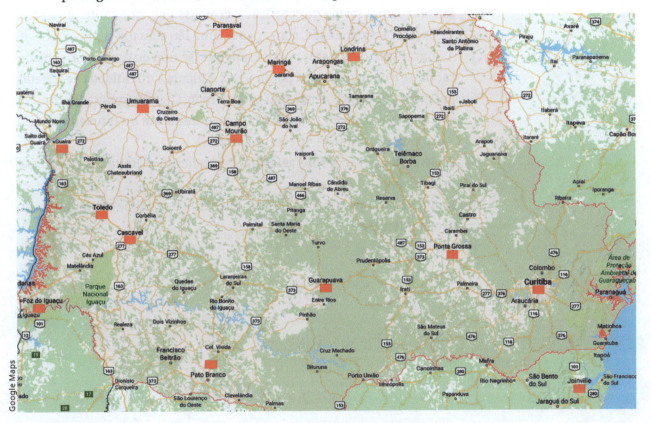

Suponha que, para uma empresa de logística, deva ser criado um programa capaz de fornecer uma rota que passe por todas as cidades, percorrendo a menor distância possível. Essa questão é conhecida como o *problema do viajante*. Para resolver o problema do viajante, é possível encontrar a solução ótima com poucas cidades. Como a complexidade do problema cresce de forma exponencial, mesmo com um número apenas razoável de cidades é praticamente impossível encontrar a melhor solução.

Para resolver o problema mediante a aplicação de algoritmos genéticos, precisamos codificá-lo na forma de um cromossomo, de modo que possa ser manipulado pelo programa.

Faça o modelo de algoritmo genético para esse problema considerando os seguintes aspectos:

a) Desenhe no próprio mapa uma solução inicial para o problema, a qual, embora não seja necessariamente a solução ótima, auxiliará a caracterizar o cromossomo para a resolução do problema.

b) Encontre uma forma de codificar o cromossomo, que contenha a identificação de cada cidade, com apenas uma letra ou um dígito.

c) A quantidade de trajetos possíveis para esse tipo de problema, considerando-se $n$ cidades, é dada por $(n-1)!/2$. Calcule a quantidade de trajetos possíveis para o problema aqui considerado. Caso o computador consiga calcular em torno de 10 mil rotas por segundo, em quanto tempo seria calculada a totalidade de rotas possíveis?

d) Ilustre as operações de seleção, cruzamento e mutação para esse problema.

e) Implemente o programa em Java, utilizando o AG de permutação do Projeto GenAlg.

# INTRODUÇÃO ÀS ONTOLOGIAS

A representação do conhecimento vem evoluindo de diversas maneiras ao longo do desenvolvimento da inteligência artificial (IA). À medida que os requisitos relativos ao conhecimento necessário para o funcionamento dos sistemas inteligentes aumentam, vão surgindo novas formas de representação. A partir do advento dos sistemas de regras de produção, dos bancos de dados relacionais e não relacionais e das redes semânticas – que, por sua vez, possibilitavam maior organização em face da complexidade de um domínio de conhecimento a ser modelado –, é viável afirmar que as ontologias são o ponto culminante das diferentes maneiras de representação de conhecimento existentes.

As ontologias têm como ponto de partida a filosofia e o estudo da essência das coisas, que remonta a Parmênides de Eleia (ca. 530 a.C.-460 a.C.), a quem primeiro se associa a ideia de que a essência das coisas independe das percepções que obtemos por meio dos sentidos (Gómez-Pérez; Fernández-López; Corcho, 2004). Posteriormente, Aristóteles (384 a.C-322 a.C.) introduziu a ideia de potência e ação das coisas e estabeleceu um sistema de categorias para distinguir os diferentes modos de "ser" para classificar as coisas (Gómez-Pérez; Fernández-López; Corcho, 2004; Aristóteles, 2016). Já no século XVII, Emmanuel Kant (1724-1804) afirmou que "a essência das coisas não é determinada pelas coisas em si, mas também pela contribuição de quem as percebe e compreende" (Gómez-Pérez; Fernández-López; Corcho, 2004, p. 4, tradução nossa). Ortega y Gasset (1883-1955) foi além, argumentando que "o mundo depende fortemente da maneira como as pessoas o percebem" (Gómez-Pérez; Fernández-López;

Corcho, 2004, p. 5, tradução nossa). Por fim, Williams James (1842-1910) declarou que "a verdade é aquilo que cada pessoa considera como tendo as melhores consequências" (Gómez-Pérez; Fernández-López; Corcho, 2004, p. 5, tradução nossa). Os atuais sistemas de informação (SI) seguem tanto a visão de Ortega y Gasset quanto a de James, considerando que "as estruturas de dados e as bases de conhecimento são modeladas não apenas para representar o mundo, mas também para que se trabalhe de forma mais eficiente, de acordo com a proposta pela qual tal sistema foi modelado" (Gómez-Pérez; Fernández-López; Corcho, 2004, p. 5, tradução nossa).

Dessa forma, as ontologias têm-se evidenciado como importante recurso na área da Ciência da Computação e vêm demonstrando grande similaridade tanto com o conceito de redes semânticas (cujo início é associado a Charles S. Peirce, ainda em 1909) quanto com a concepção de *frames*, introduzida por McCarthy e Hayes – autores que seguem a linha simbólica na área de IA (Russell; Norvig, 2004). Podemos destacar uma série de aplicações relacionadas à gestão do conhecimento: processamento de linguagem natural, recuperação de informação, modelagem de banco de dados e integração, bioinformática, educação e em novos campos emergentes, como a *web* semântica (Gómez-Pérez; Fernández-López; Corcho, 2004).

Iniciaremos o estudo da representação do conhecimento por meio de ontologias com um exemplo que mostrará os requisitos para que tal representação possa ser utilizada por um sistema inteligente qualquer. Suponhamos que seja necessário construir uma representação de uma cadeira para que um sistema inteligente possa fazer algum tipo de raciocínio sobre ela. Cadeiras podem existir, na realidade, em vários formatos e substâncias (Figura 7.1).

Figura 7.1 – Alguns tipos de cadeiras

watermelon_k, sprinter81, Aleksangel, NiglayNik, binbeter, Marben, dandesign86, Aleksandr Kurganov/Shutterstock

Para construirmos a representação de uma cadeira, precisamos extrair a essência do que vem a ser esse móvel, ou seja, definir o que é que se repete em todas as cadeiras possíveis. Podemos fazer uma analogia com a forma como representamos mentalmente tal objeto. Quando pensamos em uma cadeira, vem-nos à mente um móvel que pode ser uma composição das várias cadeiras que tenhamos encontrado durante nossa vida, ou uma cadeira protótipo (Figura 7.2). Essa cadeira pode ter assento baixo ou alto, espaldar maior ou menor, pés grandes ou pequenos, mas sempre se enquadrará na ideia que temos do que é uma cadeira. Se faltar, a um objeto que pretendemos classificar como cadeira, uma das partes que identificam esse móvel (assento, espaldar ou pés), não poderemos classificá-lo dessa forma.

Figura 7.2 – Variações possíveis de uma cadeira

Assim, um primeiro modo de categorizar uma cadeira seria descrever, em linguagem natural, como uma cadeira pode ser classificada. É possível seguir a classificação proposta por Aristóteles para os diferentes objetos do mundo. Ele estipulou, para isso, uma série de oito critérios para caracterizar cada objeto:

1. **substância** de que é feito (madeira, ferro, aço, plástico, estofado etc.);
2. **objetivo** a que se destina (descanso, trabalho, refeição, ornamentação etc.);
3. **composição**, ou seja, partes que o compõem (assento, encosto, pé, braço, rodinhas etc.);

4. **propriedades** (número de pés, altura, largura, comprimento, peso máximo, dobrável ou não, reclinável ou não, giratória, automática, preço etc.);
5. **tempo de uso** (nova, usada);
6. **estado** (normal, precisando de conserto, inutilizada);
7. **hierarquia** (isolada, parte de um conjunto com mesa etc.);
8. **diferença** (banco, mesa de centro, expositor etc.).

É necessário que a descrição de uma cadeira seja formalizada, para que possa ser entendida da mesma forma por outras pessoas. Essa formalização pode ser, então, escrita em linguagem natural e compartilhada de modo a possibilitar que o entendimento de diferentes pessoas seja bem aproximado. Ou então, ela pode ser representada por meio de ontologias, o que cumprirá o mesmo papel.

Vejamos, a seguir, o que são ontologias. Posteriormente, retomaremos o exemplo da cadeira para identificar diferentes formas de representação de tal objeto.

## 7.1 Conceito de ontologia[1]

[1] Esta seção é, em parte, extraída da tese de doutoramento do autor.

Ao longo do desenvolvimento da teoria das ontologias, uma série de conceitos foi elaborada por vários autores, como mostra o Quadro 7.1. É possível afirmar, de maneira geral, que uma ontologia consiste em um grupo de termos ou conceitos referentes a uma área de conhecimento, que estão relacionados entre si, sendo um consenso em termos de compreensão para um grupo de pessoas que a compartilham de forma comum.

Quadro 7.1 – Diferentes conceitos de ontologia

| Autor(es) | Conceito de ontologia |
|---|---|
| Neches et al. (1991) | Define os termos básicos e as relações, compreendendo o vocabulário de uma área, bem como as regras para combinar termos e relações que definam extensões para o vocabulário. |
| Gruber (1993) | Trata-se de uma especificação explícita de uma conceituação. |
| Borst (1997) | É uma especificação formal de uma conceituação compartilhada. |
| Studer, Benjamins e Fensel (1998) | Consiste em uma especificação formal e explícita de uma conceituação compartilhada. |
| Guarino e Giaretta (1995) | Pode ser definida como uma teoria lógica que fornece uma consideração parcial e explícita sobre uma conceituação. |
| Guarino e Giaretta (1998) | Consite em um conjunto de axiomas lógicos formulador para designar o significado pretendido de um vocabulário. |

*(continua)*

*(Quadro 7.1 – conclusão)*

| Autor(es) | Conceito de ontologia |
|---|---|
| Schreiber, Wielinga e Jansweijer (1995) | Fornece os meios para descrição explícita da conceituação por trás do conhecimento representado em uma base de conhecimento. |
| Uschold e Gruninger (1996) | Termo utilizado em referência a uma compreensão compartilhada de algum domínio de interesse, o qual deve ser usado como *framework* unificador para resolver problemas de comunicação, interoperabilidade e reutilização. |
| Swartout et al. (1997) | É um conjunto de termos hierarquicamente estruturados para descrever um domínio que pode ser usado como "esqueleto" para constituir uma base de conhecimento. |
| Uschold e Jasper (1999) | Pode assumir uma variedade de formas, mas irá necessariamente incluir um vocabulário de termos e alguma especificação de significado. Inclui definições e uma indicação sobre como conceitos estão inter-relacionados, o que coletivamente impõe uma estrutura no domínio e restringe as interpretações possíveis dos temas. |
| Gruber (2008) | Especifica um vocabulário com o qual é possível fazer asserções que podem ser entradas ou saídas de agentes inteligentes, tais como um programa de *software*. |

Fonte: Elaborado com base em Gómez-Pérez; Fernández-López; Corcho, 2004; Medeiros, 2010.

Studer, Benjamins e Fensel (1998) detalham a definição por eles proposta, explicando os termos empregados conforme segue:

- **conceituação** – refere-se a um modelo abstrato de certo fenômeno, obtido pela identificação de seus conceitos mais relevantes;
- **explícita** – significa que os conceitos usados e suas restrições são explicitamente definidos;
- **formal** – refere-se ao fato de que a ontologia deve ser lida de forma automática, ou seja, por uma máquina, o que exclui o emprego da linguagem natural;
- **compartilhada** – reflete a ideia de que uma ontologia captura conhecimento consensual, isto é, aquele que não é inerente a um indivíduo, e sim aceito por um grupo – a questão do consenso será aprofundada em seção específica mais adiante.

Guarino e Giaretta (1995), em artigo que aborda especificamente a terminologia desse campo de estudo, coletaram sete definições distintas para o termo *ontologia*:

1. sistema filosófico;
2. sistema conceitual informal;
3. conta semântica formal;
4. conceituação de uma especificação;
5. representação de um sistema conceitual mediante teoria lógica;

6. vocabulário utilizado por uma teoria lógica;
7. especificação em meta-nível de uma teoria lógica.

Welty et al. (1999), propondo uma definição estruturada como a de Guarino e Giaretta (1995), consideram que uma ontologia varia em um *continuum* de complexidade, relacionado ao uso de raciocínio automatizado (Figura 7.3). À medida que esse *continuum* evolui, a ontologia vai se apresentando como:

- catálogo;
- conjunto de arquivos de texto;
- glossário;
- tesauro (léxico);
- coleção de taxonomias;
- coleção de *frames*;
- conjunto de restrições lógicas gerais.

Figura 7.3 – *Continuum* de representação por ontologias

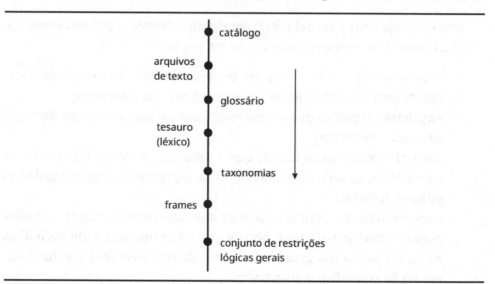

Fonte: Welty et al., 1999.

Em uma proposta de definição mais recente, Gruber (2008) afirma que uma ontologia especifica um vocabulário com o qual se fazem asserções que podem ser entradas ou saídas de agentes inteligentes, a exemplo de um programa de *software*. Como especificação de interface, a ontologia provê uma linguagem para comunicação com o agente. Não há, porém, necessidade de usar os termos da ontologia como uma codificação interna de seu conhecimento. As definições e restrições formais da ontologia impõem limitações ao que pode ser representado nessa linguagem. Em essência, comprometer-se com uma ontologia (ou seja, manter uma interface utilizando o vocabulário da ontologia) requer que as declarações que são afirmadas sobre entradas e saídas sejam logicamente consistentes com as definições e restrições da ontologia.

## 7.2
## Principais componentes de uma ontologia

Conforme o grau de formalismo em que forem expressas as ontologias, elas podem ser consideradas (Gómez-Pérez; Fernández-López; Corcho, 2004):

- **altamente informais**, caso sejam expressas em linguagem natural;
- **semi-informais**, se forem expressas em uma estrutura restrita de uma linguagem natural;
- **semiformais**, se forem expressas em uma linguagem definida formalmente e de uso artificial, como OWL (Dean; Schreiber, 2003);
- **rigorosamente formais**, se fornecerem meticulosamente termos definidos com semântica formal, teoremas e provas de propriedades, como validade e completeza.

No início dos anos 1990, construíam-se ontologias utilizando-se principalmente técnicas de modelagem de IA apoiadas em *frames* e lógica de primeira ordem. Nos últimos anos, outras técnicas de representação de conhecimento fundadas em descrição lógica (Baader; Hollunder; Kris, 1991) têm sido utilizadas em linguagens tais como OIL (Horrocks et al., 2000), DAML+OIL (Horrocks; Van Harmelen, 2001) e OWL (Dean; Schreiber, 2003).

Existem importantes conexões e implicações entre o conhecimento modelando componentes (conceitos, regras, etc.), o conhecimento representando paradigmas (*frames*, descrição lógica, lógica) utilizados para representar formalmente tais componentes; e as linguagens adotadas para implementar as ontologias sob certo paradigma de representação de conhecimento.

Gómez-Pérez, Fernández-López e Corcho (2004) diferenciam ontologias entre *lightweight* ("peso-leve") e *heavyweight* ("peso-pesado"), ressaltando que as primeiras podem ser construídas a partir de abordagens baseadas em engenharia de *software* (UML) e bancos de dados (Diagramas de Entidade-Relacionamento). Entretanto, as ontologias *heavyweight* exigem abordagens fundamentadas em técnicas de IA para combinar *frames* e a lógica de primeira ordem.

Outras técnicas utilizadas largamente em engenharia de *software* ou bancos de dados para modelagem de conceitos, relacionamentos entre conceitos e atributos de conceitos poderiam ser apropriadamente usadas para construir ontologias *lightweight*, uma vez que essas técnicas já impõem uma estruturação sobre o domínio de conhecimento e restringem a interpretação dos termos. Porém, é importante ressaltar que o modelo pode ser considerado uma ontologia somente se o conhecimento consensual compartilhado for aceito pela comunidade de interesse (Gómez-Pérez; Fernández-López; Corcho, 2004).

## 7.3
## Tipos de componentes de uma ontologia

Os tipos de componentes de uma ontologia variam conforme o uso de *frames* e lógica de primeira ordem ou o uso de *frames* e lógica descritiva. Gruber (1993) propôs a modelagem de ontologias por meio de *frames* e lógica de primeira ordem, identificando cinco tipos de componentes (Gómez-Pérez; Fernández-López; Corcho, 2004):

1. **Classes** – Representam conceitos que são utilizados em amplo sentido. As classes em uma ontologia são usualmente organizadas em taxonomias mediante um mecanismo de herança. Além disso, elas podem representar conceitos abstratos (intenções, crenças, sentimentos etc.) ou concretos (pessoas, computadores, coisas etc.).

2. **Relações** – Representam um tipo de associação entre os conceitos de um domínio. São formalmente definidas como subconjuntos de um produto de $N$ conjuntos $R \subset C_1 \times C_2 \times ... C_N$. As ontologias normalmente utilizam relações binárias.

3. **Funções** – Consideradas como um caso especial de relações nas quais o $n$-ésimo elemento da relação é único para os $n - 1$ elementos que o precedem. Funções podem ser expressas formalmente como: $F: C_1 \times C_2 \times ... C_{n-1} \rightarrow C_n$.

4. **Axiomas** – Servem para modelagem de sentenças tautológicas, ou seja, que são sempre verdadeiras. São normalmente usados para representar conhecimento que não pode ser formalmente definido por outros componentes. Em adição a isso, axiomas formais podem ser empregados para verificar a consistência da própria ontologia ou da informação armazenada em uma base de conhecimento. Os axiomas formais também são muito úteis para inferência de novos conhecimentos. Podem ser independentes de domínio.

5. **Instâncias** – São utilizadas para representar elementos ou indivíduos em uma ontologia, podendo referir-se a classes ou relações.

Outra taxonomia foi proposta por Noy, Fergerson e Musen (2000) a partir do que é utilizado na prática com a ferramenta Protégé-2000 (Figura 7.4):

1. **Classes** – Assim como na classificação anterior, representam conceitos e possibilitam organização na forma de herança.
2. **"Object Properties"** – São propriedades que permitem a relação entre classes.
3. **"Datatype Properties"** – São propriedades que permitem associar tipos de dados (como *string* ou valores inteiros) à determinada classe.
4. **Axiomas** – Apresentam o mesmo significado de sentenças tautológicas, visto anteriormente.
5. **Indivíduos** – São as instâncias de uma classe.

Figura 7.4 – Componentes de ontologias de acordo com a ferramenta Protégé-2000

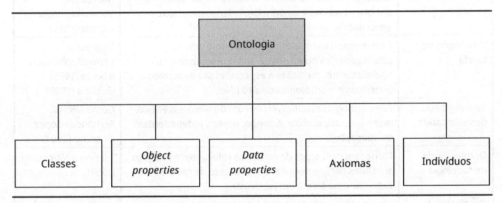

## 7.4
## Categorização de ontologias

Em razão da multiplicidade de formas com que se pode montá-las, a divisão das ontologias em categorias foi uma das preocupações de vários autores. Gómez-Pérez, Fernández-López e Corcho (2004) resumem as classificações das ontologias propostas por vários autores, de acordo com o objeto de contextualização, como mostra o Quadro 7.2, que apresenta também o conceito de ontologias de fundamentação[2] proposto por Guizzardi et al. (2011).

[2] O grupo de pesquisa brasileiro Nemo (https://nemo.inf.ufes.br/) vem atuando desde 2006 de forma significativa no desenvolvimento do conceito de ontologias de fundamentação e aplicação de técnicas baseadas em ontologias na engenharia de *software*.

Quadro 7.2 – Diferentes categorias de ontologias

| Categoria | Descrição | Autor(es) |
|---|---|---|
| Ontologias de representação de conhecimento | Capturam as primitivas de representação utilizadas para formalizar conhecimento de acordo com determinado paradigma. | Van Heijst, Schreiber e Wielinga (1997) |
| Ontologias gerais ou comuns | São utilizadas para representar conhecimento de senso comum reutilizável em vários domínios, incluindo vocabulário relacionado a coisas, eventos, tempo, espaço, causalidade, comportamento, função etc. | Van Heijst, Schreiber e Wielinga (1997) Mizoguchi, Vanwelkenhuysen e Ikeda (1995) |
| Ontologias de alto nível | Descrevem conceitos muito generalizados e fornecem as noções sob as quais todos os termos-raiz nas ontologias existentes deverão estar ligados. | Guarino (1998) |
| Ontologias de domínio | São ontologias reutilizáveis para um domínio específico em questão. Fornecem vocabulários sobre conceitos pertencentes a um domínio e seus relacionamentos, sobre as atividades que tomam lugar nesse domínio e sobre as teorias e os princípios elementares que o governam. | Van Heijst, Schreiber e Wielinga (1997) Mizoguchi, Vanwelkenhuysen e Ikeda (1995) |
| Ontologias de tarefa | Descrevem o vocabulário relacionado a uma tarefa genérica ou atividade, como diagnóstico ou agendamento, mediante a especialização de termos genéricos em ontologias de alto nível. | Mizoguchi, Vanwelkenhuysen e Ikeda (1995) Guarino (1998) |
| Ontologias de domínio-tarefa | São ontologias reutilizáveis em um domínio específico, mas não entre domínios, sendo, porém, independentes de aplicações. | Gómez-Pérez, Fernández-López e Corcho (2004) |
| Ontologias de metodologia | Fornecem definições de conceitos relevantes e relações aplicadas para especificar um processo de raciocínio ou executar uma tarefa em particular. | Tijerino e Mizoguchi (1993) |
| Ontologias de aplicação | São as ontologias dependentes de aplicações, que contêm todas as definições necessárias para modelar o conhecimento requerido para uma aplicação em particular. | Van Heijst, Schreiber e Wielinga (1997) |
| Ontologias de fundamentação | Descrevem as categorias que são utilizadas para a construção de conceituações, em consonância com a teoria da substância e acidente de Aristóteles, que se refere à determinada porção da realidade e fornecem primitivas para a construção de ontologias de domínio. | Guizzardi et al. (2011) |

Fonte: Elaborado com base em Gómez-Pérez; Fernández-López; Corcho, 2004.

## 7.5 Construção de ontologias

A construção e a modelagem de ontologias são tarefas que consomem bastante tempo dos desenvolvedores. Tais tarefas se tornam mais complexas quando se busca implementar uma linguagem de ontologia sem uma ferramenta adequada de suporte. Várias ferramentas foram concebidas para trabalhar com ontologias em diversas atividades. Gómez-Pérez, Fernández-López e Corcho (2004) classificam essas ferramentas em seis grupos:

1. **Desenvolvimento de ontologias** – Inclui ferramentas e suítes integradas para criação de novas ontologias, edição textual e gráfica, navegação, documentação, exportação e importação em diferentes formatos e linguagens e gestão de bibliotecas de ontologias.
2. **Avaliação de ontologias** – Reúne ferramentas utilizadas para avaliar o conteúdo de ontologias e suas tecnologias relacionadas, para tentar reduzir problemas de integração e uso de ontologias em outros sistemas de informação.
3. *Merging* **e alinhamento de ontologias** – Refere-se às ferramentas empregadas para resolver o problema de unificar ontologias relativas a um mesmo domínio.
4. **Anotação de ontologias** – Engloba ferramentas aplicadas por usuários das ontologias para inserir instâncias de conceitos e relações em ontologias e manter, de forma automática ou semiautomática, marcações baseadas em ontologias em páginas da *web*. Tais ferramentas são aproveitadas no contexto da *web* semântica.
5. **Consulta e inferência de ontologias** – Refere-se a ferramentas que permitem consultas em ontologias e raciocínio por inferência, e que são fortemente relacionadas à linguagem na qual a ontologia é implementada.
6. **Aprendizado de ontologias** – Inclui ferramentas que podem direcionar a construção de ontologias de forma automática ou semiautomática, a partir de formatos mais básicos de representação de conhecimento, como textos em linguagem natural e bancos de dados.

A ferramenta *Protégé-2000* é uma das mais populares para a construção de ontologias. Foi desenvolvida pela Universidade de Stanford, visando à representação de ontologias na área de medicina (Noy; Fergerson; Musen, 2000). A Figura 7.5 mostra uma visão geral das telas da ferramenta.

Figura 7.5 – Ferramenta para desenvolvimento de ontologias Protégé-2000

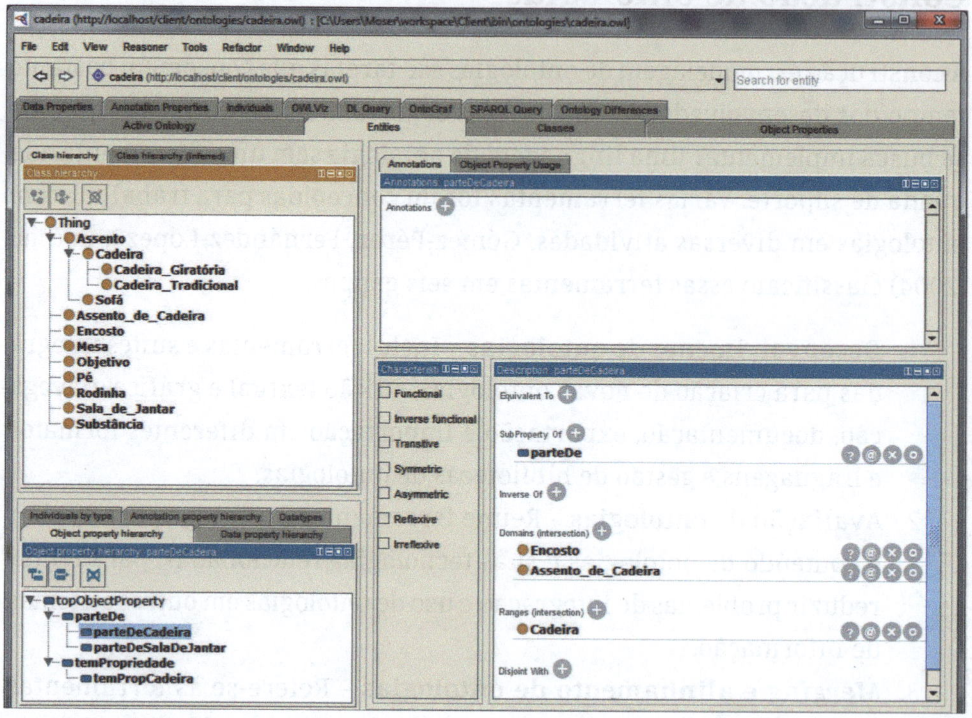

## 7.6
# Usando diferentes representações

Exemplos de ontologias *lightweight* (peso-leve) são apresentados nas Figuras 7.6 e 7.7. Na Figura 7.6, há uma representação de ontologia de cadeiras expressa em UML, mostrando classes e relações de generalização, agregação e composição, bem como cardinalidades. Na Figura 7.7, podemos observar uma ontologia expressa em diagrama de entidade e relacionamento (E-R), utilizado em modelagem de bancos de dados, mostrando as relações entre classes e atributos e a cardinalidade das classes.

Figura 7.6 – Representação de uma cadeira com diagramas UML

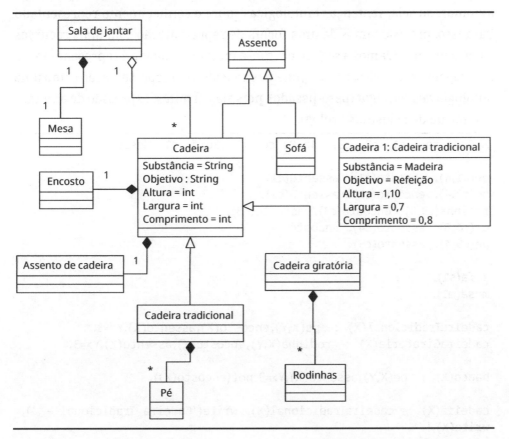

Figura 7.7 – Representação de uma cadeira utilizando diagrama entidade-relacionamento (E-R)

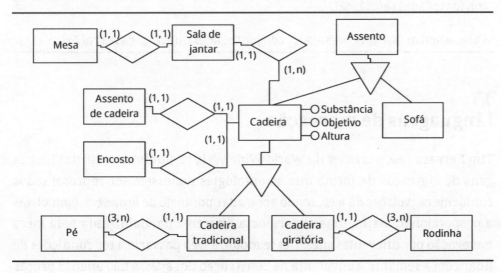

Introdução às ontologias | 211

Cabe ressaltar, entretanto, que essas ontologias não conseguem expressar axiomas, ou seja, sentenças tautológicas sobre o conhecimento representado. Para isso, precisaríamos de uma forma de representação com mais recursos, como a que mostramos a seguir, em que a mesma ontologia é representada em linguagem Prolog. Nesse caso, podemos considerar a representação como uma ontologia *heavyweight* (peso-pesado), pois ela permite a expressão de axiomas (em forma de cláusulas Prolog).

```
% Cadeiras: c1, c2, c3, c4; Banco: c5; Sofá: s1; Mesa: m1

pe(c1,4). encosto(c1). assento(c1).
pe(c2,4). encosto(c2). assento(c2).
rodinha(c3,3). encosto(c3). assento(c3).
pe(c4,3). assento(c4). encosto(c4).
pe(c5,4). assento(c5).

sofa(s1).
mesa(m1).

cadeiraTradicional(X) :- pe(X,Y),encosto(X),assento(X),Y>=3.
cadeiraGiratoria(X) :- rodinha(X,Y),encosto(X),assento(X),Y>=3.

banco(X) :- pe(X,Y),assento(X),Y>=3,not(encosto(X)).

cadeira(X) :- cadeiraTradicional(X), write('Cadeira Tradicional - '),
write(X),!.
cadeira(X) :- cadeiraGiratoria(X), write('Cadeira Giratória - '),
write(X).

conjuntoCadeira(cc1,c1).
conjuntoCadeira(cc1,c2).

salaDeJantar(X,Z) :- mesa(X), conjuntoCadeira(Y,Z), cadeira(Z).
```

## 7.7
## Linguagens de marcação

Tim Berners-Lee, o criador da World Wide Web, vislumbrou o uso das linguagens de marcação de forma que as ontologias pudessem ser representadas conforme os padrões da *web*, sendo acessadas por meio de *browsers*, com vistas a proporcionar, assim, uma experiência diferente da viabilizada pela mera navegação por diferentes *sites*. Desse modo, a *web* passaria a ter condições de lidar com a semântica envolvida na construção dos *sites*, e não apenas processar dados de forma sintática (Berners-Lee; Hendler; Lassila, 2001). Assim, os padrões de representação de dados na *web*, como o HTML e o XML, serviram de base para a construção de linguagens para ontologias com mais recursos de representação, a exemplo da RDF e, mais recentemente, da OWL (Figura 7.8).

> A *web* **semântica** é uma extensão da *web* atual, que permitirá a cooperação entre seres humanos e computadores, habilitando as máquinas a compreender documentos e dados semânticos.

Figura 7.8 – Linguagens de marcação para ontologias

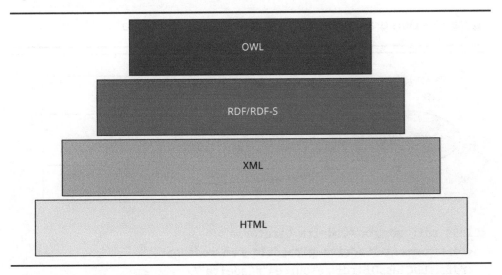

## 7.8
## RDF e RDF-S

Resource Description Framework (RDF) é um modelo padronizado para efetuar intercâmbio de dados na *web*. Sua principal função é facilitar a união de dados, mesmo quando se trata de esquemas diferentes, pois oferece suporte para a evolução dos esquemas de dados, sem requerer modificações nos clientes. O RDF estende a estrutura de conexões da *web* para utilizar Uniform Resource Identifiers (URIs – Identificador Uniforme de Recursos) e designar os relacionamentos entre as coisas na forma sujeito-predicado-objeto (usualmente denominada *tripla*). O uso desse modelo simples permite que dados estruturados e semiestruturados sejam misturados, apresentados e compartilhados por meio de diferentes aplicações. Em complemento ao RDF, há o padrão RDF Schema (RDF-S), que implementa as especificações previstas no RDF (Schreiber; Raimond, 2014).

As estruturas de ligação formam um grafo identificado e direcionado, cujos nós representam o nome que liga dois recursos. A visualização por meio de grafo é o modelo mental mais simples possível para se representar o padrão RDF, que é utilizado com frequência em explicações visuais. Por exemplo, na Figura 7.9, tomando o exemplo da cadeira, podemos ter duas triplas: a primeira indica que "Cadeira_Giratória" (sujeito) é uma subclasse (predicado) de "Cadeira" (objeto); a segunda relaciona Cadeira_Giratória (sujeito), à qual está vinculado um comentário (predicado), com o valor "Cadeira giratória tem rodinhas" (objeto).

Figura 7.9 – Dois grafos RDF para o objeto "Cadeira Giratória"

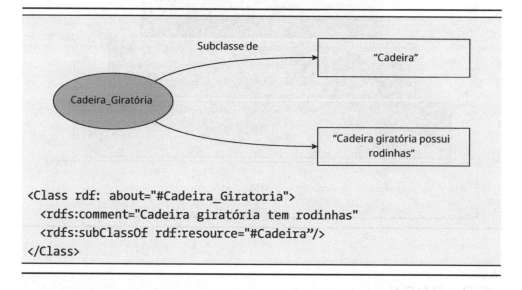

```
<Class rdf: about="#Cadeira_Giratoria">
  <rdfs:comment="Cadeira giratória tem rodinhas"
  <rdfs:subClassOf rdf:resource="#Cadeira"/>
</Class>
```

### Para saber mais

O *site* W3C contém informações importantes sobre RDF e disponibiliza uma suíte de recomendações, disponível para *download* no endereço indicado a seguir, podendo também ser acessada por meio do QR Code disponível ao lado.

RDF – Resource Description Framework. Disponível em: <https://www.w3.org/RDF/>. Acesso em: 29 jun. 2018.

Os padrões RDF e RDF-S implementam uma série de classes e propriedades, possibilitando, assim, a construção de ontologias com diferentes graus de complexidade. As ontologias podem ser visualizadas como um conjunto de declarações RDF, as quais se referem ao conhecimento a ser representado. As classes e propriedades estão demonstradas, respectivamente, nos Quadros 7.3 e 7.4.

## Quadro 7.3 – Classes RDF

| Nome da classe | Descrição |
|---|---|
| rdfs:Resource | Classe de recursos, todas as coisas |
| rdfs:Literal | Classe dos valores literais, ou seja, *strings* e inteiros |
| rdf:XMLLiteral | Classe dos literais XML |
| rdfs:Class | Classe das classes |
| rdf:Property | Classe das propriedades RDF |
| rdfs:Datatype | Classe dos tipos de dados RDF |
| rdf:Statement | Classe das declarações RDF |
| rdf:Bag | Classe de *containers* não ordenados |
| rdf:Seq | Classe de *containers* ordenados |
| rdf:Alt | Classe de *containers* de alternativas |
| rdfs:Container | Classe de *containers* RDF |
| rdf:List | Classe de listas RDF |

Fonte: Elaborado com base em McGuinness; Harmelen, 2009.

## Quadro 7.4 – Propriedades RDF

| Nome da propriedade | Descrição | Domínio (*domain*) | Imagem (*range*) |
|---|---|---|---|
| rdf:type | O sujeito é uma instância de uma classe | rdfs:Resource | rdfs:Class |
| rdfs:subClassOf | O sujeito é uma subclasse de uma classe | rdfs:Class | rdfs:Class |
| rdfs:subPropertyOf | O sujeito é uma subpropriedade de uma propriedade | rdf:Property | rdf:Property |
| rdfs:domain | Um domínio de um sujeito propriedade | rdf:Property | rdfs:Class |
| rdfs:range | Uma imagem do sujeito propriedade | rdf:Property | rdfs:Class |
| rdfs:label | Um nome legível por humanos | rdfs:Resource | rdfs:Literal |
| rdfs:comment | Uma descrição do recurso | rdfs:Resource | rdfs:Literal |
| rdfs:member | Um membro do recurso | rdfs:Resource | rdfs:Resource |
| rdf:first | Primeiro item na lista RDF | rdf:List | rdfs:Resource |
| rdf:rest | Elementos restantes na lista RDF depois do primeiro item | rdf:List | rdf:List |
| rdfs:seeAlso | Informação adicional sobre o sujeito posicionado como recurso | rdfs:Resource | rdfs:Resource |
| rdfs:isDefinedBy | Definição do recurso | rdfs:Resource | rdfs:Resource |
| rdf:value | Propriedade idiomática utilizada para valores estruturados | rdfs:Resource | rdfs:Resource |
| rdf:subject | Sujeito de uma declaração RDF | rdf:Statement | rdfs:Resource |
| rdf:predicate | Predicado de uma declaração RDF | rdf:Statement | rdfs:Resource |
| rdf:object | Objeto de uma declaração RDF | rdf:Statement | rdfs:Resource |

Fonte: Elaborado com base em McGuinness; Harmelen, 2009.

Os recursos em uma tripla RDF referem-se a URIs, ou seja, podem ser acessados mediante um endereço na *web*. A seguir, apresentamos um exemplo em que as classes "Cadeira" e "Cadeira_Giratória" estão publicadas no endereço <http://www.example.org/ontology>.

```
<Class rdf:about="http://www.example.org/
ontology#Cadeira_Giratoria">
  <rdfs:comment="Cadeira giratória possui rodinhas"/>
  <rdfs:subClassOf rdf:resource=" http://www.example.org/ontology
#Cadeira"/>
</Class>
```

Ontologias em RDF utilizam com frequência a área de nomes de espaços no início do arquivo para evitar a repetição das URIs ao longo da ontologia. Na sequência, demonstramos como isso pode ser escrito. No cabeçalho dos prefixos, há a atribuição da URI "http://www.example.org/ontology/" à designação "cadeira", facilitando a descrição na sequência da ontologia.

```
<rdf:RDF xmlns="http://www.example.org/ontology/cadeira#"
    xml:base="http://www.example.org/ontology/cadeira#"
    xmlns:rdfs="http://www.w3.org/2000/01/rdf-schema#"
    xmlns:rdf="http://www.w3.org/1999/02/22-rdf-syntax-ns#">
   xmlns:cadeira="http://www.example.org/ontology/cadeira#"

<Class rdf:about="cadeira#Cadeira_Giratoria">
  <rdfs:comment="Cadeira giratória possui rodinhas"/>
  <rdfs:subClassOf rdf:resource="cadeira#Cadeira"/>
</Class>
```

## 7.9
## O vocabulário RDF

O modelo de dados RDF fornece um modo de fazer declarações sobre recursos. No entanto, esse modelo não assume qualquer premissa sobre quais recursos do padrão Internationalized Resource Identifier (IRI – Identificadores de Recursos Internacionalizados)[3] estão disponíveis. Na prática, o RDF é tipicamente utilizado em combinação com vocabulários ou outras convenções que fornecem informação semântica sobre tais recursos (Schreiber, Raimond, 2014).

O RDF-S utiliza a noção de *classe* para categorias específicas que podem ser utilizadas para classificar recursos. A relação entre uma *instância* e sua

[3] O IRI é semelhante ao padrão adotado para URI, porém permitem o endereçamento internacionalizado na *web*. Confira em: World..., 2018.

classe é definida por meio da propriedade *type*. Com o RDF-S, é possível criar hierarquias de classes, subclasses, propriedades e subpropriedades. Restrições de tipo nos sujeitos e objetos de triplas particulares podem ser definidas por meio dos construtos *domain* e *range*.

Um modelo básico de construtos fornecidos pelo RDF-S está resumido no Quadro 7.5.

Quadro 7.5 – Descrição de alguns construtos RDF-S

| Construto | Forma Sintática | Descrição |
| --- | --- | --- |
| Class (uma classe) | C rdf:type rdfs:Class | C (um recurso) é uma classe RDF |
| Property (uma classe) | P rdf:type rdf:Property | P (um recurso) é uma propriedade RDF |
| type (uma propriedade) | I rdf:type C | I (um recurso) é uma instância de C (uma classe) |
| subClassOf (uma propriedade) | C1 rdfs:subClassOf C2 | C1 (uma classe) é uma subclasse de C2 (uma classe) |
| subPropertyOf (uma propriedade) | P1 rdfs:subPropertyOf P2 | P1 (uma propriedade) é uma subpropriedade de P2 (uma propriedade) |
| domain (uma propriedade) | P rdfs:domain C | O domínio de P (uma propriedade) é C (uma classe) |
| range (uma propriedade) | P rdfs:range C | A imagem de P (uma propriedade) é C (uma classe) |

Fonte: Schreiber; Raimond, 2014, tradução nossa.

Com a ajuda do RDF-S, é viável construir um modelo de dados em RDF. Um exemplo informal simples para a ontologia da cadeira em RDF/RDF-S pode ser visto no Quadro 7.6. Note a forma de triplas *sujeito-predicado-objeto*, típica da representação em RDF. Uma representação equivalente, porém em forma de ontologia no formato XML, encontra-se na sequência.

Quadro 7.6 – Ontologia da cadeira em RDF/RDF-S (exemplo informal)

| N. | Exemplo de tripla | Significado |
| --- | --- | --- |
| 1 | Cadeira rdf:type rdfs:Class | *Cadeira* é uma classe RDF. |
| 2 | temAltura rdf:type rdf:Property | *temAltura* é uma propriedade RDF. |
| 3 | Cadeira1 rdf:type Cadeira | *Cadeira1* é uma instância de *Cadeira*. |
| 4 | Cadeira_Tradicional rdfs:subClassOf Cadeira | *cadeira_Tradicional* é uma subclasse de *Cadeira*. |
| 5 | temAltura rdfs:subPropertyOf temTamanho | *temAltura* é uma subpropriedade de *temTamanho*. |
| 6 | temAltura rdfs:domain Cadeira | O domínio da propriedade *temAltura* é a classe *Cadeira*. |
| 7 | temEspaldar rdfs:range Espaldar | A imagem de *temEspaldar* é a classe *Espaldar*. |

```xml
<?xml version="1.0"?>
<rdf:RDF
    xml:base="http://www.example.org/ontology#"
    xmlns="http://www.example.org/ontology#"
    xmlns:rdfs="http://www.w3.org/2000/01/rdf-schema#"
    xmlns:rdf="http://www.w3.org/1999/02/22-rdf-syntax-ns#">

<rdfs:Class rdf:about="Cadeira" />

<rdfs:Class rdf:about="Cadeira_Tradicional">
    <rdfs:subClassOf rdf:resource="Cadeira" />
</rdfs:Class>

<rdfs:Class rdf:about="Espaldar" />

<rdf:Property rdf:about="temTamanho" />

<rdf:Property rdf:about="temAltura">
    <rdfs:subPropertyOf rdf:resource="temTamanho" />
</rdf:Property>

<rdf:Description rdf:about="Cadeira1">
    <rdf:type rdf:resource="Cadeira" />
</rdf:Description>

<rdf:Property rdf:about="temEspaldar">
    <rdfs:domain rdf:resource="Cadeira" />
    <rdfs:range rdf:resource="Espaldar" />
</rdf:Property>

</rdf:RDF>
```

## 7.18
## OWL (*Web Ontology Language*)

*Web Ontology Language* (OWL) é uma linguagem de *web* semântica desenvolvida para representar conhecimento rico e complexo sobre coisas, grupos de coisas e relações entre coisas. Trata-se de uma linguagem computacional fundamentada na lógica, de forma que o conhecimento expresso em OWL pode ser explorado por programas de computador, seja para verificar a consistência desse conhecimento, seja para tornar explícito o conhecimento implícito. Documentos em OWL, tal como as ontologias, podem ser publicados na *www* e podem referenciar ou ser referenciados por outras ontologias em OWL (W3C OWL Working Group, 2012). A OWL estende a especificação RDF e

RDF-S, permitindo maior expressividade para a representação das ontologias. No Quadro 7.7, a seguir, estão descritos alguns construtos do padrão OWL.

Quadro 7.7 – Descrição de construtos da OWL

| Construto | Descrição |
|---|---|
| Class | Uma classe define um grupo de indivíduos que compartilham algumas propriedades. Por exemplo, João e Maria são membros da classe *Person*. Classes podem ser organizadas em uma hierarquia especializada, utilizando-se *subClassOf*. Existe uma classe geral *Thing*, que se refere à classe de todos os indivíduos e é uma superclasse de todas as classes OWL. Há também uma classe denominada *Nothing*, que se refere à classe que não tem instâncias e é uma subclasse de todas as classes OWL. |
| equivalentClass | Duas classes podem ser definidas como equivalentes. Classes equivalentes têm as mesmas instâncias. Uma igualdade pode ser utilizada para criar classes sinônimas. Por exemplo, *Carro* pode de ser definido como equivalentClass de *Automóvel*. A partir disso, um *engine* de inferência pode deduzir que qualquer indivíduo que é uma instância de *Carro* é também uma instância de *Automóvel* e vice-versa. |
| equivalentProperty | Duas propriedades podem ser definidas como equivalentes. Propriedades equivalentes relacionam um indivíduo ao mesmo conjunto de outros indivíduos. Uma igualdade pode ser usada para criar propriedades sinônimos. Por exemplo, *temLider* pode ser definida como equivalentProperty de *temChefe*. A partir disso, um motor de inferência pode deduzir que se *X* é relacionado a *Y* pela propriedade *temLider*, *X* é também relacionado a *Y* pela propriedade *temChefe* e vice-versa. Um motor de inferência pode também deduzir que *temLider* é uma subpropriedade de *temChefe*, assim como *temChefe* é uma subpropriedade de *temLider*. |
| sameAs | Dois indivíduos podem ser definidos como o mesmo. Estes construtos podem ser utilizados para criar um número de diferentes nomes que se referem ao mesmo indivíduo. Por exemplo, o indivíduo *Maria* pode ser definido como o mesmo indivíduo denominado *MariaDasGraças*. |
| disjointFrom | Duas classes podem ser definidas como disjuntas uma da outra. Por exemplo, *Homem* e *Mulher* podem ser definidas como classes disjuntas. Com base nessa declaração disjointWith, um motor de inferência pode deduzir inconsistência quando um indivíduo é definido como uma instância de ambos. De modo similar, um motor de inferência pode deduzir que, se *A* é uma instância de *Homem*, então *A* não é uma instância de *Mulher*. |
| inverseOf | Uma propriedade pode ser definida como a inversa de outra propriedade. Se a propriedade *P1* é definida como inversa da propriedade *P2*, então, se *X* é relacionado a *Y* pela propriedade P2, *Y* está relacionado a *X* pela propriedade *P1*. Por exemplo, se *temFilho* é a inversa de *temGenitor* e <João temGenitor Carlos>, então, um motor de inferência pode deduzir que <Carlos temFilho João>. |
| allValuesFrom | A restrição allValuesFrom é definida sobre uma propriedade com referência a uma classe. Isso significa que tal propriedade dessa classe particular tem uma restrição local de faixa associada a ela. Se uma instância de determinada classe é relacionada por essa propriedade a um segundo indivíduo, então, o segundo indivíduo pode ser inferido como uma instância da restrição local de faixa da classe. Por exemplo, a classe *Person* pode ter uma propriedade chamada *temFilha* restrita a ter allValuesFrom (todos os valores) da classe *Mulher*. Isso significa que um indivíduo Paula é relacionado pela propriedade *temFilha* ao indivíduo Maria. A partir disso, um motor de inferência pode deduzir que Maria é uma instância da classe *Mulher*. |

*(continua)*

*(Quadro 7.7 – conclusão)*

| Construto | Descrição |
|---|---|
| someValuesFrom | A restrição someValuesFrom é atribuída a uma propriedade com referência a uma classe. Uma classe particular pode ter restrição sobre uma propriedade, de modo que pelo menos um valor para aquela propriedade seja de certo tipo. Por exemplo, a classe *ArtigoWebSemântica* pode ter uma restrição *someValuesFrom* sobre a propriedade *temPalavraChave*, determinando que esta deveria ser uma instância da classe *TópicoWebSemântica*. |
| minCardinality | A cardinalidade é definida sobre uma propriedade com referência a uma classe particular. Se certa propriedade para uma classe tem minCardinality de 1, então, qualquer instância dessa classe será relacionada para pelo menos um indivíduo por meio dessa propriedade. A restrição é outra forma de dizer que uma propriedade é requisitada para ter um valor para todas as instâncias dessa classe. |
| maxCardinality | A cardinalidade é definida sobre uma propriedade com referência a uma classe particular. Se certa propriedade de uma classe tem maxCardinality de 1, então, qualquer instância dessa classe será relacionada a, no máximo, um indivíduo por meio dessa propriedade. |

Fonte: Elaborado com base em McGuinness; Harmelen, 2004.

### Para saber mais

O *site* W3C disponibiliza um padrão de linguagem OWL para *download*, que pode ser acessado por meio do endereço eletrônico indicado a seguir ou do QR Code disponível ao lado.

OWL – Web Ontology Language. Disponível em: <https://www.w3.org/OWL/>. Acesso em: 29 jun. 2018.

A versão atual da linguagem OWL é a OWL 2, dividida em três perfis (W3C OWL Working Group, 2012):

1. **OWL EL** – habilita o uso de algoritmos de tempo polinomial para todas as tarefas de raciocínio padrão;
2. **OWL QL** – habilita o uso de consultas conjuntivas por meio de tecnologia de banco de dados relacional; e
3. **OWL RL** – habilita a implementação de algoritmos de raciocínio em tempo polinomial, por meio de tecnologia de banco de dados de regras estendidas, operando em triplas RDF.

## 7.11 Exemplos de declarações OWL

Os exemplos de declarações OWL, a seguir, auxiliarão a esclarecer como uma ontologia pode ser representada nessa linguagem.

A seguir, há a declaração da classe *Cadeira*, contendo a indicação, por meio do construto *subclassOf*, de que ela é uma subclasse de *Assent*. Em linguagem OWL, podemos também dizer que uma classe é disjunta de outra, recorrendo ao construto *disjointWith*. Assim, é possível determinar que a classe *Cadeira* é disjunta da classe *Poltrona* e da classe *Sofá*.

```
<owl:Class rdf:about="#Cadeira">
  <rdfs:subClassOf rdf:resource="#Assento"/>
  <owl:disjointWith rdf:resource="#Poltrona"/>
  <owl:disjointWith rdf:resource="#Sofá"/>
</owl:Class>

<owl:ObjectProperty rdf:about="#temAtributo">
  <rdfs:range rdf:resource="#Atributo"/>
  <rdfs:domain rdf:resource="#Móvel"/>
</owl:ObjectProperty>

<owl:DatatypeProperty rdf:about="#temComprimento">
  <rdfs:domain rdf:resource="#Cadeira"/>
  <rdfs:range rdf:resource="xsd:float"/>
</owl:DatatypeProperty>
```

Observamos, a seguir, uma representação mais complexa da propriedade de objeto *conjuntoCompostoDe*. É possível ver que o domínio (rdfs:domain) – ou seja, as classes que podem ser instanciadas para essa propriedade – especifica apenas a classe *Conjunto*. Na sequência, há o construto *owl:Restriction*, indicando que a faixa de valores assumidos (rdfs:range) para essa propriedade podem assumir valores (owl:someValuesFrom) da classe *Móvel*. Note que a construção da ontologia aproveita os construtos de RDF-S.

```
<owl:ObjectProperty rdf:about="#conjuntoCompostoDe">
   <rdfs:domain rdf:resource="#Conjunto"/>
   <rdfs:range>
   <owl:Restriction>
     <owl:onProperty rdf:resource="#conjuntoCompostoDe" />
     <owl:someValuesFrom rdf:resource="#Móvel" />
   </owl:Restriction>
   </rdfs:range>
</owl:ObjectProperty>
```

Agora, mostramos um exemplo de restrição universal para a propriedade de objeto *compostoDe*. A sequência demonstra que o domínio (rdfs:domain) se

Introdução às ontologias

refere à classe *Móvel* – ou seja, apenas instâncias dessa classe poderão assumir tal propriedade. Mostra também que essa propriedade é a inversa de *parteDe* (owl:inverseOf). A faixa de valores possíveis (rdfs:range) abrange todos os valores (owl:allValuesFrom) da classe *Parte*.

```
<owl:ObjectProperty rdf:about="#compostoDe">
   <rdfs:domain rdf:resource="#Móvel"/>
   <owl:inverseOf rdf:resource="#parteDe"/>
   <rdfs:range>
      <owl:Restriction>
         <owl:onProperty rdf:resource="#compostoDe" />
         <owl:allValuesFrom rdf:resource="#Parte" />
      </owl:Restriction>
   </rdfs:range>
</owl:ObjectProperty>
```

A sequência a seguir, por sua vez, exibe a representação de dois indivíduos por meio do construto owl:NamedIndividual. O indivíduo é do tipo *Cadeira_Tradicional* (determinado pela classe que ele instancia) e as propriedades *temLargura*, *temComprimento* e *temAltura* apresentam valores específicos, sendo o tipo de dado (*float*) referido à descrição XSD (Biron; Malhotra; 2012). O indivíduo *SalaDeJantar1* é da classe *Sala_de_Jantar*, e é composto dos indivíduos *Cadeira1* e *Mesa1*.

```
<owl:NamedIndividual rdf:about="#Cadeira1">
   <rdf:type rdf:resource="#Cadeira_Tradicional"/>
   <cadeira:temLargura rdf:datatype="xsd:float">0.70</cadeira:temLargura>
      <cadeira:temComprimento rdf:datatype="xsd:float">0.80</cadeira:temComprimento>
      <cadeira:temAltura rdf:datatype="xsd:float">1.10</cadeira:temAltura>
</owl:NamedIndividual>

<owl:NamedIndividual rdf:about="#SalaDeJantar1">
   <rdf:type rdf:resource="#Sala_de_Jantar"/>
   <cadeira:conjuntoCompostoDe rdf:resource="#Cadeira1" />
   <cadeira:conjuntoCompostoDe rdf:resource="#Mesa1" />
</owl:NamedIndividual>
```

Por fim, a seguir, encontram-se os prefixos a serem utilizados na ontologia que foi descrita anteriormente, assim como a declaração inicial que indica uma ontologia em OWL (owl:Ontology).

```
<rdf:RDF
   xmlns:rdf="http://www.w3.org/1999/02/22-rdf-syntax-ns#">
   xmlns:rdfs="http://www.w3.org/2000/01/rdf-schema#"
      xmlns:owl="http://www.w3.org/2002/07/owl#"
      xmlns:xsd="http://www.w3.org/2001/XMLSchema#"

<owl:Ontology rdf:about=".../cadeira"/>
```

Os exemplos apresentados podem ser escritos diretamente em um arquivo com extensão *owl* ou mesmo *rdf*. No entanto, se utilizar uma ferramenta para construção de ontologias, como a Protégé-2000, o usuário deverá descrever de forma visual ou em alto nível como as classes estão relacionadas ou como as propriedades são descritas, sem escrever o código diretamente. O usuário pode utilizar a ferramenta e depois verificar o arquivo que foi salvo na linguagem de ontologia respectiva.

Uma sintaxe que foi desenvolvida para facilitar a expressão das triplas RDF é o Terse RDF Triple Language (Turtle) (Prud'Hommeaux; Carothers, 2014). Mesmo a expressão de uma URI em forma usual na *web*, em RDF, pode ser bastante prolixa. Trazemos a seguir um exemplo de como a classe *Cadeira_Tradicional* pode ser descrita na sintaxe Turtle.

**RDF**

```
<owl:Class rdf:about="cadeira#Cadeira_Tradicional">
   <rdfs:subClassOf rdf:resource="#Cadeira"/>
</owl:Class>
```

**TURTLE**

```
cadeira:Cadeira_Tradicional rdf:type owl:Class;
                            rdfs:subClassOf cadeira:Cadeira.
```

> **Para saber mais**
>
>
>
> No desenvolvimento de ferramentas para lidar com ontologias em RDF ou OWL, é importante utilizar APIs que facilitem o processo. A OWL API é uma ferramenta para criação e manipulação em Java de ontologias no formato OWL 2. Pode ser acessada por meio do endereço eletrônico indicado a seguir ou do QR Code disponível ao lado.
>
> THE OWL API. Disponível em: <http://owlapi.sourceforge.net/>. Acesso em: 29 jun. 2018.

## 7.12 Reúso de ontologias

O uso de prefixos nos cabeçalhos das ontologias em RDF ou OWL permite que se reutilizem ontologias construídas anteriormente. Essa tarefa é denominada *grounding*: construção de ontologias com elementos herdados de outras classes ou recursos existentes na *web*. Assim, há uma série de ontologias disponíveis na *web* que podem ser reutilizadas, o que auxilia no desenvolvimento de novas ontologias a partir das já existentes[4]. O Quadro 7.8 enumera alguns exemplos de ontologias que podem ser empregadas com esse propósito. Já a sequência, a seguir, mostra três dessas ontologias em uso: *foaf*, *geo* e *dc*.

> [4] O *grounding* funciona como uma espécie de referência de publicações, porém no âmbito de representação de conhecimento por ontologias. Se uma ontologia foi construída e está publicada na *web*, ela pode ser referenciada.

Quadro 7.8 – Exemplos de ontologias disponíveis na *web* que podem ser reutilizadas

| | |
|---|---|
| **foaf** (Friend-Of-A-Friend) | http://xmlns.com/foaf/spec |
| **vCard** (Cartões de Visita) | http://www.w3.org/2006/vcard/ns |
| **org** (Ontologia para Organizações) | http://www.w3.org/ns/org |
| **dc** (Dublin Core) | http://purl.org/dc |
| **bibo** (Ontologia para bibliografia) | http://purl.org/ontology/bibo/ |
| **geo** (Pontos para cartografia – WGS84) | http://www.w3.org/2003/01/geo/wgs84_pos |
| **qb** (Data Clube – Cubos OLAP) | http://purl.org/linked-data/cube |
| **geom** (Vocabulário para geometria) | http://geovocab.org/ |
| **voaf** (Vocabulary-Of-A-Friend – LOD) | http://lov.okfn.org/vocab/voaf/v2.3/index.html |
| **ssn** (Semantic Sensor Network Ontology) | http://www.w3.org/2005/Incubator/ssn/ssnx/ssn |

```
<rdf:RDF xmlns:rdf="http://www.w3.org/1999/02/22-rdf-syntax-ns#"
   xmlns:rdfs="http://www.w3.org/2000/01/rdf-schema#"
   xmlns:geo="http://www.w3.org/2003/01/geo/wgs84_pos#"
   xmlns:dc="http://purl.org/dc/elements/1.1/"
   xmlns="http://xmlns.com/foaf/0.1/">
<Person>
   <name>Dan Brickley</name>
   <homepage dc:title="Dan's home page"
            rdf:resource="http://danbri.org/" />
   <based_near geo:lat="51.47026" geo:long="-2.59466"/>
   <rdfs:seeAlso rdf:resource="http://danbri.org/foaf.rdf" />
   <!-- mode RDF here, using any RDF vocabularies -->
</Person>
</rdf:RDF>
```

### Para saber mais

A página *FOAF-a-Matic* permite a construção rápida de uma ontologia com base na ontologia *Friend-Of-A-Friend*. Ela pode ser acessada por meio do endereço eletrônico indicado a seguir ou do QR Code disponível ao lado. É uma boa experiência de desenvolvimento para os iniciantes em ontologias.

DODDS, L. FOAF-a-Matic. Disponível em: <http://www.ldodds.com/foaf/foaf-a-matic.html>. Acesso em: 22 maio 2018.

## 7.13
## Validação de ontologias

Para verificar se a descrição de uma ontologia está adequada aos padrões descritos pelos grupos de trabalho, existem ferramentas de validação de ontologias na *web* que permitem identificar se uma ontologia está correta ou se ela apresenta erros. Um deles é o **W3C RDF Validation Service** (2018), que é utilizado para validar ontologias em RDF (Figura 7.10). Outro serviço desse tipo é o **OOPS! OntOlogy Pitfall Scanner!** (2018), que auxilia a identificar os problemas que aparecem mais comumente no desenvolvimento de ontologias (Figura 7.11).

Figura 7.10 – Página do W3C RDF Validation Service

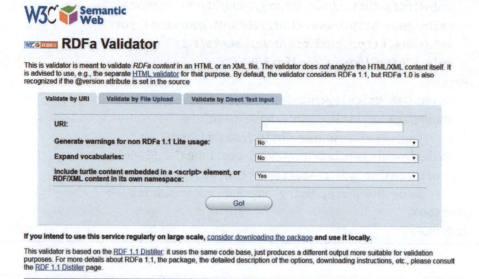

Figura 7.11 – Página do OOPS! OntOlogy Pitfall Scanner!

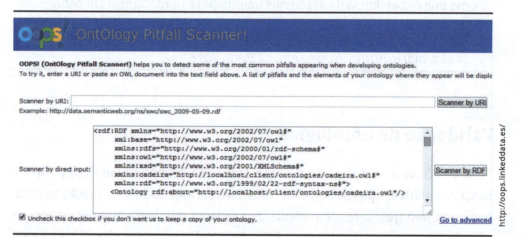

## 7.14
## Linguagem SPARQL

SPARQL Protocol and RDF Query Language (SPARQL) é uma linguagem empregada em consultas sobre triplas RDF (Prud'Hommeaux; Seaborne, 2013). Da mesma forma que em um banco de dados relacional utilizamos a linguagem SQL, é possível fazer consultas sobre ontologias escritas em RDF por meio da SPARQL. Essa linguagem apresenta uma sintaxe intuitiva, bastante semelhante à da SQL. A SPARQL é implementada em ferramentas para construção, em repositórios de triplas RDF (*triple store*), e é disponibilizada para consulta de usuários nos chamados **SPARQL endpoints**, que oferecem campos para a construção de expressões SPARQL.

Por exemplo, se quisermos extrair todas as triplas existentes em um repositório RDF, podemos executar o seguinte comando em um *endpoint* apropriado:

**SELECT** ?subject ?predicate ?object
**FROM** <IRI>
**WHERE** { ?subject ?predicate ?object }

Ou, de forma simplificada:

**SELECT** ?subject ?predicate ?object
**WHERE** { ?subject ?predicate ?object }

A ferramenta Protégé-2000, que podemos ver na Figura 7.12, a seguir, oferece também um *SPARQL endpoint* que pode ser empregado para consultas às triplas RDF. Nessa figura, podemos reconhecer o seguinte comando SPARQL:

**SELECT** ?subject ?predicate ?object
**WHERE** { ?subject rdfs:subClassOf ?object }

Essa consulta retornará todas as triplas que tenham o predicado como rdfs:subClassOf. Isso significa que ela retornará todas as declarações de classe com as respectivas subclasses, o que aparece abaixo da consulta na Figura 7.12.

Figura 7.12 – Consulta na ferramenta Protégé-2000 em SPARQL

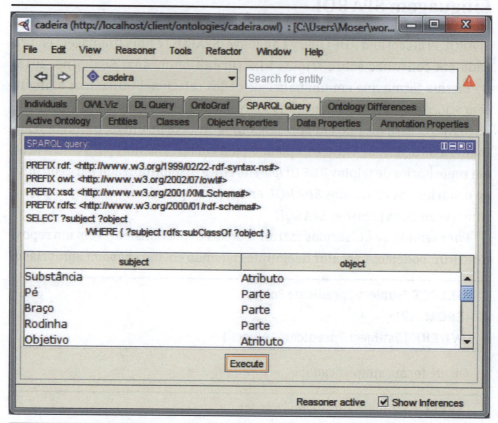

Uma das vantagens do uso de SPARQL é que, por meio dela, um banco de dados pode ser convertido em triplas RDF e depois ser acessado por um sistema de informação, sem que haja necessidade de abrir conexões com banco de dados, como é comumente feito nos sistemas atuais. Há dois padrões que foram desenvolvidos para que se possa fazer a conversão de dados em bancos relacionais para triplas RDF: o **Direct Mapping** (Mapeamento Direto) (Arenas et al., 2012) e a linguagem **R2RML** (Das; Sundara; Cyganiak, 2012).

Entre as ferramentas que permitem a conversão de bancos de dados relacionais em triplas RDF temos a **Morph-RDB** (Ontology Engineering Group, 2018a) (Priyatna; Corcho; Sequeda, 2014). Atuando de forma conjunta com o Morph-RDB, a ferramenta **MappIngs for Rdb to Rdf generatOR (Mirror** – Ontology Engineering Group, 2018b) permite o mapeamento de dados relacionais para RDF utilizando-se o formato R2RML (Medeiros; Priyatna; Corcho, 2015).

> **Para saber mais**
>
> É possível fazer a publicação de triplas RDF em um *site* por meio da ferramenta Openlink Virtuoso, que disponibiliza um *endpoint* para consultas SPARQL e conversão R2RML para bancos de dados relacionais. Ela pode ser acessada por meio do endereço eletrônico indicado a seguir ou do QR Code disponível ao lado.
>
> OPENLINK SOFTWARE. **About OpenLink Virtuoso**. Disponível em: <https://virtuoso.openlinksw.com/>. Acesso em: 22 maio 2018.

## 7.15 Implementação em Java

O código mostrado a seguir demonstra o uso da biblioteca Apache Jena para uma consulta SPARQL sobre uma ontologia em RDF. Ele permite obter como resultado a informação de quais classes são subclasses de quais outras classes. Note que a ontologia de cadeira (QCSimulator, 2018) usada no exemplo em RDF é transportada para o programa como um objeto da classe Model. Logo após, é criada uma *string* com o comando para consulta de subclasses em SPARQL. Os objetos *Query*, *QueryFactory*, *QueryExecution* e *QueryExecutionFactory* fazem o trabalho da consulta. Para mostrar os resultados no console, cria-se um objeto *ResultSet*, que retorna os resultados das consultas, extraídos do *loop while*. Cada variável é retornada por um nó RDF respectivo e depois tratada para mostrar o resultado (literal ou como recurso).

```java
import org.apache.jena.iri.impl.Main;
import com.hp.hpl.jena.query.Query;
import com.hp.hpl.jena.query.QueryExecution;
import com.hp.hpl.jena.query.QueryExecutionFactory;
import com.hp.hpl.jena.query.QueryFactory;
import com.hp.hpl.jena.query.QuerySolution;
import com.hp.hpl.jena.query.ResultSet;
import com.hp.hpl.jena.rdf.model.Literal;
import com.hp.hpl.jena.rdf.model.Model;
import com.hp.hpl.jena.rdf.model.RDFNode;
import com.hp.hpl.jena.rdf.model.Resource;
import com.hp.hpl.jena.util.FileManager;

public class SparqlTest {

/**
 * @param args
 */
public static void main(String[] args) {
  sparqlTest();
}

static void sparqlTest() {
  FileManager.get().addLocatorClassLoader(Main.class.getClassLoader());
  Model model = FileManager.get().loadModel("http://qcsimulator.com.br/cadeira.rdf");

  String queryString =
      "PREFIX rdf: <http://www.w3.org/1999/02/22-rdf-syntax-ns#> " +
      "PREFIX rdfs: <http://www.w3.org/2000/01/rdf-schema#> " +
      "PREFIX owl: <http://www.w3.org/2002/07/owl#> " +
      "PREFIX xsd: <http://www.w3.org/2001/XMLSchema#> "+
      "PREFIX rdfs: <http://www.w3.org/2000/01/rdf-schema#> "+
      "PREFIX cadeira: <http://qcsimulator.com.br/cadeira.rdf#> " +
      "SELECT * " +
      " WHERE {" +
```

*(continua)*

```
      " ?x rdfs:subClassOf ?y . " +
    "}";

 Query query = QueryFactory.create(queryString);
 QueryExecution qexec = QueryExecutionFactory.create(query,
model);
 try {
   ResultSet results = qexec.execSelect();
   while (results.hasNext()) {
     QuerySolution soln = results.nextSolution();

     RDFNode x = soln.get("x");
     if(x.isLiteral()) {
       ((Literal)x).getLexicalForm();
       //System.out.println(x);
     }
     if(x.isResource()) {
       Resource rx = (Resource)x;
       if(!rx.isAnon()) {
         //System.out.println(rx.getURI());
       } else {
         //System.out.println(rx);
       }
     }
     RDFNode y = soln.get("y");
     if(y.isLiteral()) {
       ((Literal)y).getLexicalForm();
       //System.out.println(y);
     }
     if(y.isResource()) {
       Resource ry = (Resource)y;
       if(!ry.isAnon()) {
         //System.out.println(ry.getURI());
       } else {
         //System.out.println(ry);
       }
     }
     System.out.println(x + " -> " + y);
   }
 } finally {
   qexec.close();
 }
}
}
```

É possível perceber que algumas linhas do código contêm comentários. Essas linhas indicam como os valores podem ser recuperados, a depender de a variável da consulta ser um literal ou um recurso. Os códigos a seguir exibem o resultado formatado no console. Note que foram encontradas quatro relações de subclasse: *Sofá* como subclasse de *Assento*; *Cadeira_Tradicional* como subclasse de *Cadeira*; *Cadeira_Giratória* como subclasse de *Cadeira*; e *Cadeira* como subclasse de *Assento*.

```
http://qcsimulator.com.br/cadeira.rdf#Sofá -> http://qcsimulator.com.br/cadeira.rdf#Assento
http://qcsimulator.com.br/cadeira.rdf#Cadeira_Tradicional -> http://qcsimulator.com.br/cadeira.rdf#Cadeira
http://qcsimulator.com.br/cadeira.rdf#Cadeira_Giratória -> http://qcsimulator.com.br/cadeira.rdf#Cadeira
http://qcsimulator.com.br/cadeira.rdf#Cadeira -> http://qcsimulator.com.br/cadeira.rdf#Assento
```

**Para saber mais**

A biblioteca Apache Jena pode ser baixada por meio do *link* a seguir indicado ou do QR Code disponível ao lado. Instale-a apropriadamente para poder utilizá-la em uma IDE para programação Java, tal como a Eclipse.

APACHE JENA. **Apache Jena Releases**. Disponível em: <https://jena.apache.org/download/index.cgi>. Acesso em: 29 jun. 2018.

## –Síntese

Neste capítulo, apresentamos uma introdução ao estudo das ontologias. Trata-se de formas peculiares de representação de conhecimento, com grande flexibilidade e robustez. As ontologias têm-se evidenciado como um importante recurso na área da ciência da computação, mostrando grande similaridade com o conceito de redes semânticas. Uma ontologia define os termos básicos e as relações pertinentes ao vocabulário de uma área, bem como as regras a serem seguidas para combinar termos e relações e para definir extensões para o vocabulário.

Outro conceito aqui recorrente diz respeito à ontologia como especificação explícita de uma conceituação. Uma ontologia pode ser definida como um sistema filosófico ou um vocabulário utilizado por uma teoria lógica.

Uma ontologia pode variar em complexidade e apresentar-se como um catálogo, um conjunto de arquivos de texto, um glossário, um tesauro (léxico), uma coleção de taxonomias, uma coleção de *frames* ou um conjunto de restrições lógicas gerais. De acordo com o grau de formalismo empregado, podem ser altamente informais, semi-informais, semiformais ou rigorosamente formais. Ontologias podem conter classes, relações, funções, axiomas ou instâncias.

Outra taxonomia, que pode ser aplicada aos elementos de uma ontologia mediante a ferramenta Protégé refere-se a classes, propriedades de objetos, propriedades de tipos de dados, axiomas e indivíduos. Ontologias podem ser de representação de conhecimento, gerais ou comuns, de alto nível, de domínio, de tarefa, de domínio-tarefa, de metodologia e de aplicação. Ferramentas para lidar com ontologias podem se diferenciar de acordo com desenvolvimento, avaliação, alinhamento e *merging*, consulta ou inferências e aprendizado. As linguagens de marcação para *web* permitem representar uma ontologia contendo recursos que podem ser acessados por meio da internet, utilizando padrões como XML, RDF, RDF-S e OWL.

Uma característica relevante das ontologias é a possibilidade de reutilização de componentes por meio de *grounding*. Ontologias podem ser validadas por diversas ferramentas disponíveis na *web*, as quais verificam a sintaxe da construção em alguma linguagem de marcação específica ou mesmo alguns detalhes de semântica. SPARQL é uma linguagem que permite fazer consultas sobre ontologias, da mesma forma que a linguagem SQL foi desenvolvida para possiblitar consultas sobre bancos de dados.

## –Questões para revisão

1. Crie uma ontologia de cadeiras usando a ferramenta Protégé-2000 (*download* no *site* <http://protege.stanford.edu/download/protege/4.3/installanywhere/Web_Installers/>), conforme explanado no Capítulo 7, seguindo as orientações dos seguintes tópicos:
a) Monte a estrutura de classes conforme a figura a seguir.

b) Defina a classe *Cadeira* como subclasse de *Assento*, de modo que seja também disjunta da classe *Sofá*.

c) Defina a classe *Cadeira_Giratória* como classe disjunta da classe *Cadeira_Tradicional*.

2. Monte a estrutura de propriedades-objeto (*object properties*) conforme a figura a seguir:

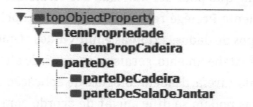

a) Defina a propriedade-objeto *temPropCadeira* como subpropriedade de *temPropriedade*, tomando como domínio (*domain*) a classe *Cadeira* e como imagem (*range*) as classes *Objetivo* e *Substância*.

b) Defina a propriedade-objeto *parteDeCadeira* como subpropriedade de *parteDe*, tomando como domínio as classes *Encosto* e *Assento_De_Cadeira*, e como imagem a classe *Cadeira*.

c) Defina a propriedade-objeto *parteDeSalaDeJantar* como subpropriedade de *parteDe*, tomando como domínio as classes *Cadeira* e *Mesa*, e como imagem, a classe *Sala_de_Jantar*.

3. Monte a estrutura de propriedades de dados (data properties) conforme a figura a seguir:

a) Defina a propriedade de dados *temComprimento* tomando como domínio *Cadeira*, e como imagem, *float*.

b) Defina a propriedade de dados *temAltura* tomando como domínio *Cadeira*, e como imagem *float*.

c) Defina a propriedade de dados *temLargura* tomando como domínio *Cadeira*, e como imagem *float*.

d) Crie os seguintes indivíduos (*individuals*) ou instâncias:

i. *SalaDeJantar1* pertencendo à classe *Sala_de_Jantar*;
ii. *Mesa1* pertencendo à classe *Mesa*, tendo como propriedade-objeto *parteDeSalaDeJantar* o indivíduo *SalaDeJantar1*;
iii. *Madeira* pertencendo à classe *Substância*;
iv. *Refeição* pertencendo à classe *Objetivo*;
v. *Cadeira1* pertencendo à classe *Cadeira_Tradicional*:
   v.1) com a propriedade-objeto *parteDeSalaDeJantar* contendo o indivíduo *SalaDeJantar1*.
   v.2) com a propriedade-objeto *temPropCadeira* contendo o indivíduo *Refeição*.
   v.3) com a propriedade-objeto *temPropCadeira* contendo o indivíduo *Madeira*.
   v.4) com a propriedade de dados *temComprimento* apresentando o valor 0,80.
   v.5) com a propriedade de dados *temAltura* apresentando o valor 1,10.
   v.6) com a propriedade de dados *temLargura* apresentando o valor 0,70.

e) Salve a ontologia com o tipo *rdf* (RDF/XML).
f) Faça a validação da sintaxe da ontologia com o W3C RDF Validation Service, no *site* <www.w3.org/RDF/Validator>.
g) Faça a validação da ontologia por meio da ferramenta OOPS!, no *site* <http://oeg-lia3.dia.fi.upm.es/oops/index-content.jsp>.

4. Utilizando a ferramenta Protégé-2000 (ou o código em Java com a biblioteca Jena, conforme a Figura 7.24), faça as seguintes consultas na aba *SPARQL Query*:

Consulta 1:

```
PREFIX rdf: <http://www.w3.org/1999/02/22-rdf-syntax-ns#>
PREFIX owl: <http://www.w3.org/2002/07/owl#>
PREFIX xsd: <http://www.w3.org/2001/XMLSchema#>
PREFIX rdfs: <http://www.w3.org/2000/01/rdf-schema#>
PREFIX cadeira:   [Coloque o nome da ontologia de acordo com o campo IRI Ontology]

SELECT ?subject ?predicate ?object
WHERE {
  ?subject ?predicate ?object.
}
```

Consulta 2:

```
PREFIX rdf: <http://www.w3.org/1999/02/22-rdf-syntax-ns#>
PREFIX owl: <http://www.w3.org/2002/07/owl#>
PREFIX xsd: <http://www.w3.org/2001/XMLSchema#>
PREFIX rdfs: <http://www.w3.org/2000/01/rdf-schema#>
PREFIX cadeira:   [Coloque o nome da ontologia de acordo com o campo IRI Ontology]

SELECT ?s ?o
WHERE {
  ?s rdfs:subClassOf ?o.
}
```

Consulta 3:

```
PREFIX rdf: <http://www.w3.org/1999/02/22-rdf-syntax-ns#>
PREFIX owl: <http://www.w3.org/2002/07/owl#>
PREFIX xsd: <http://www.w3.org/2001/XMLSchema#>
PREFIX rdfs: <http://www.w3.org/2000/01/rdf-schema#>
PREFIX cadeira:   [Coloque o nome da ontologia de acordo com o campo IRI Ontology]

SELECT ?s
WHERE {
  ?s rdfs:subClassOf cadeira:Assento.
}
```

# PARA CONCLUIR...

Ao final deste livro, é importante ressaltarmos que a abordagem dos assuntos a respeito da inteligência artificial (IA) foi aqui introdutória e ampla, útil para os estudos de inteligência artificial aplicada e de particular interesse para cursos tecnológicos ou de graduação, nos quais se deseja promover a iniciação dos alunos ao tema. A ideia central da obra foi desenvolver o conhecimento teórico, fazendo uso de formalismos conforme a demanda, mas sempre na busca de evitar que a leitura se tornasse pesada aos iniciantes no tema e, ao mesmo tempo, com vistas em sanar as frequentes dificuldades enfrentadas na realidade brasileira para a compreensão de conhecimentos matemáticos mais complexos.

Ainda que o conteúdo tenha sido tratado de forma bastante abrangente neste livro, está longe de esgotar-se no que foi aqui desenvolvido, pois o rol de técnicas e ferramentas nesse campo é extenso e diversificado. Para um conhecimento mais aprofundado da linguagem de programação, faz-se necessário o estudo teórico da lógica proposicional e da lógica de primeira ordem – que constituem a base para o estudo do Prolog –, bem como de lógicas heterodoxas, como a lógica Fuzzy e a paraconsistente.

No caso das redes neurais artificiais, o estudo do perceptron simples e multicamada é a porta de entrada para as pesquisas de outros tipos de redes neurais artificiais, entre as quais podemos citar as redes de base radial, as redes neurofuzzy, as redes de *clustering*, as redes recorrentes, os mapas auto-organizáveis, as máquinas de vetor de suporte, a rede de Hopfield e as redes de Boltzmann. O estudo dos algoritmos genéticos, por sua vez, pode ser aprofundado por meio do aprendizado de diferentes técnicas, procedimentos e operadores, e de como proceder à seleção, ao cruzamento, à mutação e à construção de funções de *fitness* diversificadas.

O estudo da IA aqui proposto, com aplicações práticas e sob um enfoque amplo, permite uma visão geral sobre os variados temas discutidos. Para um aprofundamento no tema, uma ótima sugestão é a leitura das referências listadas ao final da obra, bem como das indicações feitas ao longo do livro.

# REFERÊNCIAS

ARENAS, M. et al. (Ed.). **A Direct Mapping of Relational Data to RDF**. W3C Recommendation 27 Sept. 2012. Disponível em: <http://www.w3.org/TR/2012/REC-rdb-direct-mapping-20120927/>. Acesso em: 22 maio 2018.

ARISTÓTELES. **Órganon**. São Paulo: Edipro, 2016.

AZEVEDO, F. M.; BRASIL, L. M.; OLIVEIRA, R. C. L. **Redes neurais com aplicações em controle e em sistemas especialistas**. Florianópolis: Visual Books, 2000.

BAADER, F.; HOLLUNDER, B. KRIS: Knowledge Representation and Inference System. **SIGART Bulletin**, v. 2, n. 3, p. 8-14, 1991.

BERNERS-LEE, T.; HENDLER, J.; LASSILA, O. The Semantic Web. **Scientific American**, New York, v. 284, n. 5, p. 35-43, May 2001.

BIRON, P. V.; MALHOTRA, A. **W3C XML Schema Definition Language (XSD) 1.1 Part 2**: Datatypes. W3C Recommendation 5 Apr. 2012. Disponível em: <https://www.w3.org/TR/xmlschema11-2/>. Acesso em: 22 maio 2018.

BITTENCOURT, G. **Inteligência artificial**: ferramentas e teorias. Florianópolis: Ed. da UFSC, 1998.

BORST, W. N. **Construction of Engineering Ontologies for Knowledge Sharing and Reuse**. 243 f. Tese (Doutorado) – Universidade de Twente, Enschede, 1997.

Disponível em: <http://www.ub.utwente.nl/webdocs/inf/1/t0000004.pdf>. Acesso em: 21 maio 2018.

CAMPOS, M. M. de; SAITO, K. **Sistemas inteligentes em controle e automação de processos**. Rio de Janeiro: Ciência Moderna, 2004.

CORCHO, O.; FERNÁNDEZ-LÓPEZ, M.; GÓMEZ-PÉREZ, A. Ontologías. In: ____. **Inteligência artificial**. São Paulo: McGraw-Hill, 2008, p. 171-205.

CORMEN, T. H. et al. **Algoritmos**: teoria e prática. Rio de Janeiro: Campus, 2002.

DARWIN. C. **A origem das espécies**. São Paulo: Hemus, 2010.

DAS, S.; SUNDARA, S.; CYGANIAK, R. **R2RML**: RDB to RDF Mapping Language. W3C Recommendation 27 Sept. 2012. Disponível em: <http://www.w3.org/TR/r2rml/>. Acesso em: 22 maio 2018.

DEAN, M.; SCHREIBER, G. **OWL Web Ontology Language Reference**: W3C Working Draft. 2003. Disponível em: <http://www.w3.org/TR/owl-ref/>. Acesso em: 21 maio 2018.

DENNETT, D. C. **Tipos de mentes**. Rio de Janeiro: Rocco, 1997.

FOROUZAN, B.; MOSHARRAF, F. **Fundamentos de ciência da computação**. São Paulo: Cengage Learning, 2011.

GARDNER, H. **Inteligências múltiplas**: a teoria na prática. Porto Alegre: Artes Médicas, 1995.

GAZZANIGA, M. S.; IVRY, R. B.; MANGUN, G. R. **Neurociência cognitiva**: a biologia da mente. 2. ed. Porto Alegre: Artmed, 2006.

GÓMEZ-PÉREZ, A.; FERNÁNDEZ-LÓPEZ, M.; CORCHO, O. **Ontological Engineering**: With Examples from the Areas of Knowledge Management, E-Commerce and the Semantic Web. London: Springer-Verlag, 2004.

GRUBER, T. R. A Translation Approach to Portable Ontology Specifications. **Knowledge Acquisition**, v. 5, n. 2, p. 199-220, 1993. Disponível em: <http://tomgruber.org/writing/ontolingua-kaj-1993.pdf>. Acesso em: 22 maio 2018.

____. Ontology. In: LIU, L.; ÖZSU, M. T. (Eds.). **Encyclopedia of Database Systems**. Boston: Springer-Verlag, 2008.

GUARINO, N.; GIARETTA, P. Formal Ontology and Information Systems. In: GUARINO, N. (Ed.). INTERNATIONAL CONFERENCE ON FORMAL ONTOLOGY IN INFORMATION SYSTEMS (FOIS'98), 1., 1998, Trento. Amsterdam: IOS Press, 1998. p. 3-15. Disponível em: <http://citeseerx.ist.psu.edu/viewdoc/

download;jsessionid=76AB7F0294EE598AE89CD2C0A949EE5D?doi=10.1.1.29. 1776&rep=rep1&type=pdf>. Acesso em: 21 maio 2018.

____. Ontologies and Knowledge Bases: Towards a Terminological Clarification. In: MARS, N. (Ed.). **Towards Very Large Knowledge Bases**: Knowledge Building and Knowledge Sharing (KBKS'95). Amsterdam: IOS Press, 1995. p. 25-32. Disponível em: <http://citeseerx.ist.psu.edu/viewdoc/download;jsessionid=991A725ED42230CB200E8CA2F9FE9512?doi=10.1.1.320.8006&rep=rep1&type=pdf>. Acesso em: 21 maio 2018.

GUIZZARDI, G. et al. Ontologias de fundamentação, modelagem conceitual e interoperabilidade semântica. In: IBEROAMERICAN MEETING OF ONTOLOGICAL RESEARCH, 4., 2011, Gramado. **Anais**... Disponível em: <http://ceur-ws.org/Vol-728/paper6.pdf>. Acesso em: 19 maio 2018.

HAYKIN, S. **Redes neurais**: princípios e prática. Tradução de Paulo Martins Engel. 2.ed. Porto Alegre: Bookman, 2001.

HORROCKS, I. et al. OIL in a Nutshell. In: INTERNATIONAL CONFERENCE IN KNOWLEDGE ENGINEERING AND KNOWLEDGE MANAGEMENT (EKAW'00), 12., 2000, Juan-Les-Pins. p. 161-180.

HORROCKS, I.; VAN HARMELEN, F. (Eds). **Reference Description of the DAML+OIL Ontology Markup Language**. Mar. 2001. Disponível em: <http://www.daml.org/2001/03/reference.html>. Acesso em: 22 maio 2018.

KETKAR, N. **Deep Learning with Python**: a Hands-on Introduction. California: Apress Media, 2017.

KOZA, J. **Genetic Programming**. Boston: MIT Press, 1992.

LAUDON, K. C.; LAUDON, J. C. **Sistemas de informações gerenciais**. 7. ed. São Paulo: Pearson Prentice Hall, 2007.

LEFRANÇOIS, G. R. **Teorias da aprendizagem**: São Paulo: Cengage Learning, 2013.

LINDEN, R. **Algoritmos genéticos**. Rio de Janeiro: Ciência Moderna, 2012.

LUGER, G. F. **Inteligência artificial**. 6.ed. São Paulo: Pearson Education do Brasil, 2013.

MCGUINNESS, D. L.; HARMELEN, F. van. **OWL Web Ontology Language**: W3C Recommendation 10 February 2004. 12 Nov. 2009. Disponível em: <https://www.w3.org/TR/2004/REC-owl-features-20040210>. Acesso em: 22 maio 2018.

MEDEIROS, L. F. **Project GENALG**. Disponível em: <https://github.com/lfm0006/ga>. Acesso em: 22 maio 2018.

____. **Redes neurais em Delphi**. 2. ed. Florianópolis: Visual Books, 2007.

MEDEIROS, L. F. et al. A Strategy for Minimizing the Processing Time of the AINET Algorithm in the Construction of Radial Basis Function Networks. In: CIHAN H. D. et al. (Org.). **Intelligent Engineering Systems through Artificial Neural Networks**: Computational Intelligence in Architecting Engineering System. New York: ASME, 2008. p. 479-484.

MEDEIROS, L. F. de; PRIYATNA, F.; CORCHO, O. Mirror: Automatic R2RML Mapping Generation for Relational Databases. **Lecture Notes in Computer Science**, v. 9114, p. 326-344, 2015.

MINSKY, M. **A sociedade da mente**. Rio de Janeiro: F. Alves, 1989.

MIZOGUCHI, R.; VANWELKENHUYSEN, J.; IKEDA, M. Task Ontology for Reuse of Problem Solving Knowledge. In: MARS, N. (Ed.). **Towards Very Large Knowledge Bases**: Knowledge Building and Knowledge Sharing. Amsterdam: IOS Press, 1995. p. 46-57.

NECHES, R. et al. Enabling Technology for Knowledge Sharing. **AI Magazine**, v. 12, n. 3, p. 36-56, Fall 1991. Disponível em: <http://tomgruber.org/writing/AIMag12-03-004.pdf>. Acesso em: 21 maio 2018.

NOY, N. F.; FERGERSON, R. W.; MUSEN, M. A. The Knowledge Model of Protégé-2000: Combining Interoperability and Flexibility. In: INTERNATIONAL CONFERENCE IN KNOWLEDGE ENGINEERING AND KNOWLEDGE MANAGEMENT (EKAW'00), 12., 2000, Juan-Les-Pins. **Proceedings**... Disponível em: <http://liris.cnrs.fr/amille/enseignements/Ecole_Centrale/knowledge_level_protege.pdf>. Acesso em: 21 maio 2018.

ONTOLOGY ENGINEERING GROUP. **Morph-RDB**. Disponível em: <https://github.com/oeg-upm/morph-rdb>. Acesso em: 22 maio 2018a.

____. **Mirror**. Disponível em: <https://github.com/oeg-upm/MIRROR>. Acesso em: 22 maio 2018b.

ONTOLOGY PITFALL SCANNER! Disponível em: <http://oops.linkeddata.es/>. Acesso em: 22 maio 2018.

PALAZZO, L. A. M. **Introdução à programação Prolog**. Pelotas: Ed. da UCPel, 1997.

PRIYATNA, F.; CORCHO, O.; SEQUEDA, J. Formalisation and Experiences of R2RML-based SPARQL to SQL Query Translation Using Morph. In:

INTERNATIONAL CONFERENCE ON WORLD WIDE WEB, 23., 2014. **Proceedings**... p. 479-490.

PROTÉGÉ. Protégé 4.3 (build 304). Disponível em: <http://protege.stanford.edu/download/protege/4.3/installanywhere/Web_Installers>. Acesso em: 22 maio 2018.

PRUD'HOMMEAUX, E.; CAROTHERS, G. (Ed.). **RDF 1.1 Turtle**. W3C Recommendation 25 Feb. 2014. Disponível em: <https://www.w3.org/TR/turtle/>. Acesso em: 22 maio 2018.

PRUD'HOMMEAUX, E.; SEABORNE, A. (Ed.). **SPARQL Query Language for RDF**. W3C Recommendation 15 Jan. 2008. 26 Mar. 2013. Disponível em: <http://www.w3.org/TR/rdf-sparql-query>. Acesso em: 22 maio 2018.

QCSIMULATOR. Disponível em: <http://qcsimulator.com.br/cadeira.rdf>. Acesso em: 19 maio 2018.

ROSENBLATT'S CONTRIBUTIONS. Disponível em: <http://csis.pace.edu/~ctappert/srd2011/rosenblatt-contributions.htm> Acesso em: 11 maio 2018.

ROSENBLATT, F. The Perceptron: a Probabilistic Model for Information Storage and Organization in the Brain. **Psychological Review**, v. 65, n. 6, p. 386-408, 1958.

RUSSELL, S. J.; NORVIG, P. **Inteligência artificial**. Rio de Janeiro: Campus, 2004.

SCHREIBER, G.; WIELINGA, B. J.; JANSWEIJER, W. **The KACTUS View on the 'O' Word**. 1995. Disponível em: <http://citeseerx.ist.psu.edu/viewdoc/download?doi=10.1.1.1.5032&rep=rep1&type=pdf>. Acesso em: 18 maio 2018.

SCHREIBER, G.; RAIMOND, Y. (Ed.). **RDF 1.1 Primer**. W3C Working Group Note 24 June 2014. Disponível em: <https://www.w3.org/TR/2014/NOTE-rdf11-primer-20140624>. Acesso em: 21 maio 2018.

SIMPSON, P. K. **Artificial Neural Systems**: Foundations, Paradigms, Applications, and Implementations. New York: Pergamon Press, 1990.

STERNBERG, R. J. **Psicologia cognitiva**. São Paulo: Cengage Learning, 2010.

STUDER, R.; BENJAMINS, V. R.; FENSEL, D. Knowledge Engineering: Principles and Methods. **IEEE Transactions on Data and Knowledge Engineering**, v. 25, n. 1-2, p. 161-197, 1998. Disponível em: <http://citeseerx.ist.psu.edu/viewdoc/download?doi=10.1.1.45.4555&rep=rep1&type=pdf>. Acesso em: 21 maio 2018.

SWARTOUT, B. et al. Toward Distributed Use of Large-scale Ontologies. In: AAAI97 SPRING SYMPOSIUM SERIES WORKSHOP ON ONTOLOGICAL

ENGINEERING, 1997. **Proceedings**... Disponível em: <http://citeseerx.ist.psu.edu/viewdoc/download?doi=10.1.1.324.1940&rep=rep1&type=pdf>. Acesso em: 18 maio 2018.

SWI-PROLOG. Disponível em: <http://www.swi-prolog.org/>. Acesso em: 17 maio 2018.

THIELE.NU. Disponível em: <http://www.thiele.nu/programming-code>. Acesso em: 19 maio 2018.

TOSCANI, L. V.; VELOSO, P. A. **Complexidade de algoritmos**: análise, projetos e métodos. Porto Alegre: Bookman, 2009.

USCHOLD, M.; GRÜNINGER, M. Ontologies: Principles, Methods and Applications. **Knowledge Engineering Review**, v. 11, n. 2, p. 93-155, June 1996. Disponível em: <http://citeseerx.ist.psu.edu/viewdoc/download?doi=10.1.1.111.5903&rep=rep1&type=pdf>. Acesso em: 18 maio 2018.

USCHOLD, M.; JASPER, R. A Framework for Understanding and Classifying Ontology Applications. In: IJCAI-99 WORKSHOP ON ONTOLOGIES AND PROBLEM-SOLVINGMETHODS (KRR5), 1999, Stockholm. **Proceedings**... Amsterdam: CEUR, 1999. Disponível em : <http://www.cs.man.ac.uk/~horrocks/Teaching/cs646/Papers/uschold99.pdf>. Acesso em: 18 maio 2018.

VAN HEIJST, G.; SCHREIBER, A.; WIELINGA, B. Using Explicit Ontologies in KBS Development. **International Journal of Human-Computer Studies**, v. 46, p. 183-292, 1997.

W3C OWL WORKING GROUP (Ed.). **OWL 2 Web Ontology Language**. W3C Recommendation 11 Dec. 2012. Disponível em: <http://www.w3.org/TR/2012/REC-owl2-overview-20121211/#>. Acesso em: 19 maio 2018.

W3C RDF VALIDATION SERVICE. Disponível em: <https://www.w3.org/RDF/Validator>. Acesso em: 19 maio 2018.

WORLD Wide Web Consortium Supports the IETF URI Standard and IRI Proposed Standard. Disponível em: <https://www.w3.org/2004/11/uri-iri-pressrelease>. Acesso em: 22 maio 2018.

WEIZENBAUM, J. **O poder do computador e a razão humana**. Lisboa: Edições 70, 1976.

WELTY, C. et al. Ontology: Expert Systems All Over Again? In: THE NATIONAL CONFERENCE ON ARTIFICIAL INTELLIGENCE, 1999, Austin. **Proceedings**... Austin: AAAI, 1999.

WIDROW, B.; HOFF, M. E. Adaptive Switching Circuits. **IRE WESCON Convention Record**, v. 4, p. 96-104, Aug. 1960.

# ANEXOS

## ANEXO A – IMPLEMENTAÇÃO EM JAVA DE UM PERCEPTRON MULTICAMADA

O código a seguir implementa um perceptron multicamada por meio do programa XOR[1]. O mesmo código pode ser utilizado para outras aplicações modificando-se a função *main()*. O método MultilayerPerceptron requer o número de neurônios da camada de entrada, das camadas ocultas e da camada de saída, bem como a taxa de aprendizagem. Para o problema do XOR, foi gerada uma tabela-verdade e esta foi apresentada para treinamento $10^7$ vezes. O usuário pode alterar o número de camadas ocultas para estudar o comportamento da rede neural com relação a esse problema de classificação do XOR.

[1] O código foi alvo de comentários e passou por algumas modificações, mas pode ser baixado na íntegra em: <http://www.thiele.nu/programming-code> (Thiele.nu, 2018).

```java
package main;

import java.io.BufferedReader;
import java.io.FileNotFoundException;
import java.io.FileReader;
import java.io.IOException;
import java.io.PrintWriter;
import java.util.ArrayList;
import java.util.HashMap;
import java.util.Random;

public class MultiLayerPerceptron{
```

*(continua)*

*(continuação)*

```java
  public static void main(String[] args){
    MultiLayerPerceptron mlp = new MultiLayerPerceptron(2, 2, 1, 1, 1.0);
    double[][] xor = new double[4][2];
    xor[0][0] = 0;
    xor[0][1] = 0;
    xor[1][0] = 1;
    xor[1][1] = 0;
    xor[2][0] = 0;
    xor[2][1] = 1;
    xor[3][0] = 1;
    xor[3][1] = 1;

    Random r = new Random();
    for(int i = 0; i <= 10000000; i++){
      double[] input = xor[r.nextInt(4)];
      double[] target = new double[]{((int)input[0]+(int)input[1])%2};

      mlp.train(input, target);

      if(i % 10000 == 0) {
        System.out.printf("%4d - %2.15f\n", i, mlp.globalError);
      }

    }
    for(int i = 0; i < 4; i++){
      System.out.println("Classificando: "+xor[i][0]+","+xor[i][1]+". Output: "+mlp.test(xor[i])[0]);
    }
    System.out.println("Salvando pesos:");
    mlp.save("teste.mlp");

    System.out.println("Carregando pesos:");
    mlp.load("teste.mlp");

    for(int i = 0; i < 4; i++){
      System.out.println("2a. Classificação: "+xor[i][0]+","+xor[i][1]+". Output: "+mlp.test(xor[i])[0]);

    }
  }
```

*(continuação)*

```java
    private double learningrate;
    private double momentumrate;
    private double globalError;
    private ArrayList<ArrayList<Neuron>> hidden;
    private ArrayList<Neuron> input;
    private ArrayList<Neuron> output;
    private HashMap<Neuron,Integer> inputIndex, outputIndex;
    private HashMap<Integer,HashMap<Neuron,Integer>> hiddenIndex;

    /**
     * Parâmetros:
     * input - Tamanho da camada de entrada
     * hidden - Tamanho da camada oculta
     * output - Tamanho da camada de saída
     * numberOfHiddenLayers - Número de camadas ocultas
     * learningrate - Taxa de Aprendizado
     */
    public MultiLayerPerceptron(int input, int hidden, int output,
int numberOfHiddenLayers, double learningrate){
        this.hiddenIndex = new HashMap<Integer,HashMap<
Neuron,Integer>>();
        this.inputIndex = new HashMap<Neuron,Integer>();
        this.outputIndex = new HashMap<Neuron,Integer>();

        this.hidden = new ArrayList<ArrayList<Neuron>>();
        this.input = new ArrayList<Neuron>();
        this.output = new ArrayList<Neuron>();
        this.learningrate = learningrate;
        this.momentumrate = momentumrate;

        //Input
        for(int i = 1; i <= input; i++){
            this.input.add(new Neuron(false));
        }
        for(Neuron i : this.input){
            this.inputIndex.put(i, this.input.indexOf(i));
        }

        //Hidden
        for(int i = 1; i <= numberOfHiddenLayers; i++){
            ArrayList<Neuron> a = new ArrayList<Neuron>();
```

*(continuação)*

```java
      for(int j = 1; j <= hidden; j++){
        a.add(new Neuron(true));
      }
      this.hidden.add(a);
    }
    for(ArrayList<Neuron> a : this.hidden){
      HashMap<Neuron,Integer> put = new HashMap<Neuron,Integer>();
      for(Neuron h : a){
        put.put(h, a.indexOf(h));
      }
      this.hiddenIndex.put(this.hidden.indexOf(a), put);
    }

    //Output
    for(int i = 1; i <= output; i++){
      this.output.add(new Neuron(true));
    }
    for(Neuron o : this.output){
      this.outputIndex.put(o, this.output.indexOf(o));
    }


    for(Neuron i : this.input){
      for(Neuron h : this.hidden.get(0)){
        i.connect(h, Math.random()*(Math.random() > 0.5 ? 1 : -1));
      }
    }
    for(int i = 1; i < this.hidden.size(); i++){
      for(Neuron h : this.hidden.get(i-1)){
        for(Neuron hto : this.hidden.get(i)){
          h.connect(hto, Math.random()*(Math.random() > 0.5 ? 1 : -1));
        }
      }
    }
    for(Neuron h : this.hidden.get(this.hidden.size()-1)){
      for(Neuron o : this.output){
        h.connect(o, Math.random()*(Math.random() > 0.5 ? 1 : -1));

      }
    }
  }
```

*(continuação)*

```java
/**
 * backpropagate() - executa a retropropagação
 * Parâmetros:
 * exp - O valor esperado da camada de entrada
 */
private void backpropagate(double[] exp){
  double[] error = new double[this.output.size()];
  //Oculta para Saída
  int c = 0;
  for(Neuron o : this.output){
    error[c] = o.getLastOutput()*(1.0-o.getLastOutput())*(exp[this.outputIndex.get(o)]-o.getLastOutput());
    c++;
  }
  for(Neuron h : this.hidden.get(this.hidden.size()-1)){
    for(Synapsis s : h.getSynapsisisList()){
      double v = s.getWeight();
      s.setWeight(v + this.learningrate*h.getLastOutput()*error[this.outputIndex.get(s.getNeuron())]);
    }
  }

  globalError = 0;
  c = 0;
  for(Neuron o: this.output) {
    globalError += Math.pow(error[c], 2);
    c++;
  }
  globalError /= 2;

  double[] oerror = error.clone();
  error = new double[this.hidden.get(0).size()];
  //Oculta para Oculta
  for(int i = this.hidden.size()-1; i > 0; i--){
    c = 0;
    for(Neuron h : this.hidden.get(i)){
      double p = h.getLastOutput()*(1-h.getLastOutput());
      double k = 0;
      for(Synapsis s : h.getSynapsisisList()){
        if(i == this.hidden.size()-1){
```

*(continuação)*

```
              k = k+oerror[this.outputIndex.get(s.getNeuron())]*s.getWeight();
            }
            else{
              k = k+error[this.hiddenIndex.get(i+1).get(s.getNeuron())]*s.getWeight();
            }
          }
          error[c] = p*k;
          c++;
        }
        for(Neuron h : this.hidden.get(i-1)){
          for(Synapsis s : h.getSynapsisisList()){
            double v = s.getWeight();
            int index = this.hiddenIndex.get(i).get(s.getNeuron());
            s.setWeight(v + this.learningrate*error[index]*h.getLastInput());
          }
        }
      }
      //Entrada para Oculta
      c = 0;
      double[] t = error.clone();
      for(Neuron h : this.hidden.get(0)){
        double p = h.getLastOutput()*(1.0-h.getLastOutput());
        double k = 0;
        for(Synapsis s : h.getSynapsisisList()){
          if(this.hidden.size() == 1){
            k = k+s.getWeight()*oerror[this.outputIndex.get(s.getNeuron())];
          }
          else{
            k = k+s.getWeight()*error[this.hiddenIndex.get(1).get(s.getNeuron())];
          }
        }
        t[c] = k*p;
        c++;
      }
      for(Neuron i : this.input){
        for(Synapsis s : i.getSynapsisisList()){
          double v = s.getWeight();
```

```
          s.setWeight(v + this.learningrate*t[this.hiddenIndex.get(0).
get(s.getNeuron())]*i.getLastInput());
    }
  }
}

/**
 * activation() - Função de ativação
 * Parâmetros:
 * x - valor a ser testado para ativação
 * Retorno: valor na imagem da função sigmóide
 */
private static double activation(double x){
  return 1.0/(1+Math.pow(Math.E, -x));
}

/**
 * test() - testa novas entradas
 * Parâmetros:
 * input - valores de entradas para serem classificadas
 * Retorno - classificação das entradas
 */
public double[] test(double[] input) {
  for(int i = 0; i < input.length; i++){
    this.input.get(i).input(input[i]);
  }
  double[] r = new double[this.output.size()];
  for(int i = 0; i < r.length; i++){
    r[i] = this.output.get(i).getLastOutput();
  }
  return r;
}

public double[] map(double[] input){
  for(int i = 0; i < input.length; i++){
    this.input.get(i).input(input[i]);
  }
  double[] retur = new double[this.output.size()];
  for(int i = 0; i < retur.length; i++){
    retur[i] = this.output.get(i).getLastOutput();
  }
  return retur;
```

*(continuação)*

```java
}

/**
 * train() - executa o treinamento
 */
public void train(double[] input, double[] target){
  for(int i = 0; i < input.length; i++){
    this.input.get(i).input(input[i]);
  }
  backpropagate(target);
}


/**
 * save() - salva o arquivo com os pesos
 * Parâmetro:
 * filename - nome do arquivo
 */
public void save(String filename) {

  PrintWriter out;
  try {
    out = new PrintWriter(filename);
    // Entrada
    for(Neuron i : this.input){
      for(Synapsis s : i.getSynapsisisList()){
        System.out.println(s.getWeight());
          out.write(String.valueOf(s.getWeight()));
          out.write("\n");
      }
    }
    // Oculta e Saída
    for(int i = 0; i < this.hidden.size(); i++){
      for(Neuron h : this.hidden.get(i)){
        for(Synapsis s : h.getSynapsisisList()){
          System.out.println(s.getWeight());
            out.write(String.valueOf(s.getWeight()));
            out.write("\n");
        }
      }
    }
    out.close();
```

```java
      } catch (FileNotFoundException e) {
        // TODO Auto-generated catch block
        e.printStackTrace();
      }
    }


    /**
     * load() - carrega um arquivo de pesos salvos anteriormente
     * Parâmetro:
     * filename - nome do arquivo
     */
    public void load(String filename) {

      try {
        BufferedReader reader = new BufferedReader(new FileReader(filename));
        String line = null;

        // Input
        for(Neuron i : this.input){
          for(Synapsis s : i.getSynapsisisList()){
            line = reader.readLine();
              s.setWeight(Float.parseFloat(line));
            System.out.println(s.getWeight());
          }
        }
        // Hidden-Output
        for(int i = 0; i < this.hidden.size(); i++){
          for(Neuron h : this.hidden.get(i)){
            for(Synapsis s : h.getSynapsisisList()){
              line = reader.readLine();
                s.setWeight(Float.parseFloat(line));
              System.out.println(s.getWeight());
            }
          }
        }
        reader.close();

      } catch (FileNotFoundException e) {
        // TODO Auto-generated catch block
        e.printStackTrace();
      } catch (IOException e) {
```

*(continuação)*

```java
      // TODO Auto-generated catch block
      e.printStackTrace();
    }
  }


  /**
   * Classe Neuron
   * Contém os dados e métodos dos neurônios
   */
  private class Neuron {
    private boolean act;
    private int numberTriggered = 0, numberLinksNeuron = 0;
    private double lastInput = 0, lastOutput = 0, sum;
    private ArrayList<Synapsis> synapsisList;
    public Neuron(boolean act){
      this.act = act;
      this.synapsisList = new ArrayList<Synapsis>();
    }

    public void connect(Neuron e, double weight){
      Synapsis n = new Synapsis(e, weight);
      this.synapsisList.add(n);
      e.LinksNeuron();
    }

    public double getLastInput(){
      return this.lastInput;
    }

    public double getLastOutput(){
      return this.lastOutput;
    }

    public void input(double input){
      this.numberTriggered++;
      this.sum = sum+input;
      if(this.numberTriggered >= this.numberLinksNeuron){
        this.lastInput = sum;
        test();
      }
    }
```

*(continuação)*

```
    public void test(){
      for(Synapsis n : this.synapsisList){
        if(this.act){
          n.getNeuron().input(MultiLayerPerceptron.activation(this.sum)*n.getWeight());
        }
        else{
          n.getNeuron().input(this.sum*n.getWeight());
        }
      }
      if(this.act){
        this.lastOutput = MultiLayerPerceptron.activation(this.sum);
      }
      else{
        this.lastOutput = this.sum;
      }
      this.sum = 0.0;
      this.numberTriggered = 0;
    }

    public void LinksNeuron(){
      this.numberLinksNeuron++;
    }

    public ArrayList<Synapsis> getSynapsisisList(){
      return this.synapsisList;
    }

    public String toString(){
      String retur = this.hashCode()+" has "+this.synapsisList.size()+" sinapses.";
      return retur;
    }
  }


  /**
   * Classe Synapsis - contém os dados e métodos dos pesos
   *
   */
```

*(conclusão)*

```java
  private class Synapsis {
    private Neuron neuron;
    private double weight;
    public Synapsis(Neuron neuron, double weight){
      this.neuron = neuron;
      this.weight = weight;
    }

    public double getWeight(){
      return this.weight;
    }

    public void setWeight(double v){
      this.weight = v;
    }

    public Neuron getNeuron(){
      return this.neuron;
    }

    public String toString(){
      return weight+"";
    }
  }

  public double getGlobalError() {
    return globalError;
  }

  public void setGlobalError(double globalError) {
    this.globalError = globalError;
  }
}
```

## Anexo B – Exemplo de Ontologia de Cadeira

A seguir, apresentamos um exemplo da ontologia de cadeira referenciada no texto, salva como RDF/XML. Porém, é possível constatar diversos construtos relativos à linguagem OWL. A ontologia foi gravada a partir da ferramenta Protégé-2000, sendo o código bastante didático e incluindo comentários sobre os recursos. Consulte-a como base para compreender os exemplos ou fazer os exercícios sobre ontologias.

```xml
<?xml version="1.0"?>


<!DOCTYPE rdf:RDF [
    <!ENTITY owl "http://www.w3.org/2002/07/owl#" >
    <!ENTITY xsd "http://www.w3.org/2001/XMLSchema#" >
    <!ENTITY rdfs "http://www.w3.org/2000/01/rdf-schema#" >
    <!ENTITY p0 "http://qcsimulator.com.br/cadeira.rdf" >
    <!ENTITY rdf "http://www.w3.org/1999/02/22-rdf-syntax-ns#" >
    <!ENTITY cadeira "http://qcsimulator.com.br/cadeira.rdf" >
]>

<rdf:RDF xmlns="http://www.w3.org/2002/07/owl#"
    xml:base="http://www.w3.org/2002/07/owl"
    xmlns:rdfs="http://www.w3.org/2000/01/rdf-schema#"
    xmlns:p0="http://qcsimulator.com.br/cadeira.rdf"
    xmlns:owl="http://www.w3.org/2002/07/owl#"
    xmlns:xsd="http://www.w3.org/2001/XMLSchema#"
    xmlns:cadeira="&p0;#"
    xmlns:rdf="http://www.w3.org/1999/02/22-rdf-syntax-ns#">
    <Ontology rdf:about="http://qcsimulator.com.br/cadeira.rdf"/>

    <!--
    ///////////////////////////////////////////////////////////////////////////
    //
    // Object Properties
    //
    ///////////////////////////////////////////////////////////////////////////
     -->

    <!-- http://qcsimulator.com.br/cadeira.rdf#parteDe -->

    <ObjectProperty rdf:about="&p0;#parteDe"/>
```

*(continua)*

*(continuação)*

```xml
<!-- http://qcsimulator.com.br/cadeira.rdf#parteDeCadeira -->

<ObjectProperty rdf:about="&p0;#parteDeCadeira">
    <rdfs:domain rdf:resource="&p0;#Assento_de_Cadeira"/>
    <rdfs:range rdf:resource="&p0;#Cadeira"/>
    <rdfs:domain rdf:resource="&p0;#Encosto"/>
    <rdfs:subPropertyOf rdf:resource="&p0;#parteDe"/>
</ObjectProperty>




<!-- http://qcsimulator.com.br/cadeira.rdf#parteDeSalaDeJantar -->
<ObjectProperty rdf:about="&p0;#parteDeSalaDeJantar">
    <rdfs:domain rdf:resource="&p0;#Cadeira"/>
    <rdfs:domain rdf:resource="&p0;#Mesa"/>
    <rdfs:range rdf:resource="&p0;#Sala_de_Jantar"/>
    <rdfs:subPropertyOf rdf:resource="&p0;#parteDe"/>
</ObjectProperty>

<!-- http://qcsimulator.com.br/cadeira.rdf#temPropCadeira -->

<ObjectProperty rdf:about="&p0;#temPropCadeira">
    <rdfs:domain rdf:resource="&p0;#Cadeira"/>
    <rdfs:range rdf:resource="&p0;#Objetivo"/>
    <rdfs:range rdf:resource="&p0;#Substância"/>
    <rdfs:subPropertyOf rdf:resource="&p0;#temPropriedade"/>
</ObjectProperty>

<!-- http://qcsimulator.com.br/cadeira.rdf#temPropriedade -->

<ObjectProperty rdf:about="&p0;#temPropriedade"/>

<!--
///////////////////////////////////////////////////////////////////////
//
// Data properties
//
///////////////////////////////////////////////////////////////////////
  -->
```

```xml
<!-- http://qcsimulator.com.br/cadeira.rdf#temAltura -->

<DatatypeProperty rdf:about="&p0;#temAltura">
    <rdfs:domain rdf:resource="&p0;#Cadeira"/>
    <rdfs:range rdf:resource="&xsd;float"/>
</DatatypeProperty>

<!-- http://qcsimulator.com.br/cadeira.rdf#temComprimento -->

<DatatypeProperty rdf:about="&p0;#temComprimento">
    <rdfs:domain rdf:resource="&p0;#Cadeira"/>
    <rdfs:range rdf:resource="&xsd;float"/>
</DatatypeProperty>

<!-- http://qcsimulator.com.br/cadeira.rdf#temLargura -->

<DatatypeProperty rdf:about="&p0;#temLargura">
    <rdfs:domain rdf:resource="&p0;#Cadeira"/>
    <rdfs:range rdf:resource="&xsd;float"/>
</DatatypeProperty>

<!--
///////////////////////////////////////////////////////////////////////
//
// Classes
//
///////////////////////////////////////////////////////////////////////
 -->

<!-- http://qcsimulator.com.br/cadeira.rdf#Assento -->

<Class rdf:about="&p0;#Assento"/>

<!-- http://qcsimulator.com.br/cadeira.rdf#Assento_de_Cadeira -->

<Class rdf:about="&p0;#Assento_de_Cadeira"/>

<!-- http://qcsimulator.com.br/cadeira.rdf#Cadeira -->
```

*(continuação)*

```xml
<Class rdf:about="&p0;#Cadeira">
    <rdfs:subClassOf rdf:resource="&p0;#Assento"/>
    <disjointWith rdf:resource="&p0;#Sofá"/>
</Class>

<!-- http://qcsimulator.com.br/cadeira.rdf#Cadeira_Giratória -->

<Class rdf:about="&p0;#Cadeira_Giratória">
    <rdfs:subClassOf rdf:resource="&p0;#Cadeira"/>
    <disjointWith rdf:resource="&p0;#Cadeira_Tradicional"/>
</Class>

<!-- http://qcsimulator.com.br/cadeira.rdf#Cadeira_Tradicional -->

<Class rdf:about="&p0;#Cadeira_Tradicional">
    <rdfs:subClassOf rdf:resource="&p0;#Cadeira"/>
</Class>

<!-- http://qcsimulator.com.br/cadeira.rdf#Encosto -->

<Class rdf:about="&p0;#Encosto"/>

<!-- http://qcsimulator.com.br/cadeira.rdf#Mesa -->

<Class rdf:about="&p0;#Mesa"/>

<!-- http://qcsimulator.com.br/cadeira.rdf#Objetivo -->

<Class rdf:about="&p0;#Objetivo"/>

<!-- http://qcsimulator.com.br/cadeira.rdf#Pé -->

<Class rdf:about="&p0;#Pé"/>

<!-- http://qcsimulator.com.br/cadeira.rdf#Rodinha -->

<Class rdf:about="&p0;#Rodinha"/>

<!-- http://qcsimulator.com.br/cadeira.rdf#Sala_de_Jantar -->
```

*(continuação)*

```xml
    <Class rdf:about="&p0;#Sala_de_Jantar"/>

    <!-- http://qcsimulator.com.br/cadeira.rdf#Sofá -->

    <Class rdf:about="&p0;#Sofá">
        <rdfs:subClassOf rdf:resource="&p0;#Assento"/>
    </Class>

    <!-- http://qcsimulator.com.br/cadeira.rdf#Substância -->

    <Class rdf:about="&p0;#Substância"/>

    <!--
    ///////////////////////////////////////////////////////////////////
    //
    // Individuals
    //
    ///////////////////////////////////////////////////////////////////
    -->

    <!-- http://qcsimulator.com.br/cadeira.rdf#Cadeira1 -->

    <NamedIndividual rdf:about="&p0;#Cadeira1">
        <rdf:type rdf:resource="&p0;#Cadeira_Tradicional"/>
        <cadeira:temLargura rdf:datatype="&xsd;float">0.70</cadeira:temLargura>
        <cadeira:temComprimento rdf:datatype="&xsd;float">0.80</cadeira:temComprimento>
        <cadeira:temAltura rdf:datatype="&xsd;float">1.10</cadeira:temAltura>
        <cadeira:temPropCadeira rdf:resource="&p0;#Madeira"/>
        <cadeira:temPropCadeira rdf:resource="&p0;#Refeição"/>
        <cadeira:parteDeSalaDeJantar rdf:resource="&p0;#SalaDeJantar1"/>
    </NamedIndividual>

    <!-- http://qcsimulator.com.br/cadeira.rdf#Madeira -->

    <NamedIndividual rdf:about="&p0;#Madeira">
        <rdf:type rdf:resource="&p0;#Substância"/>
```

*(conclusão)*

```xml
    </NamedIndividual>

    <!-- http://qcsimulator.com.br/cadeira.rdf#Mesa1 -->

    <NamedIndividual rdf:about="&p0;#Mesa1">
        <rdf:type rdf:resource="&p0;#Mesa"/>
        <cadeira:parteDeSalaDeJantar
rdf:resource="&p0;#SalaDeJantar1"/>
    </NamedIndividual>

    <!-- http://qcsimulator.com.br/cadeira.rdf#Refeição -->

    <NamedIndividual rdf:about="&p0;#Refeição">
        <rdf:type rdf:resource="&p0;#Objetivo"/>
    </NamedIndividual>

    <!-- http://qcsimulator.com.br/cadeira.rdf#SalaDeJantar1 -->

    <NamedIndividual rdf:about="&p0;#SalaDeJantar1">
        <rdf:type rdf:resource="&p0;#Sala_de_Jantar"/>
    </NamedIndividual>
</rdf:RDF>
```

# SOBRE O AUTOR

**Luciano Frontino de Medeiros** atua profissionalmente como professor, analista e desenvolvedor de sistemas, consultor e escritor. É doutor em Engenharia e Gestão do Conhecimento (2010) pela Universidade Federal de Santa Catarina (UFSC); mestre em Informática (2001) pela Universidade Federal do Paraná (UFPR); especialista em Formação de Professores e Orientadores Acadêmicos pelo Centro Universitário Internacional Uninter (2012); e bacharel em Administração (1992) pela Universidade Federal de Santa Maria (UFSM). Foi professor visitante da Universidade Politécnica de Madri (2013-2014). Tem larga experiência na área de Ciência da Computação, com ênfase em Inteligência Artificial, Gestão do Conhecimento e Planejamento Estratégico, tendo publicado vários livros e artigos científicos, entre os quais: *Gestão do conhecimento na era quântica* e *Redes neurais em Delphi*. Desenvolve pesquisas relacionadas a redes neurais artificiais, ontologias e *web* semântica, sistemas tutoriais inteligentes, bancos de dados e tecnologias educacionais. É coordenador adjunto e professor permanente do Mestrado em Educação e Novas Tecnologias do Centro Universitário Internacional Uninter, ministrando as disciplinas de Inteligência Artificial Aplicada e Tecnologias Educacionais.

Impressão:
Julho/2018